세상의 속도를
따라잡고 싶다면

Do
it!

ES6 기준 필수 문법, 예제 만들며 신나게 끝낸다!

자바스크립트 입문

프런트엔드, 백엔드에 모두 쓰는 자바스크립트 실무 문법, 이 책이면 OK!

고경희 지음

이지스 퍼블리싱

세상의 속도를 따라잡고 싶다면 **Do it!**
변화의 속도를 즐기게 될 것입니다.

Do it!
자바스크립트 입문

초판 발행 • 2021년 11월 1일
초판 3쇄 • 2023년 3월 31일

지은이 • 고경희
펴낸이 • 이지연
펴낸곳 • 이지스퍼블리싱(주)
출판사 등록번호 • 제313-2010-123호
주소 • 서울특별시 마포구 잔다리로 109 이지스빌딩 4층(우편번호 04003)
대표전화 • 02-325-1722 | **팩스** • 02-326-1723
홈페이지 • www.easyspub.co.kr | **페이스북** • www.facebook.com/easyspub
Do it! 스터디룸 카페 • cafe.naver.com/doitstudyroom | **인스타그램** • instagram.com/easyspub_it

기획 및 책임 편집 • 유신미, 박현규, 한승우 | **표지 및 내지 디자인** • 트인글터
삽화 • 김학수 | **교정교열** • 오유진 | **인쇄** • 보광문화사
마케팅 • 박정현, 한송이, 이나리 | **독자지원** • 오경신 | **영업 및 교재 문의** • 이주동, 김요한(support@easyspub.co.kr)

ISBN 979-11-6303-308-0 13000
가격 18,000원

진짜 어려움은 극복할 수 있다.
정복할 수 없는 것은 상상 속의 어려움뿐이다.

Real difficulties can be overcome;
it is only the imaginary ones that are unconquerable.

시어도어 N. 베일
Theodore N. Vail

드넓은 웹 세상에 첫걸음을 뗀
개발 꿈나무를 위한 자바스크립트 안내서!

웹 세상의 모든 길은 자바스크립트로 통한다

여러분이 알고 있는 '자바스크립트'는 어떤 언어인가요? 웹 사이트에 간단한 애니메이션이나 동적 효과를 넣을 때 쓰는 언어로 알고 있나요? 이 말도 물론 사실입니다. 하지만 전부를 설명하지 못합니다. 자바스크립트가 웹 개발에서 맡는 역할은 나날이 커지고 있기 때문입니다.

구글, 페이스북, 유튜브 등은 웹 사이트 자체로 수많은 사람이 모여드는 거대한 플랫폼이 되었습니다. 웹을 기반으로 한 서비스는 앞으로 점점 많아지는 흐름입니다. 그리고 웹에서 할 수 있는 모든 동작은 바로 자바스크립트로 만듭니다. 규모가 큰 웹 서비스를 개발할 때 사용하는 리액트(React)나 앵귤러(Angular), 뷰(Vue) 같은 도구부터 서버 언어인 노드(Node)까지 모두 자바스크립트를 기본으로 하고 있으니까요. 이렇게 자바스크립트는 웹 개발 세상에 들어가면 반드시 배워야 하는 언어로 자리매김하고 있습니다.

중요한 기본 문법을 빠르게 배운다

이 책은 프로그래밍을 처음 공부하는 독자도 볼 수 있습니다. HTML과 CSS로 웹 사이트를 디자인하는 방법 정도만 알고 있는 상태에서 이제 막 '개발'이라는 분야에 뛰어들고자 하는 분들을 위한 책이죠.

자바스크립트는 에크마스크립트(ECMAScript)라는 이름으로 바뀌고 1년에 한 번씩 기능이 업그레이드되고 있습니다. 이 책에서는 여러분에게 가장 필요한 문법을 빠르게 익힐 수 있도록 ES6의 문법을 기반으로 내용과 실습을 구성했습니다. 이 책으로 자바스크립트 기초를 빠르게 다지면서 개발자처럼 생각하는 능력도 차근차근 키워 보세요.

프로그래밍은 실행과 반복이 중요하다

기초가 탄탄한 성은 쉽게 무너지지 않습니다. 필요하다면 그 위에 더 높게 벽돌을 쌓을 수도 있지요. 프로그래밍에서도 마찬가지입니다. 기초 문법을 건너뛰고 당장 필요한 기능만 골라 사용할 수도 있겠지만, 시간이 흘러도 더 성장하지 못하는 자신을 발견할지도 모릅니다. 기초를 탄탄히 다지지 않았기 때문이지요.

이 책에서는 단순히 이론과 예제만 제시하지 않습니다. 독자가 책을 따라 하며 프로그램을 직접 완성해 나가고, 그 과정에서 문법을 자연스럽게 이해하고 활용할 수 있도록 구성했습니다. 또한 'Do it! 실습', '1분 복습', '필수 개념 & 문법 퀴즈!'와 '도전! 응용 문제'까지 서로 다른 방식으로 이어지는 실습 코너의 반복은 여러분의 기초 실력을 더 단단하게 다져줄 것입니다.

이 책을 기획하고 출간하는 데까지 우여곡절이 참 많았습니다. 그 과정에서 함께 고민하고 애써 주신 이지연 대표님과 편집자 박현규 님, 한승우 님, 유신미 님 모두 감사드립니다.

고경희 드림 (funcom@gmail.com)

만들면서 배우는 재미를 느껴 보세요!
실습을 하면 기본 문법이 머릿속에 쏙쏙~

1단계 '미리보기'에서 만들 프로그램 미리 살펴보기

완성한 프로그램을 미리 실행해서 살펴봅니다. 이 프로그램을 만들려면 어떤 기능을 사용해야 할지 잠시 생각해 보세요.

2단계 'Do it! 실습'에서 프로그램 만들기

프로그램의 기능에 어떤 문법을 사용했는지 알아본 다음 프로그램을 직접 만들어 봅니다. 배운 내용을 바로 써먹으니 새로운 내용을 빠르게 흡수할 수 있습니다. 프로그램을 조금씩 완성해 나가는 과정을 즐겨 보세요.

3단계 퀴즈와 응용 문제로 복습!

간단한 퀴즈로 필수 개념과 문법을 점검합니다. 그리고 본문에서 다룬 프로그램을 응용한 문제를 풀어 봅니다. 배운 내용을 어떻게 응용하면 문제를 해결할 수 있을지 고민하고 해결해 나가는 과정은 여러분의 프로그래밍 사고를 더욱 풍부하게 만들어 줄 것입니다.

4단계 '실전 프로젝트'에 도전!

책을 다 공부했다면 더 높은 단계로 올라갈 수 있도록 실전 프로젝트에 도전해 보세요! 실전 프로젝트 예제 파일과 완성 파일은 이지스퍼블리싱 홈페이지 자료실에서 내려받을 수 있습니다.

무난하게
공부하고
싶다면?

무난하게
20일
코스

프로그래밍이 처음이라면 20일 코스로 시작해 보세요.
책에 나오는 실습과 문제를 빠짐없이 직접 해보면서 기초를 차근차근
쌓아 보세요!

1일 | 월 일	2일 | 월 일	3일 | 월 일	4일 | 월 일	5일 | 월 일
01장	02-1~02-4	02-5 ~02장 문제	03-1~03-3	03-4 ~03장 문제

6일 | 월 일	7일 | 월 일	8일 | 월 일	9일 | 월 일	10일 | 월 일
04-1~04-4	04-5 ~04장 문제	05-1~05-2	05-3 ~05장 문제	06-1~06-3

11일 | 월 일	12일 | 월 일	13일 | 월 일	14일 | 월 일	15일 | 월 일
06-4 ~06장 연습문제	07-1~07-2	07-3 ~07장 문제	08-1~08-3	08-4~08-5

16일 | 월 일	17일 | 월 일	18일 | 월 일	19일 | 월 일	20일 | 월 일
08-6 ~08장 연습문제	09-1~09-3	09-4 ~09장 문제	10-1~10-2	10-3 ~10장 문제

빡세게
공부하고
싶다면?

빡세게
10일
코스

입문자라도 하루 2시간씩 꾸준히 공부하면 10일로 충분합니다!

1일 | 월 일	2일 | 월 일	3일 | 월 일	4일 | 월 일	5일 | 월 일
01장~02장	03장	04장	05장	06장

6일 | 월 일	7일 | 월 일	8일 | 월 일	9일 | 월 일	10일 | 월 일
07장	08-1~08-4	08-5 ~08장 문제	09장	10장

실습 파일 — 이 책에서 사용할 실습 파일을 내려받으세요

책에 나오는 모든 실습 파일은 이지스퍼블리싱 홈페이지 자료실과 저자 깃허브에서 내려받을 수 있습니다. 학습을 시작하기 전에 먼저 실습 파일을 준비하세요.

이지스퍼블리싱 홈페이지	www.easyspub.co.kr
저자 깃허브	github.com/funnycom/js-basic-new

이지스 소식지 — 매달 전자책을 한 권씩 볼 수 있어요

이지스퍼블리싱 홈페이지에서 회원 가입을 하여 매달 정기 소식지를 받아 보세요. 신간과 책 관련 이벤트 소식을 누구보다 빠르게 확인할 수 있습니다. 매달 전자책 한 권을 공개하는 이벤트도 진행하고 있답니다.

저자 직강 동영상 제공 — 저자에게 과외 받듯이 공부할 수 있어요!

이 책의 핵심 내용을 담은 저자 직강 동영상을 무료로 제공합니다. 책과 함께 시청하면 개념을 더욱 쉽게 이해할 수 있어요. [이지스퍼블리싱 유튜브 채널 → 재생 목록 Do it! 자바스크립트 입문]에서 확인하세요.

이지스퍼블리싱 유튜브	youtube.com/user/easyspub

두잇 스터디룸 — 친구와 함께 공부하고 책 선물도 받아 가세요

네이버 카페 '두잇 스터디룸'에서 같은 고민을 하는 친구들과 함께 공부해 보세요. 내가 잘 이해한 내용은 남을 도와주고 내가 잘 이해하지 못한 내용은 도움을 받으면서 공부하면 복습 효과도 누릴 수 있습니다. 서로서로 코드와 개념 리뷰를 하며 훌륭한 개발자로 성장해 보세요.

Do it! 스터디룸	cafe.naver.com/doitstudyroom

특별부록 PDF 전자책 — '온도 변환기' 등 6가지 실전 프로젝트 제공!

이 책에서 배운 내용을 제대로 활용해 볼 수 있는 6가지 실전 프로젝트가 담긴 PDF 전자책을 부록으로 제공합니다. 이지스퍼블리싱 자료실 또는 다음 링크에서 내려받을 수 있습니다. 내 손으로 직접 프로그램을 만드는 성취감을 느껴 보세요!

PDF 전자책 내려받기	http://m.site.naver.com/0RCP6

흐름을 제어한다!
제어문

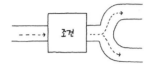

05

함수와 이벤트

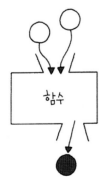

09

**폼과
자바스크립트**

10

**웹 브라우저를 다루는 방법,
브라우저 객체 모델**

01

안녕? 자바스크립트!

여러분이 웹 기술에 조금이라도 관심이 있다면 '자바스크립트'라는 언어를 들어 본 적이 있을 것입니다. 미국에 가서 공부하려면 '영어'를 공부해야 하듯이, 웹을 다루려면 웹 브라우저가 사용하는 언어인 '자바스크립트'를 공부해야 합니다. 지금부터 웹 프로그래밍은 무엇인지 그리고 자바스크립트는 웹 프로그래밍에서 어떤 역할을 하는지 하나씩 알아보겠습니다.

01-1 웹 프로그래밍이란?

01-2 자바스크립트로 무엇을 할 수 있을까?

01-3 자바스크립트의 특징은 무엇일까?

웹을 다루려면 자바스크립트가 필요해!

01-1 웹 프로그래밍이란?

여러분은 자바스크립트 언어를 사용하여 웹 프로그래밍하는 방법을 공부하기 위해 이 책을 펼쳤을 것입니다. 그러면 프로그래밍은 무엇이고 웹 프로그래밍은 무엇일까요? 이 둘의 개념부터 짚고 넘어가겠습니다.

프로그래밍이란 무엇일까?

사람이 없어도 알아서 운전하는 자율 주행 자동차나 바둑 기사를 이긴 인공지능 알파고 뉴스를 들어 본 적이 있나요? 이런 뉴스를 들으면 컴퓨터로 못할 일이 없을 것 같습니다. 하지만 사실 컴퓨터는 전원이 없으면 아무것도 못하는 전자 장치에 불과합니다. 컴퓨터가 이렇게 똑똑한 이유는 컴퓨터 안에 담겨 있는 프로그램 덕분이죠. 예를 들어 자율 주행 자동차 안에는 움직임을 통제하는 프로그램이, 알파고 안에는 바둑을 두는 프로그램이 담겨 있습니다.

프로그램 만드는 과정을 프로그래밍(Programming)이라고 부릅니다. 조금 더 어렵게 말하면 프로그래밍이란 '사람이 원하는 대로 컴퓨터가 작동할 수 있도록 컴퓨터 언어로 명령어를 나열하는 행위'를 말합니다. 다음은 사람이 프로그래밍을 통해 자율 주행 자동차 프로그램을 만드는 과정을 그림으로 나타낸 것입니다. 그림을 보면서 프로그래밍이 무엇인지 이해하고 넘어가세요.

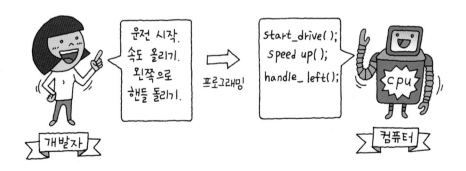

웹 프로그래밍은 무엇일까?

앞에서 설명했던 프로그래밍을 이해했다면 웹 프로그래밍(Web Programming)은 '웹에 관련된 프로그램을 만드는 행위'라는 것을 유추할 수 있을 것입니다. 정확히 말하자면 웹 프로그래밍'은 '웹 브라우저'와 관련된 프로그램을 작성하는 것을 가리킵니다.

웹 사이트가 작동하는 과정을 간단하게 살펴보면 서버 컴퓨터와 클라이언트 컴퓨터 간에 정보를 주고 받으며 사용자에게 내용을 보여 줍니다. 예를 들어 사용자가 웹 사이트에서 필요한 정보를 검색한다고 생각해 볼까요? 사용자의 검색 요청을 처리해 알맞은 정보를 전달해 주는 컴퓨터를 서버(Server)라고 합니다. 이때 사용자는 웹 브라우저에서 정보를 요청하고, 요청에 따라 서버가 전달한 정보도 웹 브라우저에서 확인합니다. 이렇게 웹 브라우저를 보여 주는 PC나 노트북, 모바일 기기 등을 클라이언트(Client)라고 합니다. 좁은 의미로 웹 브라우저를 클라이언트라고도 합니다.

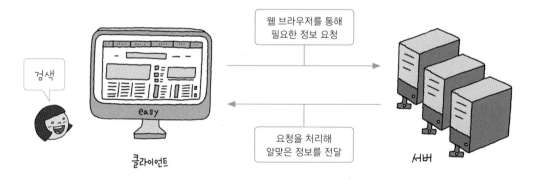

검색

웹 브라우저를 통해 필요한 정보 요청

easy

요청을 처리해 알맞은 정보를 전달

클라이언트

서버

웹 프로그래밍은 서버에서 사용자의 요청을 처리하거나 데이터를 관리하는 '백엔드(Back-end) 개발'과 서버에서 받아 온 정보를 웹 브라우저에 어떻게 보여 줄 것인지를 프로그래밍하는 '프런트엔드 (Front-end) 개발'로 나뉩니다.

ⓒ 프런트엔드와 백엔드를 모두 다룰 수 있는 개발자를 '풀스택 개발자(Fullstack Developer)' 라고 부릅니다.

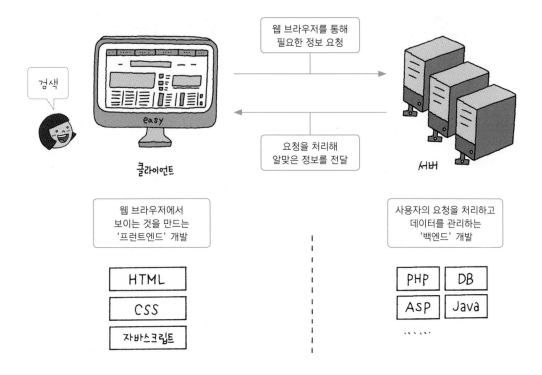

웹 프로그래밍에 가장 많이 쓰이는 프로그래밍 언어가 바로 '자바스크립트'입니다. 그러면 이 제부터 웹 프로그래밍에 자바스크립트가 어떻게 쓰이는지 알아보겠습니다.

01-2 자바스크립트로 무엇을 할 수 있을까?

자바스크립트는 원래 웹 사이트에 움직이는 효과만을 주는 언어였습니다. 그래서 자바스크립트가 웹의 필수 요소는 아니었습니다. 하지만 이제는 자바스크립트로 서버를 만들거나 웹에서 작동하는 프로그램을 만드는 등 여러 가지 일을 할 수 있게 되었습니다. 지금부터 자바스크립트로 할 수 있는 일에 대해 하나씩 알아보겠습니다.

웹 사이트를 동적으로 만들 수 있다

HTML과 CSS를 들어 본 적 있나요? 웹 사이트를 건물에 비유하면 HTML은 건물의 기본 골격을 담당하고 CSS는 건물의 외부·내부 인테리어를 담당합니다. 즉 HTML과 CSS는 눈에 보이는 외관만을 담당합니다. 따라서 메뉴에 마우스 포인터를 올렸을 때 하위 메뉴가 펼쳐지는 것과 같이 웹 사이트에 움직임을 주기 위해서는 다른 언어를 사용해야 합니다. 이때 사용하는 언어가 바로 자바스크립트입니다.

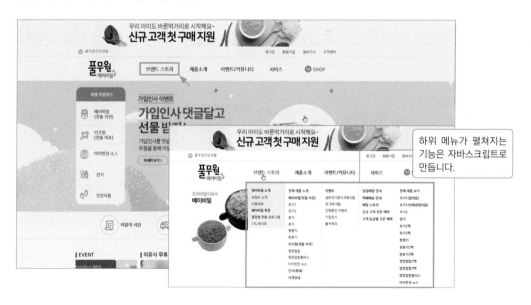

또 다른 예시를 볼까요? 다음은 네이버 영화 사이트의 홈 화면입니다. 왼쪽(<)과 오른쪽(>) 화살표 버튼을 누르면 영화 포스터를 좌우로 움직이며 볼 수 있죠. 이 기능도 자바스크립트로 만든 동적 기능입니다.

웹 브라우저에서 실행되는 프로그램을 만들 수 있다

자바스크립트로 웹을 동적으로 만드는 것뿐 아니라 웹에서 작동하는 프로그램도 만들 수 있습니다. 다음은 웹 사이트에서 버스 정보를 검색하는 프로그램입니다. 이 프로그램의 핵심인 버스 노선이나 정류장 정보를 저장하는 기능부터 지도 에 표시하는 기능은 모두 자바스크립트로 만들 수 있죠.

💬 자바스크립트와 함께 HTML, CSS를 사용해야 완벽한 프로그램을 만들 수 있습니다.

버스 정보를 실시간으로 검색할 수 있는 '서울대중교통' 프로그램(bus.go.kr/searchResult6.jsp)

다음은 자바스크립트로 만든 그림판 프로그램입니다. 사이트에 방문하여 프로그램을 직접 실행해 보세요.

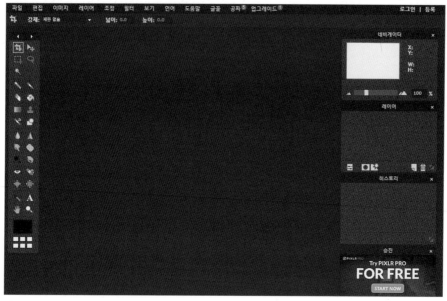
웹 사이트에서 이미지를 바로 편집할 수 있는 pixlr 프로그램(pixlr.com/editor)

어떤가요? 여러분이 스마트폰에서 사용하는 버스 정류장 애플리케이션이나 윈도우에서 사용하는 그림판과 비슷하게 느껴지지 않나요?

서버를 구성하고 서버용 프로그램을 만들 수 있다

과거에는 서버 프로그램을 만들기 위해 PHP, ASP.NET, 자바 같은 언어가 필요했습니다. 이 언어를 공부하려면 시간이 아주 많이 필요하죠. 이제는 자바스크립트만 알아도 서버 프로그램을 만들 수 있습니다. 예를 들어 노드제이에스(Node.js) 자바스크립트 프레임워크를 사용하면 서버 프로그램을 쉽게 개발할 수 있습니다.

◎ 자바스크립트 프레임워크란 프레임워크에서 기본으로 제공하는 소스를 수정하거나 추가하는 방법으로 웹 프로그램을 만들 수 있게 미리 준비한 일종의 틀을 말합니다.

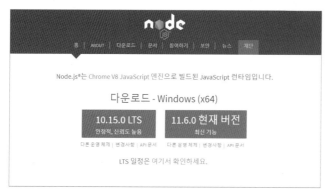
서버를 만들 때 사용하는 자바스크립트 프레임워크 노드제이에스(nodejs.org/ko/)

01-3 자바스크립트의 특징은 무엇일까?

자바스크립트는 웹 브라우저에서 사용하기 위해 만든 언어입니다. 그래서 다른 프로그래밍 언어와 구별되는 자바스크립트만의 특징이 있습니다. 본격적으로 자바스크립트를 공부하기 전에 자바스크립트의 특징이 무엇인지 살펴보겠습니다.

모든 웹 브라우저에서 작동한다

자바스크립트는 웹 브라우저 종류가 적었던 웹 초창기 시절부터 사용한 언어입니다. 그래서 자바스크립트는 대부분의 웹 브라우저에서 작동합니다. 단 주의할 점이 하나 있습니다. 바로 자바스크립트의 최신 문법을 웹 브라우저에서 즉시 사용할 수 있는 것은 아니라는 점입니다. 하지만 걱정하지 않아도 됩니다. 이 책에서 여러분이 공부할 자바스크립트 문법은 아주 예전에 만든 웹 브라우저부터 최근에 만든 웹 브라우저까지 모두 사용할 수 있는 기본 문법이기 때문이죠.

자바스크립트의 버전에 대하여

자바스크립트는 에크마스크립트(ECMAScript)라는 이름으로 바뀌고 1년에 한 번씩 기능이 업그레이드되고 있습니다. 에크마스크립트는 2015년에 발표된 6번째 판(edition)인 ECMAScript 2015(ES6)부터 복잡한 애플리케이션 작성을 위한 새로운 구문과 클래스(class) 같은 개념들이 추가되었습니다. 하지만 기초 문법은 ES5를 기본으로 하고 있습니다. 에크마스크립트는 ECMAScript 2016 버전부터 공식 명칭을 ECMAScript 뒤에 발표 연도를 붙여서 사용합니다. 2021년에 발표된 최신 버전은 에크마스크립트 12번째 판인 ECMAScript 2021입니다.

웹 브라우저에서 실행 결과를 즉시 확인할 수 있다

자바스크립트로 작성한 코드는 웹 브라우저만 있으면 어디에서나 실행할 수 있습니다. 다시 말해 자바스크립트로 작성한 코드를 실행하기 위해 별도의 프로그램을 설치하지 않아도 됩니다.

풀스택 웹 개발뿐 아니라 다양한 용도의 프로그램을 만들 수 있다

자바스크립트는 클라이언트에서만 사용하지 않습니다. 프런트엔드와 백엔드를 모두 제어할 수 있고, 자바스크립트만으로 애플리케이션도 만들 수 있습니다. 또 아두이노, 드론과 같은 사물 인터넷(IoT: Internet of Things) 환경에서 실행되는 프로그램을 만들 수도 있습니다.

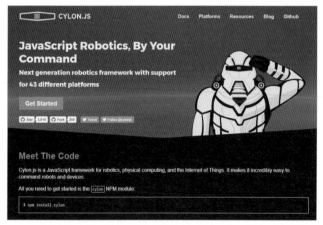

자바스크립트로 아두이노, 드론 등의 기기에서 동작하는 프로그램을 만드는 로보틱스 프레임워크(cylonjs.com)

다양한 자바스크립트 공개 API를 사용할 수 있다

요즘은 웹 사이트에 접속하기만 하면 버스나 날씨 정보를 간편하게 확인할 수 있습니다. 그런데 버스나 날씨 정보는 어디에서 얻어 올까요? 예를 들어 날씨 정보 프로그램을 만들려면 전국의 날씨 정보를 알아야 합니다. 하지만 전국의 날씨 정보를 모두 수집하는 것은 아주 어려운 일입니다. 이런 문제는 어떻게 해결할까요?

바로 API를 사용하면 이 문제를 쉽게 해결할 수 있습니다. API는 어떤 정보(데이터)를 다른 사람이 손쉽게 가져갈 수 있도록 미리 준비한 체계를 말합니다. 예를 들어 기상청에서 만든 API를 이용하면 기상청의 날씨 정보를 손쉽게 얻을 수 있습니다. 만약 자바로 만든 API가 있으면 자바 개발자가 날씨 정보를 얻을 수 있고, 자바스크립트로 만든 API가 있으면 자바스크립트 개발자가 날씨 정보를 얻을 수 있는 것이죠. 최근에는 페이스북·유튜브·네이버·관공서 등에서 다양한 자바스크립트 API를 공개하고 있습니다. 이제 자바스크립트만 알고 있어도 다양한 정보를 활용하여 웹 프로그램을 만들 수 있게 된 것입니다.

유튜브에서 공개한 자바스크립트 API(www.youtube.com/intl/ko/yt/dev/api-resources/)

다양한 라이브러리와 프레임워크를 사용할 수 있다

자바스크립트 라이브러리란 자바스크립트로 미리 구현해 놓은 기능을 묶어 놓은 것입니다.
예를 들어 제이쿼리(jQuery) 자바스크립트 라이브러리는 웹 사이트를 동적으로 개발하기 위
해 필요한 여러 기능을 단 몇 줄의 코드로 사용할 수 있도록 만든 라이브러리입니다.

제이쿼리 자바스크립트 라이브러리

이번에는 자바스크립트 프레임워크에 대해 이야기해 볼까요? 자바스크립트 프레임워크란
프레임워크에서 기본으로 제공하는 소스를 수정하거나 추가하는 방법으로 웹 프로그램을 만
들 수 있게 미리 준비한 일종의 틀을 말합니다. 현재 가 　　ⓒ 리액트가 궁금하면 reactjs.org에, 앵귤러가
장 인기 있는 자바스크립트 프레임워크는 리액트 　　궁금하면 angular.io에, 뷰가 궁금하면 vuejs.
(React), 앵귤러(Angular), 뷰(Vue) 등이 있습니다. 　　org에 방문해 보세요.

지금까지 웹 프로그래밍과 자바스크립트가 무엇인지 살펴보았습니다. 이제 웹 프로그래밍을
하려면 자바스크립트를 반드시 공부해야 한다는 말이 이해될 것입니다. 이제 본격적으로 자
바스크립트 프로그래밍을 시작해 보겠습니다.

자바스크립트와 친해지기

01장에서 자바스크립트란 무엇이고 어디에 쓰이는지 알아보았습니다. 이 장에서는 자바스크립트 프로그래밍 실습 환경을 준비하고 코드를 작성하고 실행하는 방법도 익혀 보겠습니다.

02-1 개발 환경 준비하기

자바스크립트 프로그래밍을 시작하기 전에 준비해야 할 도구를 살펴보겠습니다. 자바스크립트는 사용자 컴퓨터에 복잡한 프로그램을 설치하지 않고도 웹 브라우저와 소스 편집기만 있다면 소스를 작성할 수 있습니다.

크롬 브라우저 설치하기

이 책에서는 크롬 브라우저를 사용하겠습니다. 다음 주소로 이동하여 [Chrome 다운로드] 버튼을 눌러 설치 파일을 내려받으세요. 설치 파일을 실행하면 크롬 브라우저의 설치가 진행됩니다.

> www.google.co.kr/chrome/

크롬 브라우저 설치하기

비주얼 스튜디오 코드 설치하기

자바스크립트 소스를 직접 작성하려면 편집기를 설치해야 합니다. 이 책은 모든 운영체제에서 무료로 사용할 수 있는 비주얼 스튜디오 코드(Visual Studio Code)를 사용하겠습니다. 다음 주소를 입력하여 비주얼 스튜디오 코드 홈페이지에 접속하세요.

> code.visualstudio.com/

비주얼 스튜디오 코드 홈페이지에 접속하면 윈도우 운영체제에서는 [Download for Windows] 버튼이, MacOS 운영체제에서는 [Download for Mac] 버튼이 표시됩니다. 버튼을 클릭하여 설치 파일을 내려받은 다음 설치 파일을 실행하여 비주얼 스튜디오 코드를 설치하세요.

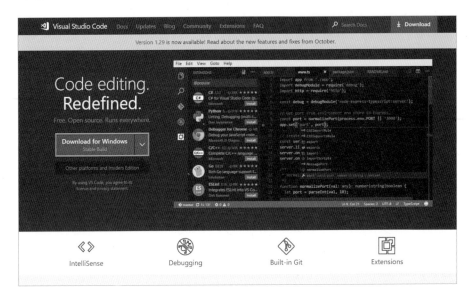

비주얼 스튜디오 코드 한글판으로 바꾸기

비주얼 스튜디오 코드를 처음 설치하면 메뉴가 영어로 표시되는 경우가 있습니다. 프로그램의 기본 언어를 한글로 바꿔 보겠습니다.

1. 비주얼 스튜디오 왼쪽 아이콘 중 확장 기능(⬚)을 누르세요. 그런 다음 확장 기능 검색 창에 korean이라고 검색하세요. 그러면 korean language pack for visual studio code가 나타납니다.

2. [install]을 눌러 설치하면 [Reload to Activate]로 버튼이 바뀝니다. 그 버튼을 누르고 프로그램을 다시 실행하면 메뉴가 한글로 바뀝니다.

3. 그래도 메뉴가 한글로 바뀌지 않으면 한 가지 설정을 더 해야 합니다. 메뉴에서 [View 〉 Command Palette]를 누르세요. 그런 다음 Configure Display Language라고 검색하여 목록에 나타난 메뉴를 선택하세요.

4. "locale": "en"을 "locale": "ko"로 바꾸고 Ctrl + S 를 눌러 저장하세요. 그런 다음 비주얼 스튜디오 코드를 다시 실행해 보세요.

색 테마 변경하기

비주얼 스튜디오 코드의 기본 색 테마는 어두운 색입니다. 색 테마를 바꾸고 싶나요? [파일 〉 기본 설정 〉 색 테마]로 들어가 보세요. 그러면 색 테마 목록이 나타납니다.

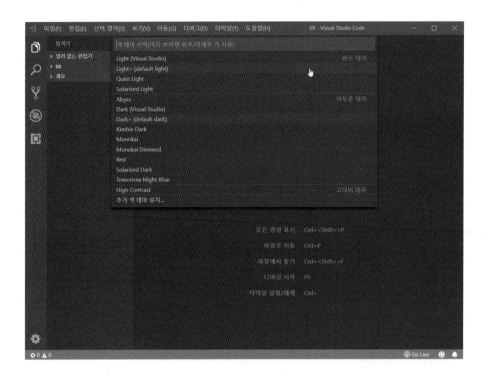

[Dark+(default dark)]가 선택되어 있을 것입니다. [Light+(default light)]를 눌러 보세요.
색 테마가 밝은 색으로 바뀝니다.

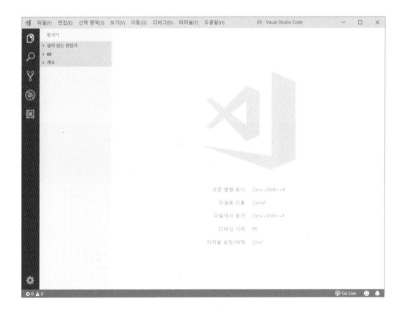

이 책에서는 본문에 인쇄한 편집 화면의 내용을 쉽게 알아볼 수 있도록 밝은색 테마를 사용했
습니다.

02-2 비주얼 스튜디오 코드와 인사하기

비주얼 스튜디오 코드를 잘 설치했나요? 앞으로 실습을 원활하게 진행하기 위하여 비주얼 스튜디오 코드의 사용 방법 3가지를 소개하겠습니다.

Do it! 실습 ▶ 작업 폴더를 설정하고 파일 열어 보기

비주얼 스튜디오 코드를 사용하기 위해 가장 먼저 해야 하는 일은 '작업 폴더를 설정하는 일'입니다. 작업 폴더를 설정해야 작업 폴더에 있는 파일을 열어 수정하는 등의 작업을 할 수 있기 때문이죠. 그러면 차근차근 알아볼까요?

01단계 실습 파일 내려받기

이지스퍼블리싱 홈페이지 자료실(www.easyspub.co.kr → 자료실)로 들어가서 이 책의 실습 파일을 내려받으세요. 앞으로 나올 실습을 진행하기 위해 꼭 필요한 파일입니다. 내려받은 파일의 압축을 풀면 js-file 폴더가 있습니다. 이 폴더를 작업 폴더로 지정해 보겠습니다.

02단계 작업 폴더 설정하기

비주얼 스튜디오 코드를 실행한 다음 탐색기 아이콘(🗋)을 누르세요. 그런 다음 [폴더 열기]를 누르세요. [폴더 열기] 버튼이 보이지 않는다면 [파일 → 폴더 열기] 메뉴를 선택하세요.

폴더 선택 창에서 js-file 폴더에 들어가세요. 그런 다음 [폴더 선택]을 누르세요.

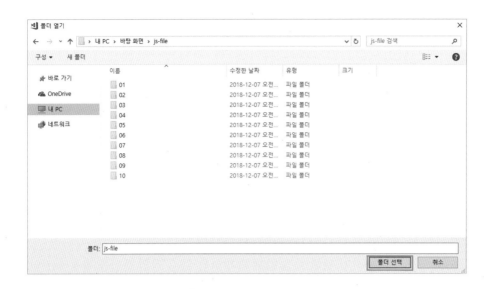

그러면 왼쪽 탐색기 창에 js-file 폴더 안의 내용이 표시됩니다. js-file 폴더가 작업 폴더로 지정된 것이죠. 작업 폴더 이름(JS-FILE)을 눌러 보세요. 그러면 작업 폴더 안에 있는 내용이 펼쳐집니다. 작업 폴더 안에는 다시 02, 03, …이라는 이름의 폴더가 들어 있습니다. 이 폴더 이름을 누르면 폴더 안의 내용이 펼쳐집니다.

03단계 파일 열어 보기

이번에는 폴더 안의 파일을 열어 보는 방법에 대해 알아보겠습니다. 탐색기 창에서 02 폴더를 눌러 보세요. 그러면 02장에서 사용할 파일이 나타납니다. change-1.html 파일을 선택해 보세요. 그러면 오른쪽 편집기 창에 파일 내용이 나타납니다. 지금은 파일을 열어 보는 단계까지만 진행하겠습니다.

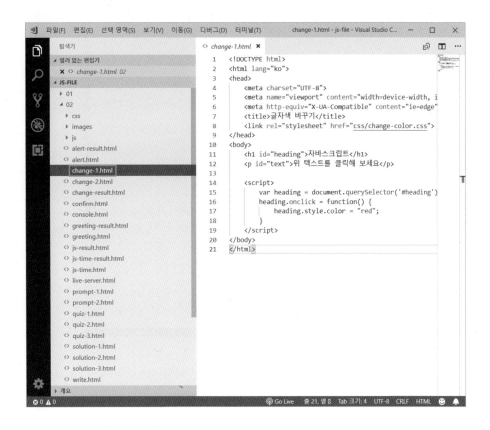

Do it! 실습 ▶ 다른 파일과 비교하며 코드 작성하기

앞에서는 하나의 파일만 열어 확인했습니다. 그런데 완성 파일과 비교하며 공부할 때는 한 화면을 2개로 나누어 비교하며 보는 것이 더 편리합니다. 비주얼 스튜디오 코드는 파일을 2개 이상 나란히 열어 놓고 코드를 작성할 수 있습니다. 이 기능을 사용하면 실습할 때 실습 파일과 완성 파일을 나란히 놓고 볼 수 있어 편리하겠죠?

먼저 탐색기 창을 열어 02 폴더 안에 있는 파일 중 greeting.html 파일을 열어 보세요.

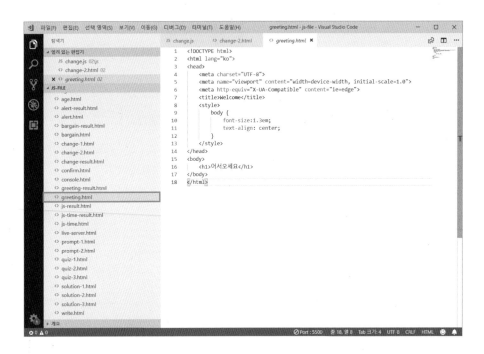

이제 greeting.html 파일 옆에 다른 파일을 나란히 띄워 보겠습니다. 02 폴더에서 greeting-result.html 파일을 찾아 마우스 오른쪽 버튼으로 누른 후 [측면에서 열기]를 눌러 보세요.

◎ 완성 파일은 실습 파일 이름에 result를 붙여 저장했습니다.

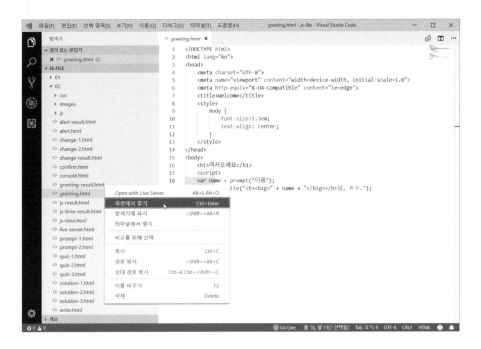

greeting.html 오른쪽에 greeting-result.html 화면이
나타났습니다. 이렇게 실습 파일과 완성 파일을 나란히
놓고 실습하면 아주 편리하겠죠?

ⓒ 탐색기 화면 때문에 편집기 화면이 좁게 느껴
지면 왼쪽의 탐색기 아이콘(▣)을 눌러 탐색기
화면을 닫아 보세요.

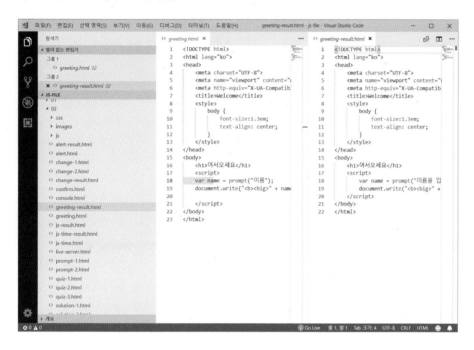

Do it! 실습 ▸ 라이브 서버 확장 기능 사용하기

비주얼 스튜디오 코드에는 확장 기능을 추가할 수 있습니다. 확장 기능을 추가하면 애플리케
이션을 좀 더 편리하게 개발할 수 있어 많은 개발자들이 많이 사용합니다. 이번에 설치할 확
장 기능은 라이브 서버(Live Server)입니다. 라이브 서버는 여러분이 수정한 소스를 웹 브라우
저에서 바로 확인할 수 있게 해 줍니다.

01단계 라이브 서버 설치하기

왼쪽 메뉴에서 확장 아이콘(▣)을 눌러 볼까요? 그러면 왼쪽에 확장 기능 목록이 나타납니
다. 사용 영역에는 현재 설치된 확장 기능이, 권장 영역에는 비주얼 스튜디오 코드에서 권장
하는 확장 기능이 나타납니다.

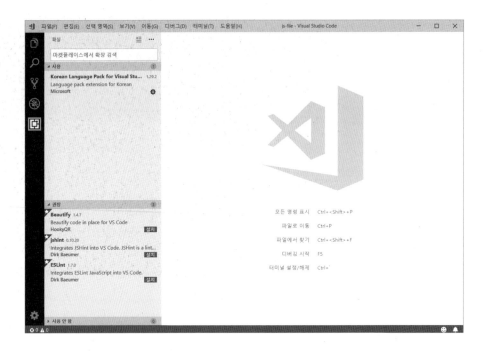

검색 창에 Live Server라고 입력해 이름이 Live Server인 확장 기능을 찾아보세요. 만약 같은 이름의 확장 기능이 있다면 개발자 이름이 Ritwick Dey인 것을 누르세요. 그러면 오른쪽 화면에 해당 확장 기능 설명이 나타납니다. [설치] 버튼을 눌러 확장 기능을 설치하세요.

확장 기능 설치가 끝나면 [설치] 버튼이 [활성화하려면 다시 로드]로 바뀝니다. [활성화하려면 다시 로드]를 누르세요. 그러면 확장 기능이 바로 적용됩니다.

😊 설치한 확장 기능을 적용하려면 비주얼 스튜디오 코드를 반드시 다시 시작해야 합니다. [활성화하려면 다시 로드] 버튼은 이 과정을 자동으로 처리해 줍니다. 이 버튼은 버전에 따라 다르게 나타날 수 있습니다.

라이브 서버 실행하기

라이브 서버를 사용해 볼까요? 탐색기 창 02 폴더에 있는 live-server.html을 누르면 편집
화면이 열립니다. 편집 화면의 빈 공간에 마우스 포인터를 놓고 마우스 오른쪽 버튼을 누른
다음 [Open with Live Server]를 누르세요.

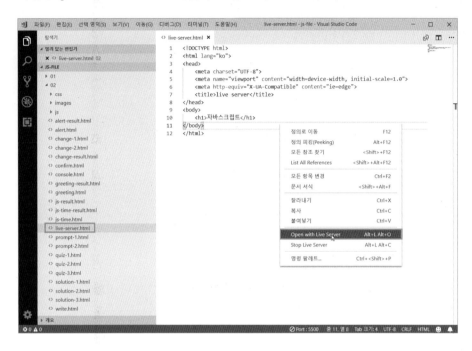

그러면 크롬 브라우저 화면에 live-server.html의 실행 결과가 바로 나타납니다. 주소 표시
줄에 나타난 127.0.0.1 숫자는 라이브 서버 확장 기능이 가상으로 만든 서버 주소입니다.

라이브 서버는 소스를 수정한 다음 저장하기만 해도 웹 브라우저에 수정한 소스 결과가 그대로
반영됩니다. 비주얼 스튜디오 코드 편집 화면에서 <body> 태그의 위치를 찾아 태그 안에 다음 내
용을 추가해 보세요.

```
13  <body>
14      <h1>자바스크립트</h1>
15      <p>자바스크립트는 기초부터 튼튼하게</p> ──── 다음 코드를 추가하세요.
16  </body>
```

Ctrl + S 를 눌러 수정한 소스를 저장하세요. 그러면 수정한 소스 결과가 그대로 반영되어 웹 브라우저 화면이 바뀝니다.

 라이브 서버 옵션이 제대로 나타나지 않아요!

과정 4에서 안내하는 대로 [Open with Live Server]가 나타나지 않으면 다음과 같이 해결해 보세요.

☺ 다음 그림에서는 phk70이 계정 폴더입니다.

1. 윈도우 탐색기에서 C:\Users로 이동한 다음 자신의 계정 폴더로 이동하세요.

2. .vscode\extensions 폴더로 이동하면 비주얼 스튜디오 코드에서 설치한 확장 기능 목록이 있습니다. 여기에서 ritwickdey.liveserver를 삭제하세요. 그런 다음 비주얼 스튜디오 코드를 실행하여 라이브 서버를 다시 설치하세요.

02-3 자바스크립트 소스 작성하고 실행하기

이제 본격적으로 자바스크립트 소스를 작성하여 실행해 보겠습니다. 자바스크립트 소스를 작성하는 방법은 크게 2가지로 나눌 수 있습니다. 지금부터 2가지 방법에 대해 천천히 알아보 겠습니다.

Do it! 실습 ▶ HTML 문서 안에 자바스크립트 소스 작성하기

• 실습 파일 02\change-1.html

먼저 HTML 문서에 자바스크립트를 작성하는 방법에 대해 알아보겠습니다. HTML 문서에 자바스크립트 소스를 작성하려면 HTML 태그 안에 문장을 입력하듯이 〈script〉 태그 안에 자바스크립트 소스를 작성하면 됩니다. 다음 규칙에 주의하여 〈script〉 태그와 함께 자바스크립트 소스를 작성하세요.

> ❶ 〈script〉 태그는 HTML 문서 어디에든 사용할 수 있습니다.
> ❷ 〈script〉 태그는 한 문서 안에서 여러 개를 사용해도 됩니다.
> ❸ 〈script〉 태그가 삽입된 위치에서 소스가 실행됩니다.

01단계 〈script〉 태그와 함께 작성되어 있는 자바스크립트 소스 확인하기

비주얼 스튜디오 코드를 실행한 후 02 폴더에 있는 change-1.html 파일을 열어 〈script〉 태그의 위치를 확인해 보세요. 태그 안에 자바스크립트 소스가 들어 있는 것을 확인할 수 있습니다. 지금은 자바스크립트 소스가 〈script〉 태그 안에 작성되어 있는지 확인하는 단계입니다. 자바스크립트 소스 작성은 02-4에서 자세히 설명하겠습니다.

```
01   <!DOCTYPE html>
02   <html lang="ko">
03   <head>
04       <meta charset="UTF-8">
05       <meta name="viewport" content="width=device-width, initial-scale=1.0">
06       <meta http-equiv="X-UA-Compatible" content="ie=edge">
07       <title>글자색 바꾸기</title>
08       <link rel="stylesheet" href="css/change.css">
```

```
09    </head>
10    <body>
11      <h1 id="heading">자바스크립트</h1>
12      <p id="text">위 텍스트를 클릭해 보세요</p>
13
14      <script>
15        var heading = document.querySelector('#heading');
16        heading.onclick = function() {
17          heading.style.color = "red";
18        }
19      </script>
20    </body>
21    </html>
```

02단계 자바스크립트 작동 결과 확인하기

자바스크립트가 포함된 HTML 문서는 브라우저에서 결과를 확인할 수 있습니다. 라이브 서버로 change-1.html을 열어 보세요. 그런 다음 브라우저 화면에 나타난 '자바스크립트'라는 글자를 눌러 보세요. 작성한 자바스크립트 소스가 적용되어 글자 색이 파란색에서 빨간색으로 바뀝니다.

자바스크립트	자바스크립트
위 텍스트를 클릭해 보세요	위 텍스트를 클릭해 보세요

누르면 글자 색이 바뀌는 자바스크립트 프로그램

〈script〉 태그는 HTML 문서 어느 곳에 있어도 상관없습니다. 하지만 매번 〈script〉 태그의 위치를 고려하는 것은 무척 번거롭습니다. 그래서 보통 〈script〉 태그는 주로 HTML 문서 내용이 끝나는 〈/body〉 태그 앞에 삽입합니다. 이제부터 HTML 문서에 〈script〉 태그를 작성할 때는 〈/body〉 태그 바로 앞에 삽입하겠습니다.

외부 스크립트 파일을 연결하는 이유

이번에는 HTML 문서와 자바스크립트 소스를 분리하여 작업하기 위해 외부 스크립트 파일을 연결하는 방법을 알아보겠습니다. 보통 실무에서는 자바스크립트 소스를 따로 작성하여 HTML 문서에 연결하는 것을 '외부 스크립트 파일을 연결한다'라고 말합니다. 이 책에서도 이 표현을 많이 사용하니 꼭 기억하고 넘어가세요.

그런데 왜 이런 작업이 필요할까요? 그냥 HTML 문서 안에 자바스크립트 소스를 작성하면 안 되는 것일까요? 물론 HTML 문서에 자바스크립트 소스를 작성하면 한눈에 모든 내용을 확인할 수 있다는 장점이 있습니다. 하지만 조금만 더 생각해 보면 규모가 큰 프로젝트를 진행할 때는 자바스크립트 소스를 분리하는 것이 훨씬 효율적임을 알 수 있습니다. 다음 그림을 보면서 외부 스크립트 파일을 연결하면 어떤 장점이 있는지 알아보겠습니다.

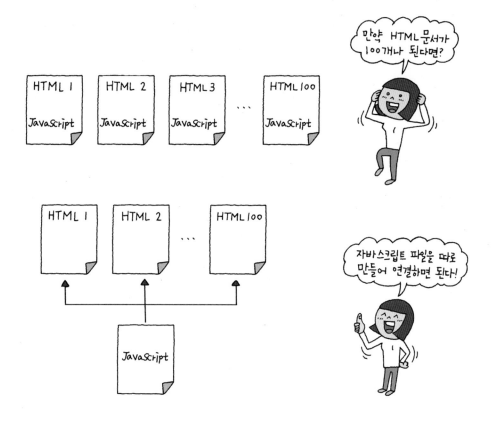

예를 들어 '글자 색을 파란색에서 빨간색으로 바꿔 주는' 자바스크립트를 5개의 HTML 문서에 사용할 때는 각 HTML 문서마다 똑같은 자바스크립트를 작성하면 됩니다. 잠깐, 혹시 지금 '자바스크립트 소스를 복사한 다음 HTML 문서에 다섯 번만 붙여 넣으면 돼!'라고 생각했나요?

이런 문서가 100개라면 어떨까요? 생각만 해도 머리가 지끈거립니다. 그래서 보통은 자바스크립트 소스를 따로 작성하여 자바스크립트 파일로 저장한 다음 필요한 HTML 문서에 연결하죠. 이 방법은 HTML 문서와 자바스크립트 코드가 섞이지 않는 장점도 있어 실무에서도 많이 사용합니다. 앞으로 이 방법을 자주 사용할 것이기 때문에 직접 실습하며 알아보겠습니다.

• 실습 파일 02\change-2.html   • 완성 파일 02\change-result.html, 02\js\change-result.js

01단계 js 파일 생성하기

비주얼 스튜디오 코드에서 js-file 폴더를 작업 폴더로 지정하고 Ctrl + N 을 눌러 새 문서를
만드세요.

새 문서의 제목이 보이나요? 제목이 'Untitled-1'로 되어 있죠? 새 문서를 자바스크립트 파
일로 만들기 위해서는 확장자를 js로 지정해 주어야 합니다. Ctrl + S 를 누르면 새 문서를
저장할 수 있습니다. 제목을 change.js라고 지어 확장자를 지정하고 [js-file → 02 → js] 폴
더에 저장하세요.

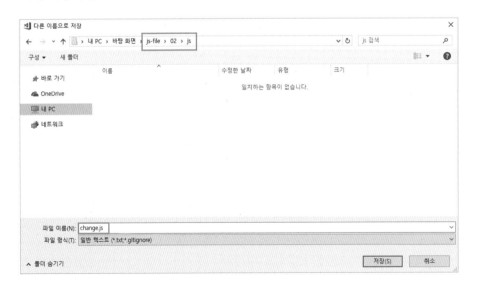

그러면 탐색기 화면에서 change.js 파일을 확인할 수 있습니다. 그리고 파일 제목 왼쪽에 자
바스크립트 아이콘이 생긴 것도 확인할 수 있습니다. 이제 여기에 자바스크립트 소스를 작성
하면 됩니다.

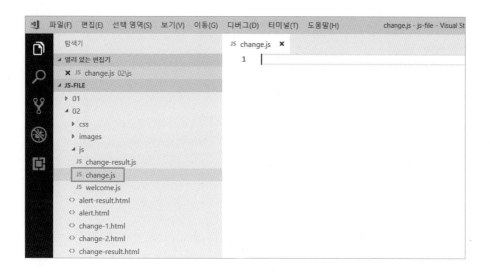

02단계 자바스크립트 소스 코드 저장하기

탐색기 화면에서 change-2.html을 누르세요. 그런 다음 <script> 태그 안에 들어 있는 자바
스크립트 소스를 드래그하고 마우스 오른쪽 버튼을 누른 후 [잘라내기]를 선택하세요. 그런
다음 <script> 태그와 </script> 태그를 모두 지우고 Ctrl + S 를 눌러 저장하세요.

change.js의 편집 화면을 열어 앞에서 잘라낸 자바스크립트 소스를 붙여 넣으세요. 그런 다
음 Ctrl + S 를 눌러 자바스크립트 파일을 저장하세요. 자바스크립트 소스가 정돈되어 있지
않아도 괜찮습니다. 외부 자바스크립트 파일을 연결하는 과정에 집중해 주세요.

03단계 js 파일과 html 파일 연결하기

change-2.html을 다시 열어 보세요. 이제 앞에서 완성한 change.js 파일을 HTML 문서에
연결하면 됩니다. </body> 태그 바로 앞에 다음을 작성하고 저장하세요. 바로 이 코드가 외부
자바스크립트 파일 연결의 핵심입니다. src 속성에 입
력한 "js/change.js"가 보이시나요? js 폴더에 저장한
change.js 파일을 현재 HTML 문서에 불러오라는 뜻입
니다.

☺ change.js 파일을 [js-file → 02 → js] 폴더
가 아닌 다른 곳에 저장했다면 저장한 경로에 맞
게 입력하세요. 단 연결하는 HTML 문서가 저장
된 폴더 또는 그 하위 폴더에 js 파일을 저장하는
것이 편리합니다.

```
14    <script src="js/change.js"></script>
```

라이브 서버를 사용하여 change-2.html을 열어 보세요. 그런 다음 글자를 눌러 보세요. 글자
색이 잘 바뀌나요? 그렇다면 외부의 자바스크립트 파일이 HTML 문서에 잘 연결된 것입니다.

02-4 나의 첫 번째 자바스크립트 프로그램

지금까지 자바스크립트 소스를 HTML 문서 안에 작성하거나 외부 스크립트 파일로 연결하는 방법을 알아보았습니다. 이제 본격적으로 자바스크립트 프로그램을 만들어 보겠습니다. 이번에 만들 자바스크립트 프로그램은 여러분에게 인사를 하는 프로그램입니다. 웹 사이트에 이름을 입력하면 브라우저가 이름에 맞게 화면에 환영 메시지를 보여 줍니다. 먼저 프로그램을 잠시 구경해 볼까요?

[미리보기] 인사하는 브라우저

먼저 완성 파일을 라이브 서버나 크롬 브라우저로 열어 보세요. 그러면 '이름을 입력하세요' 라는 메시지가 나타납니다. 여러분의 이름을 입력하고 [확인]을 눌러 보세요.

'OOO님, 환영합니다.'라는 문구가 출력됩니다. 브라우저가 여러분에게 인사를 했네요!

• 실습 파일 02\greeting.html 완성 파일 02\greeting-result.html

이제 브라우저가 인사하게 하는 프로그램을 직접 만들어 보겠습니다. 간단한 구조의 프로그램이니 가볍게 따라오세요. 이 책에서는 여러분이 실습할 때 자바스크립트만 집중하여 공부할 수 있도록 HTML과 CSS가 완성되어 있는 실습 파일을 제공합니다. 실습 파일을 열어 자바스크립트 소스만 입력하세요.

02 폴더에 있는 실습 파일 greeting.html을 라이브 서버로 열면 다음과 같은 화면이 나타납니다. 아직 이름을 부르며 인사하지는 못하네요. 실습 파일에 자바스크립트 소스를 추가하여 제대로 인사하는 프로그램을 만들어 보겠습니다.

비주얼 스튜디오 코드로 실습 파일을 불러오세요. HTML 문서에 자바스크립트 소스를 삽입하기 위해 〈script〉 태그를 사용하겠습니다. 다음을 입력하세요.

ⓒ 비주얼 스튜디오 코드에서 〈script〉 태그를 입력하면 자동으로 〈/script〉가 입력됩니다.

```
15   <body>
16     <h1>어서오세요</h1>
17     <script>
18
19     </script>
20   </body>
```

이제 〈script〉 태그 안에 다음과 같이 자바스크립트 소스를 입력하세요. 아직 자바스크립트 문법을 공부하지 않아 이해가 되지 않아서 답답할 수 있습니다. 지금은 프로그램을 만드는 과정을 체험하는 것에만 집중해 주세요. 소스를 전부 입력했다면 Ctrl + S 를 눌러 저장하세요.

ⓒ 본격적인 자바스크립트 문법은 03장부터 공부합니다.

```
17    <script>
18      var name = prompt("이름을 입력하세요.");
19      document.write("<b><big>" + name + "</big></b>님, 환영합니다.");
20    </script>
```

앞에서 열어 둔 크롬 브라우저 창으로 돌아와 F5 또는 ↻를 누르세요. 그러면 이름을 입력하라는 문구가 나타납니다. 여러분의 이름을 입력한 다음 [확인]을 누르세요. 다음은 이름을 '홍길동'이라고 입력한 뒤 [확인]을 눌러 프로그램을 실행한 결과입니다.

크롬 브라우저에서 프로그램 소스 확인하기

프로그램의 소스를 크롬 브라우저에서 바로 확인해야 할 때가 있습니다. 예를 들어 여러분이 수정한 소스가 프로그램에 제대로 반영되었는지 확인해야 한다면 어떻게 해야 할까요? 크롬 브라우저의 '검사' 기능을 간단하게 알아보겠습니다.

앞에서 만든 인사하는 브라우저의 화면에서 여러분의 이름(홍길동) 위에 마우스 포인터를 올려 놓고 마우스 오른쪽 버튼을 누른 다음 [검사]를 선택하세요. 그러면 화면에 '개발자 도구' 화면의 Elements 탭이 나타납니다. <script> 태그를 찾아 왼쪽에 있는 ▶를 눌러 보세요. 여러분이 과정 3에서 작성한 소스를 확인할 수 있습니다.

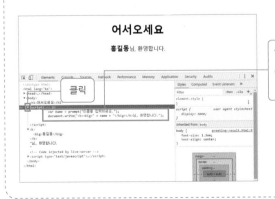

```
var name = prompt("이름을 입력하세요.");
document.write("<b><big>" + name +
"</big></b>님, 환영합니다.");
```

자바스크립트 프로그램은 어떻게 실행될까요?

자바스크립트 프로그램은 어떤 과정을 통해 실행될까요? 조금만 더 자세히 알아보겠습니다. 다음은 앞에서 실습한 greeting.html 문서의 소스 구조를 간단히 나타낸 것입니다.

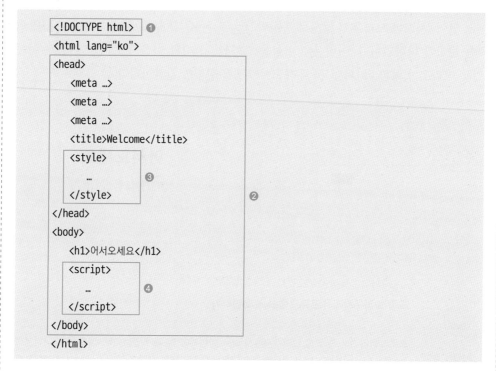

웹 브라우저에는 HTML 분석기(HTML Parser), CSS 분석기(CSS Parser), 자바스크립트 해석기 (Javascript Interpreter)가 포함되어 있습니다. 각각의 분석기, 해석기는 여러분이 작성한 소스의 첫 번째 줄부터 한 줄씩 내려가며 분석하고 해석합니다. 위의 코드를 참고하면서 다음 과정을 읽어 보세요. 여러분이 작성한 프로그램이 어떻게 실행되는지 이해할 수 있을 것입니다.

ⓒ HTML 분석기와 CSS 분석기는 소스를 분석하여 웹 문서와 스타일 구조를 새로 생성합니다. 하지만 자바스크립트는 소스를 바로 해석하여 실행하기 때문에 분석기가 아니라 해석기라고 부릅니다.

❶ 1번 줄의 <!DOCUTYPE html>은 HTML 문서의 시작을 알리는 HTML 태그입니다. 크롬 브라우저는 바로 이 태그를 보고 여러분이 작성한 소스가 HTML 문서라는 사실을 알게 되죠. 따라서 <html> 태그 사이의 내용을 HTML 분석기로 HTML5 표준에 맞춰 해석하기 시작합니다.

❷ HTML 분석기는 주로 HTML 태그의 순서와 포함 관계를 확인합니다. 즉 HTML 분석기를 통해 크롬 브라우저의 <head> 태그 안에는 3개의 <meta> 태그와 <title>, <style> 태그가 있고 <body> 태그 안에는 <h1>, <script> 태그가 있다는 것을 알게 됩니다.

❸ CSS 분석기는 HTML 분석기가 태그 분석을 끝낸 다음 <style> 태그 사이의 스타일 정보를 분석합니다.

❹ 마지막으로 자바스크립트 해석기가 <script> 태그 사이의 자바스크립트 소스를 해석합니다.

02-5 자바스크립트의 입력과 출력

여러분은 앞의 02-4 실습에서 프로그램을 하나 만들었습니다. 어떤 프로그램이었나요? 여러분이 입력한 이름을 부르며 인사하는 프로그램이었죠?

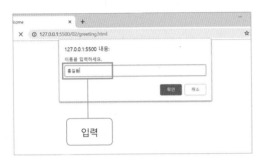
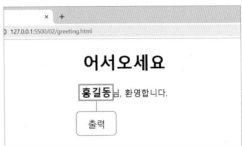

공부를 하려면 연필과 공책이 필요하죠? 자바스크립트 공부도 비슷합니다. 여러분이 만든 자바스크립트 프로그램을 크롬 브라우저에서 실행한 다음 어떤 값을 입력하거나 출력하려면 방법을 알아야 합니다. 그래서 이 책은 자바스크립트의 기초 문법을 공부하기 전에 자바스크립트 프로그램에서 값을 입력받고 출력하는 방법을 먼저 설명합니다. 앞으로 자주 사용하는 방법이니 꼭 알아 두고 03장으로 넘어가길 권합니다.

크롬 브라우저의 콘솔 도구와 함께 공부하기

입력과 출력을 공부하기 전에 간단한 실습을 위해 자주 사용하게 될 크롬 브라우저의 콘솔 도구에 대하여 알아보겠습니다. 콘솔은 자바스크립트 소스를 간편하게 연습해 볼 수 있어 실무에서도 많이 사용하는 도구입니다. 그러면 크롬 브라우저의 콘솔 도구 사용 방법과 함께 자바스크립트의 입력과 출력을 공부해 보겠습니다.

크롬 브라우저를 실행하여 주소 표시줄에 about:blank라고 입력하세요. 그러면 빈 창이 나타납니다. Ctrl + Shift + J 를 누르면 화면 아래에 콘솔 창이 열립니다.

ⓒ 맥에서는 command ⌘ + option + J 를 누릅니다.

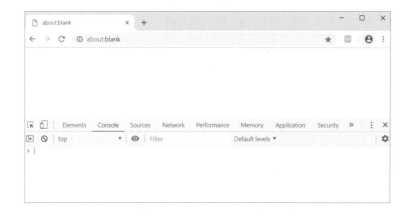

콘솔 창이 너무 작게 느껴지면 콘솔 창 크기를 조절해야 합니다. 콘솔 창의 가장자리를 마우스로 선택한 다음 움직여 보세요. 그러면 콘솔 창의 크기를 조절할 수 있습니다.

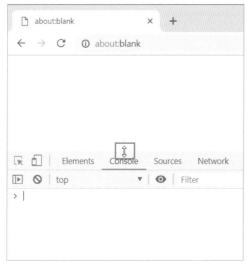 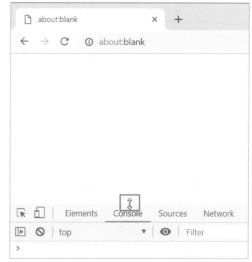

> 기호의 오른쪽 부분을 마우스로 누른 다음 소스의 첫째 줄을 입력한 뒤 Enter 를 눌러 보세요. 그러면 바로 다음 줄에 < 기호와 함께 여러분이 입력한 자바스크립트 소스의 결괏값이 나타납니다. 결괏값으로 undefined가 표시되지요? 콘솔에 자바스크립트 소스를 입력하면 그다음 줄에는 결괏값을 표시하는데 특별히 표시할 결괏값이 없을 경우 undefined라고 표시합니다. 이 내용은 오류가 아니라 출력할 내용이 없을 때 나타나는 문장입니다.

ⓒ > 기호와 < 기호는 프로그래머가 컴퓨터와 대화하는 기분(채팅)이 들 수 있도록 배려한 기호입니다.

```
>    var age = 20;
<    undefined
```

사용자 입력값 받기 — prompt( ) 함수

이제 사용자에게 어떤 값을 입력받을 때 사용하는 prompt( ) 함수에 대해 알아보겠습니다. 이 함수는 인사 프로그램에서도 사용한 함수입니다. 사용자에게 값을 입력받을 때 가장 쉽게 사용할 수 있는 것이 prompt( ) 함수입니다. prompt( ) 함수를 실행하면 사용자가 값을 입력할 수 있도록 작은 창을 만들어 줍니다. 콘솔 창을 열어 다음을 입력해 보세요.

```
> prompt( );
```

그러면 프롬프트 창이 나타납니다. 프롬프트 창에 여러분이 입력하고 싶은 내용을 자유롭게 적고 [확인] 버튼을 누르세요.　　　　　　　　　　　　　☺ 함수는 05장에서 자세히 알아봅니다.

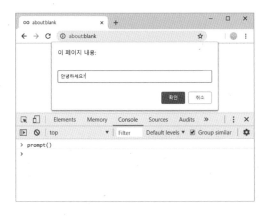

그러면 콘솔 창에서 입력한 값을 확인할 수 있습니다.

```
> prompt( );
< "안녕하세요"
```

prompt( ) 함수를 사용할 때 소괄호 안에 큰따옴표나 작은따옴표로 원하는 문장을 감싸 넣으면 프롬프트 창에 문장을 표시할 수도 있습니다. 주로 어떤 내용을 입력해야 하는지 안내할 때 많이 사용합니다.

```
> prompt("이름을 입력하세요.");
```

프롬프트 창에서 소괄호 안에 입력한 내용이 함께 표시되는지 확인해 보세요.

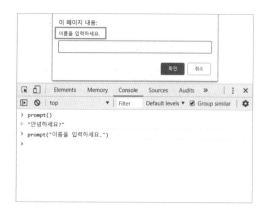

 콘솔 창에 다음 소스를 입력하고 어떤 점이 다른지 확인하세요.

> prompt("이름을 입력하세요.", "홍길동");

정답 프롬프트 창의 텍스트 필드 안에 기본 값을 표시할 수 있습니다.

알림 창으로 출력하기 — alert( ) 함수

웹 브라우저 화면에서 간단한 알림 내용을 표시하려고 할 때 alert( ) 함수를 사용합니다. alert( ) 함수의 사용 방법은 소괄호 안에 원하는 내용을 큰따옴표나 작은따옴표로 감싸 주면 됩니다. 아주 간단하죠? 콘솔 창에 다음 소스를 입력해 보세요.

> ```
alert("환영합니다.");
```

웹 브라우저 창에 알림 창이 나타나면서 괄호 안에 넣은 내용이 알림 창에 표시됩니다.

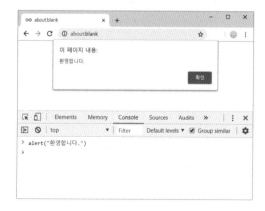
```

웹 브라우저 화면에 출력하기 — document.write( ) 함수

이번에는 자바스크립트로 웹 브라우저에 출력하는 document.write( ) 함수에 대해 알아보겠습니다. 이 책의 실습을 진행하다 보면 document.write( ) 함수를 자주 사용하게 될 것입니다. 이 함수는 괄호 안의 내용을 크롬 브라우저 화면에 표시하는 역할을 담당합니다. 즉 결 괏값을 크롬 브라우저에 출력하는 용도로 많이 사용합니다. 콘 줄 바꿈은 Shift + Enter 입니다. 솔 창에서 다음을 입력해 보세요.

```
> var name = prompt("이름: ");
  document.write(name + "님, 어서오세요!");
```

그런데 document.write( ) 함수는 prompt( ) 함수와 달리 document.가 함수 이름 앞에 붙어있습니다. 그 이유는 write( ) 함수가 document 객체에 포함되어 있기 때문입니다. 아직 document 객체를 공부하지 않았죠? 여기서는 영문 그대로 '웹 문서(Document)에 괄호 안의 내용을 쓰는(Write) 함수'라고 이해하고 넘어가세요.

1분 복습 prompt( ) 함수와 document.write( ) 함수를 이용하여 나이를 입력받아 크롬 웹 브라우저에 표시하는 자바스크립트 소스를 작성하세요.

정답 var age = prompt("나이를 입력하세요: ");
document.write(age);

콘솔에 출력하기 — console.log( ) 함수

console.log( ) 함수는 괄호 안의 내용을 콘솔 창에 출력합니다. 사용 방법은 document. write( ) 함수와 같습니다. 다음 소스를 입력해 보세요.

```
> var name = prompt("이름: ");
  console.log(name + "님, 어서오세요!");
< 백두산님, 어서오세요!
```

1분 복습

prompt( ) 함수로 나이를 입력받아 콘솔에 출력하는 자바스크립트 소스를 작성하세요.

정답 `var age = prompt("나이를 입력하세요: ");`
`console.log(age);`

Do it! 실습 크롬 브라우저 콘솔로 오류 찾아내기

• 실습 파일 02\js-time.html · 완성 파일 02\js-time-result.html

지금까지 콘솔 창을 사용해 자바스크립트의 입력과 출력에 대해 알아보았습니다. 이제 콘솔이 많이 익숙해졌을 것입니다. 이제 콘솔을 조금 더 '프로그래머'답게 사용하는 방법을 알아보겠습니다. 가끔 비주얼 스튜디오 코드에서 작성한 자바스크립트 소스를 크롬 브라우저에서 실행하면 원하는 결과가 나오지 않거나 아예 실행되지 않는 경우가 있습니다. 분명 책에 있는 소스 그대로 입력했는데도 말이죠. 책의 소스에 오타가 있을 수도 있지만 여러분의 실수로 오타가 발생할 수도 있습니다. 이런 경우에 대비하여 콘솔에서 오류를 찾아내는 방법을 공부해 보겠습니다.

02 폴더의 js-time.html을 크롬 브라우저로 열어 볼까요? 그러면 화면에 아무것도 표시되지 않습니다. 오류가 발생하여 프로그램이 제대로 실행되지 않은 것이죠. Ctrl + Shift + J 를 눌러 콘솔 창을 열어 보세요. 그러면 콘솔 창에 빨간색 글자로 오류 내용이 표시되어 있을 것입니다. 또 오른쪽 위에는 오류 개수(1)도 표시되어 있습니다. 오류 내용은 영어로 표시됩니다. 만약 오류 내용이 잘 해석되지 않는다면 오류 내용 오른쪽에 표시된 파일 이름과 오류가 발생한 줄 번호(js-time.html:19)를 눌러 보세요.

그러면 오류가 발생한 파일(js-time.html)의 소스 위치(19)로 바로 이동합니다. 노란색으로 표시된 오류가 보이나요? document.write( ) 함수를 사용해야 하는 부분에 e를 적지 않았네요. 오류를 확인했다면 비주얼 스튜디오 코드로 돌아가 오류를 바로잡으면 되겠죠?

비주얼 스튜디오 코드로 돌아가 원래 소스의 19번째 줄의 내용을 document.write로 수정한 다음 Ctrl + S 를 눌러 저장하세요.

```
19    document.write("현재 시각은 " + display);
```

크롬 브라우저로 돌아와 F5 를 눌러 새로 고침을 해 볼까요? 그러면 프로그램이 정상으로 실행됨을 확인할 수 있습니다.

02-6 자바스크립트 소스를 작성할 때 지켜야 할 규칙

자바스크립트 소스를 작성할 때는 꼭 지켜야 할 규칙 6가지가 있습니다. 규칙을 지키지 않으면 프로그램 오류 등 여러 가지 문제가 발생할 수 있기 때문에 미리 알아 두는 것이 좋습니다.

규칙 1 — 대소문자를 구별하여 소스를 작성한다

자바스크립트는 대소문자를 구별합니다. 즉 sum, Sum, SUM을 모두 다르게 인식합니다.

규칙 2 — 읽기 쉽게 들여 쓰는 습관을 들인다

자바스크립트 해석기는 소스를 처리할 때 들여쓰기를 신경 쓰지 않습니다. 하지만 여러분이 작성한 소스를 다른 프로그래머가 읽거나, 오류가 발생해 소스를 수정해야 할 수도 있습니다. 그때를 대비해 읽기 쉽게 들여 쓰는 습관을 들이세요.

ⓒ 비주얼 스튜디오 코드에서 [Tab]을 누르면 4글자의 크기만큼 들여 씁니다.

규칙 3 — 세미콜론으로 문장을 구분한다

자바스크립트에서 세미콜론(;)은 문장 끝을 나타냅니다. 하지만 자바스크립트는 문장 끝에 세미콜론을 붙이지 않아도 잘 실행됩니다. 즉 다음 두 문장의 실행 결과는 같습니다.

```
var num1                    var num1;
var num2                    var num2;
```

하지만 여러분이 실수로 줄 바꿈을 하지 않는다면 전자의 경우 오류가 발생합니다. 이를 방지하기 위해 자바스크립트 문장의 끝에는 세미콜론을 붙이는 것이 좋습니다.

```
// 오류 발생                 // 오류 발생 방지
var num1  var num2          var num1;  var num2;
```

규칙 4 — 자바스크립트 소스에 메모를 하려면 주석을 사용한다

만약 여러분이 작성한 자바스크립트 소스를 다른 사람에게 설명하고 싶거나, 나중을 위해 안내 표시를 하고 싶다면 어떻게 해야 할까요? 바로 주석 (Comment)을 사용하면 됩니다. 주석은 2가지 방법으로 사용할 수 있습니다.

ⓒ HTML에서는 <!-- 와 -->를 사용하여 주석을 표시합니다.

한 줄 주석 기본형

```
//한 줄 주석은 이렇게 입력합니다.
```

한 줄 주석 활용 방법

```
1   var today = new Date( );      //날짜를 가져온다
2   var h = today.getHours( );    //시를 추출한다
```

여러 줄 주석 기본형

```
/*
    자바스크립트에서
    여러 줄의 주석을
    표시할 수도 있습니다.
*/
```

여러 줄 주석 활용 방법 — 올바른 예

```
1   /*
2       현재 날짜를 가져와
3       시와 분, 초로 추출하고
4       화면에 표시하는 스크립트
5   */
6   function startTime( ) { ... }
```

여러 줄 주석 활용 방법 — 잘못된 예

```
1   /* 현재 날짜를 가져와  /* 시와 분, 초로 추출하고 */ 화면에 표시하는 스크립트 */
2   function startTime( ) { ... }
```

규칙 5 — 식별자는 정해진 규칙을 지켜 작성한다

식별자(Identifier)는 앞으로 여러분이 공부할 자바스크립트 문법의 핵심 요소인 변수, 함수, 속성 등을 구별하기 위해 여러분이 이름 붙여 준 특정 단어를 의미합니다. 여러분이 인사하는 프로그램을 만들면서 프롬프트[prompt("이름을 입력하세요")]를 통해 입력한 값을 name 변수에 저장했던 것 기억하나요?

> 변수는 컴퓨터에 값을 저장하기 위해 사용하는 자바스크립트 요소입니다. 03장에서 자세히 공부합니다.

```
>   var name = prompt("이름을 입력하세요.");
```

식별자의 첫 글자는 반드시 영문자나 밑줄(_), 또는 달러 기호($)로 시작해야 하고, 그 뒤에 영문자나 밑줄, 달러 기호, 숫자를 사용할 수 있습니다. 두 단어 이상이 모여 하나의 식별자를 만들 경우 단어 사이에 공백을 둘 수 없고, 단어와 단어 사이를 하이픈(-)이나 밑줄(_)로 연결해서 사용합니다. 하이픈이나 밑줄 없이 두 단어를 그대로 붙여서 사용하기도 하는데, 그럴 경우 첫 번째 단어는 소문자로 시작하고 두 번째 단어는 대문자로 시작하는 것이 일반적입니다. 예를 들어 다음과 같이 작성할 수 있습니다.

```
num1            // 영문자로 시작하는 식별자
_doSomething    // 밑줄(_)로 시작하는 식별자
checkTime( )    // 두 단어로 만든 식별자
```

규칙 6 — 예약어는 식별자로 사용할 수 없다

예약어(Keyword)는 자바스크립트에 먼저 등록된 요소를 가리킵니다. 즉 예약어는 식별자로 사용할 수 없습니다. 예를 들어 변수를 선언할 때 사용하는 var 예약어는 식별자로 사용하면 오류가 발생합니다.

> 자바스크립트의 모든 예약어가 궁금하다면 javascript keywords라고 검색하여 w3schools 문서를 참고하세요(www.w3schools.com/js/js_reserved.asp).

다음은 자주 사용하는 자바스크립트 예약어입니다.

arguments	break	case	continue	default
do	else	false	for	function
if	null	return	super	switch
this	true	try	typeof	var
void	while	with		

01 〈script〉 태그는 HTML 문서의 어디에나 넣을 수 있습니다. (O / X)

02 〈script〉 태그는 한 문서 안에서 여러 번 사용할 수 있습니다. (O / X)

03 자바스크립트 소스에서는 대소문자를 구별하지 않습니다. (O / X)

04 예약어는 식별자로 사용할 수 없습니다. (O / X)

05 HTML 문서에 연결하는 외부 자바스크립트 파일의 확장자는   입니다.

06 간단한 자바스크립트는 크롬 브라우저의   에서 실행하고 결과를 확인할 수 있습니다.

07 사용자에게 간단한 텍스트 입력값을 받기 위해   p   함수를 사용합니다.

08 사용자에게 알림 창을 표시할 때는   a   함수를 사용합니다.

09 웹 브라우저 창에 내용을 출력하는 프로그램은   d   함수를 사용한 것입니다.

10   은(는) 자바스크립트 소스에 설명을 남겨 두기 위한 것입니다.

정답 01 O 02 O 03 X 04 O 05 js 06 콘솔 창
07 prompt 08 alert 09 document.write 10 주석

다음은 지금까지 배운 내용을 응용해 보는 문제입니다. 그동안 작성해 놓은 소스 코드를 활용해 프로그램을 만들어 보세요.

1. 02 폴더의 quiz-1.html에는 자바스크립트 소스가 연결되어 있지 않습니다. js 폴더에 있는 welcome.js를 quiz-1.html에 연결하려면 어떻게 해야 할까요?

2. 02 폴더의 quiz-2.html을 활용해 크롬 브라우저 화면에 Hello, Javascript! 문장을 나타내려 합니다. document.write( ) 함수를 사용하여 이 문제를 해결해 보세요.

3. 02 폴더의 quiz-3.html에는 오류를 포함한 자바스크립트 소스가 작성되어 있습니다. 즉 제대로 실행되지 않습니다. 개발자 도구의 콘솔 창을 사용하여 오류를 찾아 고쳐 보세요.

정답 1. 02\sol-1.html 2. 02\sol-2.html 3. 02\sol-3.html

03

변수와 자료형 그리고 연산자

사과, 쌀, 달걀을 보관하려면 어떻게 해야 할까요? 사과는 사과 상자에, 쌀은 쌀자루에, 달걀은 달걀을 담는 판에 보관해야 합니다. 프로그램을 만들 때도 마찬가지입니다. 사용할 자료를 어딘가에 보관했다가 꺼내어 사용하지요. 자바스크립트가 다룰 수 있는 자료에는 숫자, 문자, 논리, 객체 등이 있습니다. 자바스크립트는 자료를 어떻게 저장할까요? 그리고 어떻게 관리할까요? 이 장에서는 이 내용에 대해 공부합니다. 또 이 장에서 공부한 내용으로 나이와 할인 가격을 계산하는 프로그램을 만들어 보면서 자바스크립트가 자료를 어떻게 처리하는지도 알아보겠습니다.

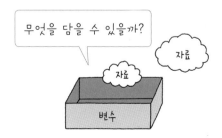

03-1 변수란 무엇일까?

자바스크립트에서 변수는 변하는 값을 저장할 때 사용합니다. 변하는 값에는 무엇이 있을까요? 예를 들어 태어난 연도를 입력해서 나이를 계산하는 프로그램을 만든다면, A라는 사람이 입력하는 연도와 B라는 사람이 입력하는 연도가 다를 것입니다. 이렇게 상황에 따라 다른 값을 입력받아야 할 때 변수를 사용합니다. 이제 프로그램을 직접 만들면서 변수를 어떻게 사용하는지 알아보겠습니다.

[미리보기] 나이 계산하기

먼저 완성된 프로그램을 가볍게 살펴보면서 앞으로 어떤 프로그램을 만들지 알아보겠습니다. 이 프로그램은 올해 연도와 태어난 연도를 입력하면 사용자의 나이를 계산해 줍니다. 한번 실행해 볼까요?

age-result.html을 웹 브라우저에서 열어 보세요. 그러면 다음과 같은 화면이 나타납니다.

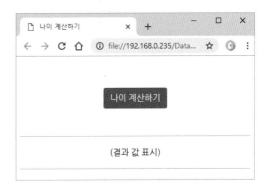

[나이 계산하기]를 누르면 프롬프트 창이 나타납니다. 태어난 연도를 입력한 다음 [확인]을 눌러 보세요.

프로그램이 입력한 연도 값으로 나이를 계산하고 결괏값을 출력해 줍니다.

수식으로 알아보는 상수와 변수

나이를 계산해 주는 프로그램은 나이를 어떻게 계산했을까요? 다음은 나이를 계산하는 수식을 나타낸 그림입니다.

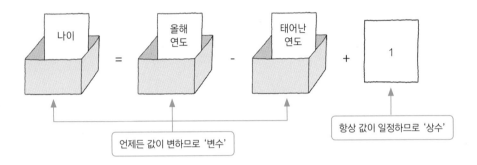

이 수식의 맨 끝에 있는 숫자 1은 변하지 않는 값입니다. 이런 값을 프로그램 용어로 상수 (Constant)라고 부릅니다. 나머지 값(올해 연도, 태어난 연도, 나이)은 변할 수 있는 값이죠. 바로 이런 값을 변수(Variable)라고 부릅니다.

올해 연도에는 2022를, 태어난 연도에는 1990을 입력하면 나이에 값 33이 저장됩니다. 올해 연도와 태어난 연도는 입력한 값에 따라 변하므로 변수입니다. 물론 나이에는 어떤 값도 입력하지 않았습니다. 하지만 이 값은 올해 연도와 태어난 연도에 따라 계속 바뀌는 값입니다. 즉 나이도 변수입니다. 반면에 1은 일반적인 나이를 계산하기 위해 더해야 하는 값입니다. 갑자기 2를 더하거나 3을 더하여 나이를 계산할 일은 없겠죠. 즉 1은 상수입니다. 이제 변수와 상수의 개념을 정확하게 알겠나요?

다음 중 상수는 무엇일까요?

① currentYear   ② lastYear   ③ 2010   ④ yourAge

정답 ③

변수를 선언하는 규칙 세 가지

변수에는 컴퓨터가 구별할 수 있도록 이름을 붙여야 합니다. 이를 '변수를 선언한다'고 합니다. 변수 선언은 아주 간단합니다. 다음처럼 var 키워드 뒤에 변수 이름을 적으면 됩니다.

```
>    var apple;
```

그런데 변수를 선언할 때는 지켜야 할 몇 가지 규칙이 있습니다. 이 규칙에 대해 간단히 알아보겠습니다.

규칙 1 — 이름은 의미 있게 짓는다

변수의 이름을 아무 의미 없이 지으면 안 됩니다. a, b 같은 변수는 나중에 왜 만들었는지 알기 어렵겠죠? 예를 들어 올해 연도는 currentYear, 태어난 연도는 birthYear라고 짓는 것이 좋습니다.

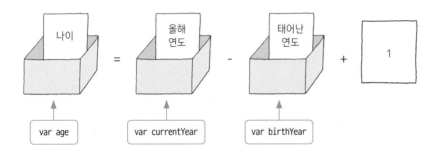

규칙 2 — 여러 단어를 연결한 변수 이름은 낙타 모양으로 만들어 준다

여러 단어를 연결하여 변수 이름을 지을 때는 첫 번째 단어는 소문자로, 두 번째 단어부터는 대문자로 시작하는 방법을 많이 사용합니다. 이 규칙을 낙타 표기법(Camel Case)이라고 부릅니다. 낙타 표기법은 프로그램에는 영향을 주지 않습니다. 하지만 개발자들 사이에서 오래전부터 암묵적으로 지키는 일종의 규칙이니 꼭 기억해 두길 바랍니다.

ⓒ currentYear, birthYear 모양이 낙타의 등과 비슷하게 생기지 않았나요?

ⓒ 밑줄(_)을 사용하여 current_year, birth_year 등으로 변수 이름을 짓는 방법도 있습니다.

규칙 3 — 선언할 수 없는 이름도 있다

변수 이름의 첫 글자는 반드시 문자나 밑줄(_) 또는 달러 기호($)로 시작해야 하고, 그 후에는 문자나 밑줄, 달러 기호, 그리고 숫자를 사용할 수 있습니다. 따라서 다음과 같은 변수 이름은 사용할 수 없습니다.

```
>  var 1value;    //오류 발생!
>  var .key;      //오류 발생!
>  var #obj;      //오류 발생!
```

 1분 복습 다음 중 변수로 사용할 수 없는 이름은?

① $Friday   ② 13_Friday   ③ Friday_13   ④ toDay

정답 ②

변수에 값이나 식 저장하기

변수에 값을 저장하려면 변수 오른쪽에 = 기호를 붙이고 오른쪽에 저장하고 싶은 값이나 식을 쓰면 됩니다. 이때 변수에 값을 저장하는 방법은 '변수를 선언하면서 저장하는 방법'과 '변수를 선언한 다음에 저장하는 방법'이 있습니다.

☺ = 기호는 할당 연산자라고 부릅니다. 자세한 내용은 03-4에서 다룹니다.

```
>  var apple = "yummy";            //변수를 선언하면서 값을 저장
>  var banana;
>  banana = "long and yummy";     //변수를 선언한 다음에 값을 저장
```

변수에 식을 저장할 경우 식에 있는 변수는 미리 선언해 두어야 합니다. 아래 소스에서는 apple + banana 식을 total 변수에 저장하는데, 그 전에 apple과 banana 변수가 선언되어 있어야 합니다.

```
>  var apple = 2000;
>  var banana = 10000;
>  var total = apple + banana;
```

나이 계산 프로그램 만들기

• 실습 파일 03\age.html • 완성 파일 03\age-result.html

이제 변수를 선언하고 값을 저장하는 방법을 알았으니 프로그램의 일부를 작성해 보겠습니다. 다음 실습에서는 나이를 계산하기 위해 태어난 연도, 올해 연도, 계산한 나이를 저장할 변수를 선언해 봅니다.

01단계 변수 선언하기

비주얼 스튜디오 코드에서 age.html을 열어 `</body>` 태그 앞에 다음을 입력해 보겠습니다. 소스를 입력한 다음에는 반드시 Ctrl + S 를 눌러 저장하세요. `function calc( )` 문장은 함수를 선언한 것인데 지금은 변수를 저장하는 과정에만 집중하면 됩니다. 함수는 05장에서 자세히 설명하겠습니다.

```
13    <script>
14        function calc( ) {
15            var currentYear;        //올해 연도를 저장할 변수
16            var birthYear;          //태어난 연도를 저장할 변수
17            var age;                //계산한 나이를 저장할 변수
18        }
19    </script>
```

변수에 값을 저장해 볼까요? 만약 태어난 연도가 1990년이라면 다음과 같이 소스 코드를 수정하면 됩니다. 올해 연도(currentYear)와 여러분이 태어난 연도(birthYear)에 값을 저장해 보세요. 변수 age에는 올해 연도에서 태어난 연도를 빼고 ◎ // 뒤의 내용은 주석이므로 입력하지 않아도 됩니다.
1을 더한 식을 저장하면 됩니다.

```
13    <script>
14        function calc( ) {
15            var currentYear = 2019;
16            var birthYear = 1990;
17            var age;
18            age = currentYear - birthYear + 1;
19            //올해 연도에서 태어난 연도를 뺀 다음 1을 더하여 age에 저장합니다.
20        }
21    </script>
```

이제 변수 age에 저장된 값이 크롬 브라우저에 나타나게 해야겠죠? 나이 계산 프로그램은 [나이 계산하기] 버튼 아래 영역에 계산한 나이를 출력합니다. 소스 코드의 하이라이트 부분을 따라 입력해 보세요.

```
13  <script>
14    function calc( ) {
15      var currentYear = 2019;
16      var birthYear = 1990;
17      var age;
18      age = currentYear - birthYear + 1;
19      document.querySelector("#result").innerHTML = "당신의 나이는 " + age + "세입니다.";
20    }
21  </script>
```

이때 document.querySelector("#result").innerHTML은 앞으로 자주 사용할 일종의 프로그래밍 기법입니다. 소스 코드를 그대로 읽으면 '문서(document)에서 선택자를 사용하여 (querySelector) id 값이 result인 태그("#result")를 선택하고 HTML에 삽입한다(innerHTML)' 라는 의미입니다. 구체적인 원리는 08장에서 자세히 설명합니다.

라이브 서버로 나이 계산 프로그램을 실행해 보세요. [나이 계산하기]를 누르면 버튼 아래 영역에 변수 age에 저장된 값이 출력됩니다.

02단계 사용자 입력값 변수에 할당하기

02장에서 공부한 prompt( ) 함수를 기억하나요? prompt( ) 함수는 프로그램을 실행한 다음에 사용자가 값을 입력할 수 있는 함수입니다. birthYear 변수에 할당했던 값 '1990'을 삭제한 뒤 다음과 같이 prompt( ) 함수를 지정하고 저장하세요.

```
13  <script>
14    function calc( ) {
15      var currentYear = 2019;
16      var birthYear = prompt("태어난 연도를 입력하세요.","YYYY"); // 프롬프트 창에 태어난 연도를
               입력하게 합니다.
```

```
17          var age;
18          age = currentYear - birthYear + 1;
19          document.querySelector("#result").innerHTML = "당신의 나이는 " + age + "세입니다.";
20      }
21  </script>
```

다시 나이 계산 프로그램을 실행하면 프롬프트 창이 나타납니다. 태어난 연도를 입력한 다음
[확인] 버튼을 눌러 보세요. 그러면 입력한 값에 따라 나이를 계산한 값이 화면에 나타납니다.

이렇게 prompt( ) 함수로 값을 입력받아 변수에 할당하는 방법을 '사용자가 값을 입력하게 한
다'라고 합니다. 앞으로 자주 사용할 표현이므로 꼭 기억하고 넘어가세요.

 올해 연도(currentYear)에도 사용자가 입력한 값을 할당할 수 있도록 소스를 수정해 보세요.

정답 `var currentYear = prompt("현재 연도를 입력하세요: ", "YYYY");`

---

let과 const 예약어

ES6 버전부터는 변수를 선언할 때 var 예약어 외에 let와 const 예약어를 사용할 수 있습니다.
let으로 선언한 변수는 블록({ }로 묶은 범위)을 벗어나면 사용할 수 없습니다. 그리고 const는
상숫값을 선언할 때 사용합니다. 그래서 앞의 소스는 다음과 같이 바꿔 쓸 수 있습니다.

```
function calc() {
    const currentYear = 2019;
    let birthYear = prompt("태어난 연도를 입력하세요.", YYYY);
    let age = currentYear - birthYear + 1;
```

03-2 자료형 이해하기

앞에서는 나이 계산 프로그램을 만들며 변수와 상수의 개념과 변수에 값을 저장하는 방법을 알아보았습니다. 이제부터 변수에 저장하는 값의 형태를 의미하는 자료형에 대해 조금 더 자세히 알아보겠습니다.

자료형의 종류

자료형(Data Type)이란 컴퓨터가 처리하는 자료의 형태를 말합니다. 사람은 10이나 −15가 숫자임을 보자마자 알 수 있습니다. 자바스크립트도 비슷합니다. 단지 자료형을 부르는 방법이 조금 다를 뿐입니다. 자바스크립트의 자료형은 값이 하나인 '기본형'과 여러 값을 한꺼번에 담고 있는 '복합형'으로 구별합니다. 다음 표를 가볍게 읽고 넘어가세요.

ⓒ 실무에서는 자료형을 데이터 타입, 데이터형, 데이터 유형 등으로 부릅니다. 이 책에서는 자료형으로 부르겠습니다.

자료형		설명
기본형	number(숫자)	따옴표 없이 표기한 숫자를 나타냅니다.
	string(문자열)	작은따옴표(')나 큰따옴표(")로 묶어 나타냅니다.
	boolean(논리형)	참(true)과 거짓(false)이란 두 가지 값만 가지고 있는 유형입니다.
	undefined	자료형을 지정하지 않았을 때의 유형입니다. 예를 들어 변수를 선언만 하고 값을 정의하지 않으면 undefined가 됩니다.
	null	값이 유효하지 않을 때의 유형입니다.
복합형	array(배열)	하나의 변수에 여러 값을 저장하는 유형입니다.
	object(객체)	함수와 속성이 함께 포함된 유형입니다.

자료형을 확인하는 방법 — typeof 연산자

자바스크립트는 변수에 저장하는 값에 따라 자료형이 결정됩니다. 예를 들어 value 변수에 10을 저장하면 value의 자료형은 number(숫자)가 되고, "10"을 저장하면 string(문자열)이 됩니다. 그러면 변수(또는 값)가 정말 어떤 자료형인지 알고 싶을 때는 어떻게 해야 할까요? 바로 typeof 연산자를 사용하면 됩니다. typeof 연산자의 사용 방법은 다음과 같습니다.

```
>    typeof 1990;
<    "number"
>    typeof "hello";
<    "string"
```

이제 본격적으로 자료형에 대해 하나씩 알아보겠습니다. 가장 먼저 알아볼 자료형은 숫자형입니다.

숫자형 ― 정수

자바스크립트에서 숫자는 정수와 실수로 나누어 구분합니다. 먼저 정수에 대해 알아보겠습니다. 다음은 숫자형 중 정수를 변수에 저장하여 typeof 연산자로 확인한 것입니다.

```
>    var birthYear = 2000;
<    undefined
>    typeof birthYear;
<    "number"
```

정수는 소수점 없는 숫자를 가리킵니다. 정수는 표현 방법에 따라 10진수, 8진수, 16진수의 세 가지 유형으로 나누기도 합니다. 다음은 우리에게 익숙하지 않은 8, 16진수를 간단히 정리한 것입니다. 조금 이해하기 어렵겠지만 훌륭한 프로그래머가 되려면 반드시 알아 두어야 하는 개념입니다. 반드시 한 번 정도는 읽어 보고 다음으로 넘어가기를 권합니다.

8진수
0~7로 표현하는 수입니다. 이때 10진수와 구별하기 위하여 숫자 0을 맨 앞에 붙입니다.
예 012, 013, 01000 (10진수로 10, 11, 512)

16진수
숫자 0~9와 알파벳 A~F로 표현하는 수입니다. 16진수는 프로그래밍을 할 때 가장 많이 사용합니다. 10진수와 구별하기 위하여 0x(또는 0X)를 맨 앞에 붙입니다. 이때 알파벳 A~F는 대문자와 소문자를 모두 사용할 수 있습니다.
예 0xfff, 0xFFF, 0Xfff, 0XFFF (넷 모두 10진수로 16^3-1=4095)

숫자형 — 실수

실수는 소수점이 있는 숫자를 가리킵니다. typeof 연산자로 확인하면 정수와 마찬가지로 결괏 값으로 number를 출력합니다. 즉 자바스크립트는 정수와 실수 모두 number로 취급합니다.

```
>   var average = 17.5;
<   undefined
>   typeof average;
<   "number"
```

그런데 자바스크립트에서 실수를 계산할 때는 주의할 점이 하나 있습니다. 예를 들어 0.1 + 0.2 수식의 결괏값은 0.3이 아니라 0.30000000000000004입니다. 왜 그럴까요? 자바스크립트 에서는 0.1이나 0.2를 2진수로 변환해서 계산하는데 이 때 자릿수가 많은 소수로 변환되고, 그 상태에서 0.1과 0.2를 더하기 때문에 생긴 결과입니다. 따라서 정밀하게 숫자를 계산하는 프로그램을 만들 때는 항상 주의해야 합니다.

```
>   0.1 + 0.2
<   0.30000000000000004
```

문자형

문자형(String)은 작은따옴표(')나 큰따옴표(")로 묶은 자료를 의미합니다. 즉 숫자도 작은따 옴표나 큰따옴표로 묶으면 문자형으로 인식합니다. 단 작은따옴표로 시작한 문자형 자료는 작은따옴표로 끝 맺음을 해야 합니다. 큰따옴표도 마찬가지입니다. 다음 소스를 입력하여 자료형을 확인해 보세요.

ⓒ 문자형은 실무에서 스트링(String)이라고 부 르기도 합니다.

ⓒ 이 책은 문자형을 큰따옴표로 묶는 방법을 주 로 사용하겠습니다.

```
>   var message = "두잇공부중";
<   undefined
>   typeof message;
<   "string"
```

만약 큰따옴표로 묶은 문자형 안에 큰따옴표로 묶은 문장을 넣으려면 어떻게 해야 할까요? 예 를 들어 다음 문자열(<span class="num">)을 어떻게 문자형 안에 표현할까요?

```
>   document.write("        ", 2018, "</span>");
<   // 에러 발생!                               <span class="num">
```

이런 경우에는 큰따옴표가 중복되지 않도록 큰따옴표를 작은따옴표로 바꿔 주어야 합니다. 다음 소스 코드를 입력한 다음 실행 결과를 확인해 보세요.

```
>   document.write("        ", 2018, "</span>");
<   undefined                                  <span class='num'>
```

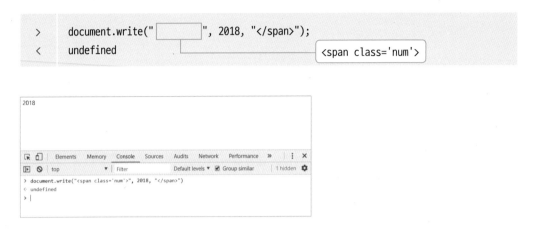

논리형

논리형(Boolean)은 참(True)과 거짓(False)이라는 값을 표현하는 자료형입니다. 주로 프로그램에서 조건을 확인할 때 많이 사용하죠. 예를 들어 'age 변수에 담긴 값이 20보다 크다면 성인이고 20보다 작으면 미성년자'라고 판단해야 할 때 age 〉 20 조건을 입력하면 그 결괏값이 true나 false 둘 중 하나로 나타납니다. true와 false는 소문자로 표현합니다.

다음은 변수 age에 담긴 값을 판단하는 여러 자바스크립트 문장입니다. 정말로 판단 결과가 true이거나 false인지 확인해 보세요.

```
>   var age = 21;
<   undefined
>   age > 20
>   true
>   age < 20
<   false
```

typeof 연산자를 사용해 true와 false가 정말로 논리형인지 확인해 볼까요?

```
>   typeof true;
<   "boolean"
>   typeof false;
<   "boolean"
```

undefined와 null

undefined은 자료형이 정의되지 않았을 때의 상태입니다. 자바스크립트에서는 변수를 선언할 때 미리 자료형을 지정하지 않고 값을 할당할 때 그 값에 따라 결정합니다. 즉 변수가 undefined라는 것은 '처음부터 변수에 값이 할당되지 않았다'는 의미이지 undefined 자료형을 가진다는 뜻이 아닙니다. 그렇다면 null은 어떤 의미를 가지고 있을까요? null은 undefined와 구별해서 생각해야 하는 개념입니다. null은 '처음에 할당된 값이 더는 유효하지 않음'을 의미합니다. 다음 소스를 콘솔 창에 입력해 볼까요?

```
>   var first;
<   undefined
>   var second = 10;
<   undefined
>   second = null;
<   null
```

변수 first는 값이 할당되지 않았기 때문에 undefined가 출력됩니다. 하지만 변수 second는 할당한 값이 10에서 null로 변하죠. 즉 기존 값(10)이 더는 유효하지 않음을 의미합니다. 물론 사람이 볼 때는 first도 second도 모두 값이 없어진 상태입니다. 하지만 컴퓨터는 값이 처음부터 없었던 경우와 더는 유효하지 않게 된 경우를 구별합니다. 그래서 보통 변수를 초기화할 때 null을 많이 사용합니다.

이제 기본 자료형에 대한 설명이 모두 끝났습니다. 지금부터는 복합 자료형인 배열, 객체 유형에 대해 설명하겠습니다.

배열

자바스크립트에는 하나의 변수에 여러 값을 저장할 수 있는 배열 유형이 있습니다. 지금부터는 배열이라고 표현하겠습니다. 배열은 여러 칸으로 나뉜 알약 통에 요일별로 알약을 나누어 넣는 것을 상상해 보면 쉽게 이해할 수 있습니다.

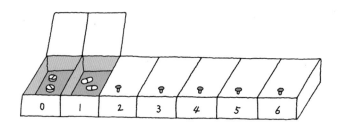

프로그램에도 적용해 볼까요? 예를 들어 계절 이름을 변수에 할당하는 프로그램을 생각해 봅시다. 만약 배열을 사용하지 않으면 콘솔 창에서 다음과 같이 변수를 정의하고 값을 할당할 수 있습니다.

ⓒ 지금부터는 변수를 선언할 때 콘솔 창에 표시되는 undefined를 생략하겠습니다.

```
> var spring = "봄";
> var summer = "여름";
> var fall = "가을";
> var winter = "겨울";
```

배열을 사용하면 어떻게 될까요? 4줄로 작성했던 프로그램이 1줄로 줄어들었습니다. 마치 서로 다른 알약을 하나의 알약 통에 담은 것과 같습니다.

```
> var seasons = ["봄", "여름", "가을", "겨울"];
> seasons
< ["봄", "여름", "가을", "겨울"]
  ▶ (4)
```

위에서 seasons 배열을 만들 때 보았듯이, 배열에 저장할 자료를 쉼표로 구분해서 대괄호([ ])로 묶으면 배열을 선언할 수 있습니다. 대괄호 안에 자료를 입력하지 않으면 빈 배열이 만들어집니다. 물론 빈 배열도 배열을 선언한 것입니다.

```
> var addValue = [ ];
```

배열의 특정 값을 가져올 때 사용하는 인덱스

배열에 계절 이름을 잘 저장했나요? 배열에 저장된 계절 이름을 하나씩 가져오려면 어떻게 해야 할까요? 다음을 입력해 보세요. 배열에서 값을 가져오는 방법이 바로 이해될 것입니다. 배열 이름만 사용하면 배열 내용 전체를 가져오고, 배열 이름과 대괄호([ ]) 안에 0이나 1, 2 같은 숫자를 넣어서 함께 사용하면 해당 위치의 값만 가져옵니다.

```
>     seasons[0]
<     "봄"
>     seasons[1]
<     "여름"
>     seasons[2]
<     "가을"
>     seasons[3]
<     "겨울"
```

이때 사용한 0, 1, 2, 3을 배열의 인덱스라고 부릅니다. 인덱스는 0부터 시작합니다.

콘솔 창에서 배열 관찰하기

앞의 실습에서 계절 이름을 seasons 변수에 배열로 저장한 다음에 출력한 결괏값을 유심히 살펴본 분이라면 조금 특이한 점을 발견하셨을 것입니다. 바로 화살표(▶)와 소괄호로 묶어 표시한 값 (4)입니다. 일단 화살표를 눌러 볼까요? 그러면 배열의 상세 정보가 펼쳐집니다.

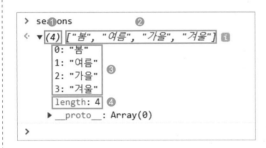

① 배열 요소 개수: 소괄호 안의 숫자는 배열 안 자료 개수를 의미합니다.
② 배열 내용: 배열 내용을 간략하게 표시한 것입니다.
③ 배열 내용과 인덱스: 화살표(▶)를 눌렀을 때 배열의 인덱스와 배열 내용을 표시한 것입니다.
④ 배열 길이: 배열 길이를 표시한 것입니다.

 var rcp = ["가위", "바위", "보"] 라고 저장된 배열에서 "바위"를 가져오려면 어떻게 입력해야 할까요?

정답 rcp[1]

객체

객체(Object)는 사용 방법이 조금 독특합니다. 일단 다음 소스를 콘솔 창에 입력하면서 객체가 무엇인지 알아보겠습니다.

◎ 콘솔 창에서 여러 줄을 입력하려면 `Shift` + `Enter` 를 누르세요.

```
>   var kim = {
        firstName: "John",
        lastName: "Kim",
        age: 35,
        address: "Seoul"
    }
```

객체는 여러 자료를 중괄호({ })로 묶을 수 있습니다. 여러 자료를 묶는다는 점은 배열과 비슷하지만 저장하는 값의 모양이 조금 다릅니다. 키(Key)와 값(Value)을 콜론(:)을 사용하여 한 쌍으로 짝지어야 하죠. 예를 들어 위 예제에서 `firstName`은 키이고 `"John"`은 값입니다. 객체는 자바스크립트에서 가장 큰 비중을 차지하는 개념입니다. 지금은 간단하게 객체 구조만 확인하고 이후 06장과 07장에서 자세히 설명하겠습니다.

 kim이라는 변수가 객체인지 확인하려면 어떻게 입력해야 할까요?

정답 typeof kim

자바스크립트 자료형의 특징

마지막으로 훌륭한 프로그래머가 되기 위해 꼭 알아야 할 자바스크립트 자료형의 중요한 특징을 알아보며 자료형을 마무리하겠습니다. 먼저 다음을 살펴보겠습니다.

```
var age = 20;
var name = "John";
```

자바스크립트는 변수를 선언하는 방법이 아주 단순합니다. 다른 언어는 어떨까요? 다음은 C 언어로 변수를 선언한 것입니다. 무엇이 다른지 관찰해 보세요.

```
int age = 20;
char *name = "John";
```

C 언어는 변수를 선언할 때 변수의 자료형을 미리 지정해야 합니다. 그리고 그 유형에 맞는 값만 변수에 저장해야 합니다. 조금 불편해 보일 수 있겠지만 이렇게 자료형을 프로그래머가 제한하면 프로그램의 오류를 미리 방지할 수 있습니다. C뿐만 아니라 Java도 이런 방식을 사용합니다. 이 방식을 '강력한 자료형 체크(Strong Data Type Check)'라고 합니다.

ⓒ 다음 코드는 콘솔 창에서 실습할 수 없습니다. 눈으로만 읽어 보세요.

```
┌──────── 강력한 자료형 체크
│
int age = 20;
char *name = "John";
```

반대로 자바스크립트는 미리 변수의 자료형을 지정하지 않습니다. 변수를 지정하여 값을 할당만 하면 되죠. 바로 이 방식을 '느슨한 자료형 체크(Weak Data Type Check)'라고 합니다. 그래서 자바스크립트로 프로그램을 만들 때에는 변수에 의도한 값이 정확하게 들어갔는지 꼭 확인해야 합니다.

```
┌──────── 느슨한 자료형 체크
│
var age = 20;
var name = "John";
typeof age;
"number"
typeof name;
"string"
```

자바스크립트와 비슷하지만 다른 타입스크립트

자바스크립트는 웹 문서에 동적인 효과를 추가하기 위해 등장한 '가벼운' 언어였습니다. 그래서 자료형을 특별히 고려하여 만들지 않았죠. 하지만 자바스크립트는 점점 발전하여 큰 규모의 웹 사이트나 애플리케이션도 만들 수 있는 언어가 되었습니다. 그래서 다른 프로그래밍 언어처럼 자료형을 강하게(Strong) 확인해야 할 필요가 있다는 주장이 나오게 되었습니다. 그래서 등장한 언어가 타입스크립트(TypeScript)입니다. 타입스크립트는 이름에서 알 수 있듯이 자바스크립트에 '강한 유형(Strong Typing)'을 추가한 것이 이 언어의 특징입니다.

03-3 연산자 이해하기

프로그램을 하나 더 만들어 보겠습니다. 이번에 만들 프로그램은 할인 가격을 계산해 주는 프로그램입니다. 할인 가격을 계산하기 위해서는 수식을 만들어야겠죠? 자바스크립트에서는 연산자를 사용해 원하는 수식을 만들 수 있습니다. 이번에도 완성된 프로그램을 먼저 살펴본 뒤 연산자에 대해 차근차근 알아보겠습니다.

[미리보기] 할인 가격 계산하기

bargain-result.html 파일을 열어 원래 가격과 할인율을 입력한 다음 [할인 가격 계산하기]를 눌러 보세요. 그러면 여러분이 얼마를 절약했는지, 얼마에 물건을 살 수 있는지를 출력해 줍니다.

기초 산술 연산자 간단히 살펴보기

다음은 수식을 만들 때 사용할 자바스크립트의 산술 연산자를 정리한 표입니다. 간단하게 읽어 보고 다음으로 넘어가도 좋습니다.

분류	연산자 이름	기호	설명
사칙 연산자	더하기	+	두 값을 더합니다.
	빼기	-	앞의 값에서 뒤의 값을 뺍니다.
	곱하기	*	두 값을 곱합니다.
	나누기	/	앞의 값을 뒤의 값으로 나눕니다.
나머지 연산자	나머지	%	앞의 값을 뒤의 값으로 나눈 나머지 값을 구합니다.
증감 연산자	증가	++	변숫값을 1만큼 증가시킵니다.
	감소	--	변숫값을 1만큼 감소시킵니다.

연산자와 피연산자 구별하기

본격적으로 산술 연산자를 실습하기 전에 연산자와 피연산자 개념을 짚고 넘어가겠습니다. 다음은 앞에서 만든 나이 계산 프로그램 식입니다.

```
currentYear - birthYear + 1
```

위 식에서 currentYear, birthYear, 1은 연산 대상이 됩니다. 그래서 '피연산자'라고 부릅니다. 그리고 피연산자를 제외한 더하기, 빼기 같은 것을 '연산자'라고 부릅니다. 아주 간단하죠?

사칙 연산자 이해하기

사칙 연산자(+, -, *, /)는 실행 결과만 보아도 쉽게 이해할 수 있습니다. 다음 소스를 입력하여 사칙 연산자의 결괏값을 확인해 보세요.

```
>    10 + 20;
<    30
>    10 - 20;
<    -10
>    10 * 20;
<    200
>    20 / 10;
<    2
```

나머지 연산자 이해하기

나머지 연산자(%)는 프로그래밍에 익숙하지 않다면 어색할 수 있지만 가만히 생각해 보면 이미 알고 있는 개념임을 알 수 있습니다. 예를 들어 15를 2로 나누면 몫은 7이고 나머지는 1입니다. 즉 15 % 2의 결괏값은 1입니다.

```
>    15 % 2;
<    1
```

 연산 후 result 변수에 저장되는 값은?

```
var result = 25 % 7;
```

정답 4

증감 연산자 이해하기

증감 연산자는 증가 연산자(++)와 감소 연산자(--)를 함께 부르는 말입니다. 증감 연산자는 피연산자 값을 1만큼 증가시키거나 감소시킵니다. 다음을 입력하여 증감 연산자의 결괏값을 확인해 볼까요?

```
>    var a = 10;
>    var b = a++ + 5;
>    var c = b--;
>    a
<    11
>    b
<    14
>    c
<    15
```

증감 연산자의 사용 방법이 조금 특이하게 느껴지지 않나요? 앞에서 실습한 사칙 연산자, 나머지 연산자는 항상 피연산자 개수가 연산자 개수보다 많았습니다. 하지만 증감 연산자는 변숫값을 1만큼 증가시키거나 감소시킬 목적으로 만든 것이기 때문에 피연산자에 바로 사용해야 합니다. 또 증감 연산자는 다른 연산자와 함께 사용 ⓒ 결괏값을 콘솔 창에서 직접 확인해 보세요.
할 수도 있습니다.

```
>    var a = a + b + 5;
>    var b = a-- + 4;
>    var c = b--;
```

그런데 증감 연산자는 피연산자 앞에 붙일 수도 있고 뒤에 붙일 수도 있습니다. 그러면 증감 연산자를 앞에 붙일 때와 뒤에 붙일 때는 어떤 차이가 있을까요? 다음을 입력하여 결괏값을 확인해 보겠습니다.

```
>    var a = 10;
>    var b = a++ + 5;
>    b
<    15
>    var c = 10;
>    var d = ++c + 5;
>    d
<    16
```

지금부터 조금 집중해서 설명을 읽어야 합니다. 증감 연산자는 피연산자 뒤에 있을 때 전체 수식의 처리가 끝난 다음 적용됩니다. 반대로 피연산자 앞에 있을 때는 전체 수식을 처리하기 전에 적용됩니다. 즉 위의 식에서 a++는 기존의 a 값(10)과 5를 더하여 b에 할당한 다음에 비로소 a 값을 1만큼 증가시키고, ++c는 먼저 c의 값을 1만큼 증가시킨 다음에 5를 더하여 d에 할당합니다. 이 둘의 차이를 반드시 이해하고 넘어가야 합니다. ⓒ 잘 이해되지 않으면 한 번 더 읽어 보세요. 증감 연산자는 그만큼 중요합니다.

 1분 복습 다음 연산 후 변수 i, j, k에 저장되는 값은?

```
>    var i = 1;
>    var j = i++ + 1;
>    var k = ++i + 1;
```

정답 i = 3, j = 2, k = 4

· 실습 파일 03\bargain.html   · 완성 파일 03\bargain-result.html

이제 기초 산술 연산자를 공부했으니 할인 가격 계산 프로그램을 만들어 보겠습니다.

01단계 　연산자 활용하기

먼저 자바스크립트로 할인 가격을 계산하는 프로그램의 초기 모델을 만들어 보겠습니다. 실습 파일을 열어 `</body>` 태그 바로 앞에 다음 자바스크립트 소스를 입력하세요.

> 💬 document.querySelector( ).innerHTML 은 나이 계산 프로그램에서도 사용했습니다. 기억하시나요?

```
29   <script>
30     function showPrice( ) {
31       var originPrice = 10000;
32       var rate = 25;
33       document.querySelector("#showResult").innerHTML = "상품의 원래 가격은 " +
         originPrice + "원이고, 할인율은 " + rate + "%입니다.";
34     }
35   </script>
```

Ctrl + S 를 눌러 저장하고 라이브 서버로 프로그램을 실행한 다음 [할인 가격 계산하기]를 눌러 보세요. 그러면 '상품의 원래 가격은 10000원이고, 할인율은 25%입니다.' 문구가 출력됩니다.

할인 가격 프로그램의 초기 모델을 완성했습니다. 이제 사용자에게 값을 입력받을 수 있는 프로그램으로 조금 더 개선해 보겠습니다.

입력 상자에 입력한 값 받아 오기

할인 가격을 계산하는 프로그램의 핵심 부분은 이미 완성했습니다. 하지만 원래 가격과 할인율을 입력하는 입력 상자(<input> 태그)는 사용하지 않아 아직 허전합니다. 이제 사용자가 입력 상자에 입력한 값을 받아 오는 프로그램으로 개선해 보겠습니다.

<input> 태그에 있는 값을 자바스크립트 변수에 할당하기 위해 앞에서 만든 초기 모델 프로그램을 다음과 같이 수정하세요. 이 내용도 하이라이트 부분만 정확하게 수정하면 됩니다. 원리는 08장에서 설명하겠습니다.

ⓒ HTML 문서에서 선택자로 id가 oPrice 태그를 선택하여(document.querySelector("#oPrice")) 그 안의 값(value)을 가져와 각각의 변수에 할당한 것입니다.

```
29   <script>
30     function showPrice( ) {
31       var originPrice = document.querySelector("#oPrice").value;
32       var rate = document.querySelector("#rate").value;
33       document.querySelector("#showResult").innerHTML = "상품의 원래 가격은 " + origin
     Price + "원이고, 할인율은 " + rate + "%입니다.";
34     }
35   </script>
```

정말로 입력 상자에 입력한 값이 originPrice, rate 변수에 잘 들어왔을까요? Ctrl + S 를 눌러 수정한 내용을 저장하면 프로그램이 자동으로 다시 실행됩니다. 원래 가격과 할인율을 적당히 입력한 다음 [할인 가격 계산하기] 버튼을 누르면 가격과 할인율이 입력한 값에 맞게 출력됩니다. 즉 입력 상자의 입력값이 originPrice, rate 변수에 잘 들어온 것입니다.

ⓒ 만약 수정한 내용을 저장했는데도 프로그램이 다시 실행되지 않으면 비주얼 스튜디오 코드 화면 아래쪽에 있는 상태 표시줄에서 라이브 서버가 동작하고 있는지 확인하세요.

다음은 곱하기, 나누기, 빼기 연산자를 응용하여 원래 가격, 할인율, 할인된 가격, 할인 가격을 모두 출력하는 프로그램으로 개선한 것입니다.

```
29    <script>
30        function showPrice( ) {
31            var originPrice = document.querySelector("#oPrice").value;
32            var rate = document.querySelector("#rate").value;
33            var savedPrice = originPrice * (rate / 100);
34            var resultPrice = originPrice - savedPrice;
35            document.querySelector("#showResult").innerHTML = "상품의 원래 가격은 " + originPrice
      + "원이고, 할인율은 " + rate + "%입니다. " + savedPrice + "원을 절약한 " + resultPrice + "원에
      살 수 있습니다.";
36        }
37    </script>
```

소스를 수정한 다음에 Ctrl + S 를 눌러 저장하세요. 프로그램이 다시 실행되면 원래 가격과 할인율을 입력한 다음 [할인 가격 계산하기]를 눌러 보세요. 그러면 원래 가격, 할인율, 할인된 가격, 할인 가격이 모두 출력됩니다.

축하합니다! 드디어 할인 가격 계산 프로그램을 완성했습니다.

03-4 연산자 깊게 알아보기

이제 자바스크립트 프로그래밍을 위해서는 꼭 알아 두어야 하는 연산자를 콘솔 창에서 실습하며 하나씩 마무리해 보겠습니다. 연산자 심화 과정을 모두 실습한 다음에 03-3으로 돌아가할인 가격 프로그램을 다시 만들어 보면 대부분의 내용을 이해할 수 있을 것입니다.

할당 연산자 응용하기

할당 연산자(Assignment Operator, =)는 자바스크립트에서 가장 많이 사용하는 연산자입니다. 지금까지는 변수에 값을 할당하는 정도로 사용했지만 할당 연산자는 산술 연산자(+, -, *, /, %)와 조합해서 사용할 수도 있습니다. 다음 자바스크립트 소스를 입력하며 할당 연산자와 산술 연산자를 묶어 사용하는 방법을 알아볼까요?

```
>    var x = 10;
>    x += 10;
>    var y = 20;
>    y += x;
```

표현이 많이 어색하죠? 산술 연산자 뒤에 할당 연산자를 바로 붙인 경우 다음과 같이 풀어 해석할 수 있습니다.

```
>    var x = 10;
>    x = 10 + x;
<    20
>    var y = 20;
>    y = y + x;
<    40
```

즉 위와 같은 방법으로 할당할 대상인 변수(x, y)를 사용하여 산술 연산자(+)를 한 번 더 사용합니다(x + 10, y + x). 다음은 연산자와 할당 연산자를 응용한 표입니다. 꼭 기억해 두세요.

할당 연산자 응용	예	의미
+=	y += x	y = y + x
-=	y -= x	y = y - x
*=	y *= x	y = y * x
/=	y /= x	y = y / x
%=	y %= x	y = y % x

더하기 연산자와 연결 연산자 구별하기

할인 가격 계산 프로그램에서 문자열과 문자열을 더하기 연산자(+)로 연결한 부분을 기억하나요? 다음을 콘솔 창에 다시 입력해 보세요.

```
>   var originPrice = 10000;
>   var rate = 25;
>   "상품의 원래 가격은 " + originPrice + "원이고, 할인율은 " + rate + "%입니다."
<   "상품의 원래 가격은 10000원이고, 할인율은 25%입니다."
```

사실 더하기 연산자로 '문자열을 더할 때'는 연결 연산자라는 또 다른 이름으로 부릅니다. 즉 두 수를 더할 때에도 + 기호를 사용하지만 두 개 이상의 문자열을 연결할 때에도 + 기호를 사용합니다. 더하기 연산자와 연결 연산자를 꼭 구별하세요.

템플릿 문자열

ES6 버전부터는 문자열 안에 값을 채우는 방법인 '템플릿 문자열'이 새로 도입되었습니다. 문자열과 값 그리고 다시 문자열을 연결하는 방식이 아니라, 문자열 안에 값을 끼워 넣는 방식이죠. 템플릿 문자열을 사용할 때는 문자열을 백 쿼트(`)로 묶고, 값이 들어가는 부분은 ${ } 사이에 표시합니다. 백 쿼트(Back Quote)는 그레이브(Grave)나 백 틱(Back Tick)이라고도 부릅니다.

```
const originPrice = 24500;
document.querySelector("#showResult").innerHTML = `원래 가격은 ${originPrice} 원입니다.`;
```

문자형과 숫자형의 연산 이해하기

위에서 문자열과 문자열을 더하면(+) 두 문자열이 연결되는 것을 확인했습니다. 만약 문자열과 숫자를 더하면 어떻게 될까요? 또 더하기 말고 다른 연산을 하면 어떤 결과가 나올까요? 실습을 통해 알아보겠습니다.

더하거나 뺄 때

먼저 숫자형 자료와 문자형 자료를 더해 볼까요? 예를 들어 100과 "50"을 + 기호로 더하면 어떻게 될까요? 150이 될까요? 아니면 두 수를 더할 방법이 없으니 "10050"으로 연결할까요? 또 100과 "50"을 − 기호로 빼면 어떻게 될까요? 다음을 콘솔 창에 입력해 결과를 확인해 보세요.

```
>    var numVar = 100;
>    var strVar = "50";
>    numVar + strVar
<    "10050"
```

100과 "50"을 더하니 둘을 연결한 문자열 "10050"이 결괏값으로 나옵니다. 즉 + 기호는 연결 연산자입니다. 빼기도 해 볼까요? 다음을 콘솔 창에 이어서 입력하세요.

```
>    numVar - strVar
>    50
```

100과 "50"을 빼니 숫자 50이 결괏값으로 나옵니다. 즉 − 기호는 산술 연산자죠. 이렇듯 자바스크립트에서는 숫자형과 문자형 자료를 더하거나 뺄 때 자동으로 결괏값의 자료형을 지정합니다. 자동으로 자료형을 정해 주니 편하게 느껴집니다. 그렇지만 원하는 결괏값을 제대로 얻으려면 문자열과 숫자를 연산할 때 어떻게 결괏값이 나오는지 반드시 기억하고 있어야 합니다.

곱하기와 나누기, 나머지를 구할 때

곱하기나 나누기, 나머지 연산은 문자형 자료를 모두 숫자로 자동 인식합니다. 이 내용도 콘솔 창에 입력하여 확실하게 짚고 넘어가겠습니다.

ⓒ 참고로 다른 프로그래밍 언어인 파이썬에서는 곱하기 연산자를 문자열을 복제하여 연결하는 용도로 사용합니다. 즉 프로그래밍 언어마다 문자형과 숫자형의 산술 연산을 다르게 처리합니다.

```
>    var numVar = 100;
>    var strVar = "50";
>    numVar * strVar
<    5000
>    numVar / strVar
<    2
>    numVar % strVar
<    0
```

비교 연산자 알아보기

비교 연산자(Comparison Operators)는 두 값을 비교하여 true(참)나 false(거짓)로 결괏값을 내놓는 연산자입니다. 이 연산자는 04장에서 공부할 조건문에서 많이 사용합니다. 지금은 비교 연산자에만 집중하여 알아보겠습니다.

==와 != 연산자

== 연산자는 말 그대로 두 수(또는 변수)가 같은지 확인하는 연산자입니다. != 연산자는 그 반대의 역할(다른지)을 합니다.

```
>    var a = 3, b = 4;
>    a == b
<    false
>    b != 6
<    true
```

<와 <=, >와 >= 연산자

<와 <= 연산자는 왼쪽보다 오른쪽이 더 작은지 또는 작거나 같은지 확인하고, >와 >= 연산자는 왼쪽보다 오른쪽이 더 큰지 또는 크거나 같은지 확인하는 연산자입니다.

```
>    a < 3
<    false
>    a <= b
<    true
>    a > b
<    false
>    b >= 2
<    true
```

== 연산자와 === 연산자

==와 === 연산자는 모두 왼쪽과 오른쪽이 같은지 비교하는 연산자입니다. 하지만 중요한 차이점이 하나 있습니다. 다음을 입력하여 결괏값을 확인해 보세요.

```
>    10 == "10"
<    true
>    10 === "10"
<    false
```

== 연산자는 문자형 자료와 숫자형 자료가 있을 때 자동으로 자료형을 변환하여 비교합니다. 그래서 10과 "10"을 비교하여 true를 반환한 것이죠. 하지만 === 연산자는 두 자료형의 변환을 허용하지 않습니다. 그래서 false를 반환합니다.

> 보통 === 연산자를 프로그래밍에 더 많이 사용합니다. == 연산자를 쓰면 자동으로 자료형을 변환해 false로 처리해야 할 것을 true로 처리할 수도 있기 때문이죠.

 1분 복습

a = 3, b = 4일 때 다음 중 결괏값이 true인 것을 고르세요.

① a != b ② a >= b ③ a < 3 ④ a == 4

정답 ①

 고쌤의 한마디!

문자끼리 비교하기 — 아스키 값

문자끼리 비교 연산자를 사용하여 비교하면 어떻게 될까요? 예를 들어 "a"와 "b"를 비교하거나 "A"와 "a"를 비교하면 어떻게 될까요? 사실 문자끼리 비교한 결괏값을 이해하려면 아스키(ASCII) 값을 먼저 공부해야 합니다. 아스키 값이란 컴퓨터에서 문자형를 숫자형에 일대일 대응한 값을 의미합니다. 예를 들어 "A"의 아스키 값은 65이고 "a"의 아스키 값은 97입니다. 즉 "A" > "a"의 결괏값은 false입니다.

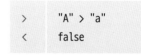

```
>    "A" > "a"
<    false
```

다음은 아스키 값을 정리한 표의 일부입니다. 이렇게 아스키 값을 정리한 표를 '아스키 코드 테이블'이라고 부릅니다. 아스키 값을 비교해야 할 때는 theasciicode.com.ar 사이트를 이용하세요.

ASCII control characters				ASCII printable characters						Extended ASCII characters								
00	NULL	(Null character)	32	space	64	@	96	`	128	Ç	160	á	192	└	224	Ó
01	SOH	(Start of Header)	33	!	65	A	97	a	129	ü	161	í	193	┴	225	ß
02	STX	(Start of Text)	34	"	66	B	98	b	130	é	162	ó	194	┬	226	Ô
03	ETX	(End of Text)	35	#	67	C	99	c	131	â	163	ú	195	├	227	Ò
04	EOT	(End of Trans.)	36	$	68	D	100	d	132	ä	164	ñ	196	─	228	õ
05	ENQ	(Enquiry)	37	%	69	E	101	e	133	à	165	Ñ	197	┼	229	Õ
06	ACK	(Acknowledgement)	38	&	70	F	102	f	134	å	166	ª	198	ã	230	µ
07	BEL	(Bell)	39	'	71	G	103	g	135	ç	167	º	199	Ã	231	þ
08	BS	(Backspace)	40	(	72	H	104	h	136	ê	168	¿	200	╚	232	Þ
09	HT	(Horizontal Tab)	41	)	73	I	105	i	137	ë	169	®	201	╔	233	Ú
10	LF	(Line feed)	42	*	74	J	106	j	138	è	170	¬	202	╩	234	Û

논리 연산자 알아보기

논리 연산자는 true, false를 처리하는 연산자입니다. 즉 true, false 자체를 피연산자로 하는 연산자입니다. 논리 연산자는 부울 연산자 또는 불리언 연산자라고도 부릅니다. 이 책에서는 논리 연산자라고 부르겠습니다.

OR 연산자

OR 연산자는 기호 ||로 표시하며 왼쪽과 오른쪽 중 하나만 참이면 true로 처리합니다. 간단하게 말해 하나라도 맞으면 OR 연산자의 결괏값은 true입니다.

```
> var a = 10, b = 20;
> a > 10 || b > 20
< false
> a <= 10 || b > 20
< true
> a < 10 || b <= 20
< true
> a <= 10 || b <= 20
< true
```

AND 연산자

AND 연산자는 기호 &&로 표시하며 왼쪽과 오른쪽 모두가 참인 경우에만 true로 처리합니다. 즉 하나라도 틀리면 AND 연산자의 결괏값은 false입니다.

```
> var a = 10, b = 20;
> a > 10 && b > 20
< false
> a <= 10 && b > 20
< false
> a < 10 && b <= 20
< false
> a <= 10 && b <= 20
< true
```

NOT 연산자

NOT 연산자는 기호 !로 표시하며 true나 false를 반대로 뒤집습니다. 이런 특징을 응용하여 다른 비교 연산자와 함께 사용하는 경우가 많죠. 지금은 true나 false를 반대로 뒤집는다고 알아 두면 됩니다. NOT 연산자의 응용은 04장에서 조건문과 함께 공부하겠습니다.

```
>   var isAdult = false;
>   isAdult
<   false
>   isAdult = !isAdult;
>   isAdult
<   true
```

서로 다른 연산자를 계산하는 순서

초등학교 수학 시간에 덧셈보다 곱셈을 먼저 계산한다고 배운 적이 있죠? 자바스크립트도 이 규칙을 그대로 따라갑니다. 다음은 연산자 우선 순위를 간단하게 정리한 표입니다.

다른 분류일 때 계산하는 순서

> 단항 연산자 ➡ 산술 연산자 ➡ 비교 연산자 ➡ 논리 연산자 ➡ 할당 연산자

같은 분류일 때 계산하는 순서

	1st	2nd	3rd	4th	5th	6th	7th
단항 연산자	!	++	--				
산술 연산자	*	/	%	+	-		
비교 연산자	<	<=	>	>=	==	!=	===
논리 연산자	&&	||					
할당 연산자	=	+=	-=	*=	/=	%=	

01 자바스크립트에서 변하는 값을 저장하는 공간을 　　　　　　　 라고 합니다.

02 2021_easys은 변수 이름으로 사용할 수 있습니다. (O / X)

03 "10" === 10의 결괏값은 true입니다. (O / X)

04 2021의 자료형은 　　　　　　　 입니다.

05 "5000"의 자료형은 　　　　　　　 입니다.

06 참과 거짓을 나타내는 자료형은 　　　　　　　 입니다.

07 대괄호([ ])를 사용해 여러 값을 저장하는 자료형은 　　　　　　　 입니다.

08 31 % 10의 값은 　　　　　　　 입니다.

09 증감 연산자는 피연산자의 값을 　　　　　　　 만큼 증가시키거나 감소시킵니다.

10 "2019" + 1의 연산 값은 　　　　　　　 입니다.

정답 **01** 변수 **02** X **03** X **04** 숫자형 또는 number **05** 문자형 또는 string
06 논리형 또는 boolean **07** 배열 **08** 1 **09** 1 **10** "20191"

도전! 응용 문제

다음은 지금까지 배운 내용을 응용해 보는 문제입니다. 그동안 작성해 놓은 소스 코드를 활용해 프로그램을 만들어 보세요.

1. prompt( ) 함수와 document.write( ) 함수를 적절히 활용하여 다음 결과 화면이 나올 수 있도록 자바스크립트 소스를 작성하세요.

2. 가로·세로 값을 입력하여 사각형의 넓이를 계산하는 프로그램을 만드세요. 결괏값은 alert( ) 함수를 사용하여 출력하세요.

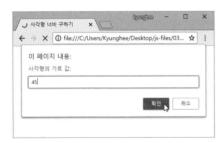 

정답 1. 03\sol-1.html 2. 03\sol-2.html

04

흐름을 제어한다! 제어문

03장에서는 소스를 작성한 순서에 맞게 순차적으로 처리하는 프로그램을 만나 봤습니다. 하지만 실제 프로그램에서 소스를 실행하는 순서는 처리한 결괏값에 따라 달라지기도 하고 특정 부분의 소스를 건너뛰고 실행하기도 합니다. 이렇게 프로그램에서 소스 실행 순서를 결정하는 명령문을 '제어문'이라고 합니다. 제어문은 조건에 따라 소스의 실행 순서를 바꾸거나 특정 부분을 반복하는 등 실행 흐름을 조절합니다. 이 장에서는 구구단 프로그램을 만들며 제어문이 무엇인지 자세히 알아보겠습니다.

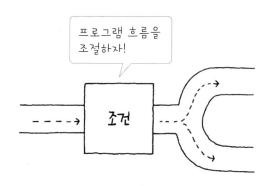

04-1 조건에 따라 흐름 조절하기
─ if문, if…else문과 조건 연산자

프로그램 흐름을 조절한다는 게 무슨 뜻일까요? 무게에 따라 사과 품질을 구별하는 사과 선별기를 생각해 보세요. 처음에 마구 뒤섞여 있던 사과는 무게 판단 장치를 지나면서 서로 다른 상자에 담깁니다.

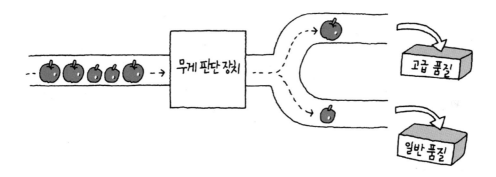

무게 판단 장치가 '사과 무게'라는 조건을 구분하여 컨베이어 벨트의 흐름을 지정해 준 것처럼 프로그램도 조건에 따라 프로그램 흐름을 조절할 수 있습니다. 프로그램 흐름을 조절하면 무엇이 가능해질까요? 다음 프로그램을 구경하며 생각해 보겠습니다.

😊 고급, 일반 품질 상자는 변수라고 생각하면 됩니다.

[미리 보기] 3의 배수 검사기

여기에서 만들 프로그램의 조건은 '3의 배수'입니다. 먼저 사용자가 프롬프트 창에 값을 입력했는지 확인하고, 입력한 값이 3의 배수인지 아닌지에 따라 다른 결괏값을 출력해서 보여 줍니다.

1. multi3-result.html을 실행하면 프롬프트 창이 나타납니다. 입력 상자에 숫자를 자유롭게 입력해 보세요.

2. [확인]을 누르면 여러분이 입력한 숫자가 3의 배수인지 아닌지를 검사하여 화면에 결과를
알려 줍니다.

3의 배수 검사 프로그램을 어떻게 만들지 생각해 보았나요? 8249 값을 검사하여 3의 배수가
맞으면 '8249는 3의 배수입니다.' 문장을 출력하고 3의 배수가 아니라면 '8249는 3의 배수가
아닙니다.' 문장을 출력해야겠죠? 이렇듯 조건에 맞게 서로 다른 문장을 출력해야 할 때 if문
과 else문을 사용합니다. 그러면 if문부터 차근차근 알아보겠습니다.

if문과 if…else문 작동 원리 알아보기

프로그램을 짤 때 작성 순서대로 명령이 실행되는 경우는 거의 없고 조건에 따라 명령 실행 순
서가 정해지기 때문에 if문을 자주 사용합니다. 조건에 맞는지만 확인한다면 if문을 사용하고,
조건에 맞을 때와 맞지 않을 때를 구별해야 한다면 if…else문을 사용합니다.

if문

if문은 아주 간단하게 작동합니다. 소괄호 안의 조건이 true이면 중괄호 안의 자바스크립트
소스를 실행하고 false이면 중괄호 안의 자바스크립트 소스를 무시합니다. 다음은 if문의 조
건이 true일 때 중괄호 안의 내용을 실행하는 예제입니다. 콘솔 창을 열어 다음 소스를 입력해
보세요.

```
>      if(true) {
           document.write("if문의 조건을 만족하여 이 문장이 실행되었습니다.");
       }
```

document.write( ) 함수에 넣은 문장이 웹 브라우저 화면에 나타났습니다. true를 false로 고쳐서 다시 입력해 보세요. 조건을 만족하지 못하기 때문에 if문 안에 있는 document.write( ) 함수는 실행되지 않습니다.

```
>      if(false){
           document.write("if문의 조건을 만족하여 이 문장이 실행되었습니다.");
       }
```

if…else문

조건을 확인해서 조건에 맞을 때(조건식 결괏값 true) 실행할 명령과 조건에 맞지 않을 때(조건식 결괏값 false) 실행할 명령이 따로 있다면 if문과 함께 else문을 사용합니다. 이렇게 if문과 else문을 함께 사용할 경우 if…else문이라고 말합니다.

if문이나 else문에서 실행할 명령이 둘 이상일 경우에는 중괄호 { }로 묶고 중괄호 안에 실행 순서대로 명령을 나열합니다. 예를 들어 다음 소스는 number가 0보다 작으면 alert( ) 함수를 실행하고, 그렇지 않으면 document.write( ) 함수를 실행합니다. 콘솔 창을 열어 다음 소스를 입력해 보세요.

```javascript
> var number = prompt("숫자를 입력하세요.");
> if(number < 0) {
      alert("0 이상의 수를 입력하세요");
  }
  else {
      document.write("입력한 숫자: " + number);
  }
```

0 이상의 수(12) 입력

0 미만의 수(-1) 입력

고쌤의 한마디!

if…else문은 표기 방법이 다양해요

여기에서는 if…else문의 4가지 표기 방법을 소개합니다. 사소한 차이처럼 보일 수 있지만 개발자 취향에 따라 다르게 입력하니 한 번쯤 알아 둘 필요가 있습니다. 이 책은 1번의 방법 으로 if…else문을 표기합니다.

1. else문을 if문의 닫는 중괄호(})
다음 행에 표기

```javascript
if(…) {
    ......
}
else {
    ......
}
```

2. else문을 if문의 닫는 중괄호(})
바로 옆에 표기

```
if(…) {
    ……
} else {
    ……
}
```

3. if문과 else문의 명령이 1줄인 경우
중괄호 생략(1)

```
if(…)
    ……
else
    ……
```

4. if문과 else문의 명령이 1줄인 경우
중괄호 생략(2)

```
if(…) ……
else ……
```

 변수 age 값이 18보다 크거나 같으면 "성인입니다."라고 표시하고 그렇지 않으면 "미성년입니다."라고 알림 창에 표시하는 소스를 작성하세요.

정답 if(age >= 18) alert("성인입니다.")
else alert("미성년입니다.");

조건 연산자 — ?(물음표)와 :(콜론)

만약 조건이 하나이고 true일 때와 false일 때 실행할 명령도 하나뿐이라면 if…else문 대신에 조건 연산자를 사용하는 것이 간단합니다. 조건 연산자는 기호 ?와 기호 :으로 이루어져 있습니다.

조건 연산자를 사용할 때는 ? 왼쪽에 조건을 넣습니다. 그리고 : 왼쪽에는 조건이 true일 때 실행할 명령을 넣고 : 오른쪽에는 조건이 false일 때 실행할 명령을 넣습니다. 예를 들어 60점 이상이면 '통과', 그렇지 않으면 '실패'라는 알림 창을 표시하려면 다음과 같이 작성합니다.

```
>   var score = 75;
>   (score >= 60) ? alert("통과") : alert("실패");
```

조건 | 조건이 true일 때 실행 | 조건이 false일 때 실행

truthy 값과 falsy 값

논리형 자료 값은 true와 false뿐입니다. 하지만 일반 값 중에서도 'true로 인정할 수 있는 값'과 'false로 인정할 수 있는 값'이 있습니다. 이 값을 'truthy하다', 'falsy하다'라고 표현합니다. 먼저 falsy 값을 알아보죠. 다음은 자바스크립트에서 falsy하게 인정하는 값입니다. falsy 값을 제외한 나머지 값은 자바스크립트에서 true로 인정하는 값(truthy 값)이 됩니다.

```
❶ 0              // 숫자
❷ ""             // 번 문자열
❸ NaN            // 숫자가 아님(Not a Number)
❹ undefined
❺ null
```

ⓒ NaN은 보통 변수를 선언만 한 상태(값을 할당하지 않은 상태)에서 연산을 하면 볼 수 있는 값입니다.

truthy 값과 falsy 값은 조건을 확인할 때 유용하게 사용할 수 있습니다. 다음은 사용자가 프롬프트 창에 입력했는지를 확인하는 소스입니다. if문에서 조건을 확인할 때 input 변수만 사용했지요? 프롬프트 창에 아무것도 입력하지 않았거나(input = "") [취소] 버튼을 누르면(input = null) 확인 결과는 false가 되고, 무엇이든 값을 입력했다면 true가 됩니다.

```
>   var input = prompt("이름을 입력하세요.");
<   if(input) {
        alert("이름을 입력했습니다 : " + input);    input에 값이 들어 있으면 truthy합니다
    }                                              (true와 동일합니다).
    else {
        alert("이름을 입력하지 않았습니다.");       input에 값이 들어 있지 않으면 falsy합
    }                                              니다(false와 동일합니다).
```

Do it! 실습 ▶ 3의 배수 검사기 만들기

• 실습 파일 04\multi3.html • 완성 파일 04\multi3-temp.html

이제부터 if…else문을 사용해 3의 배수 검사 프로그램을 만들어 보겠습니다.

01단계 사용자가 입력했는지 확인하기

1. 비주얼 스튜디오 코드에서 04\multi3.html 문서를 불러옵니다. 우선 값을 입력받을 수 있도록 프롬프트 창을 만들겠습니다. `</body>` 태그 앞에 `<script>`, `</script>` 태그를 삽입하고 그 사이에 다음 소스를 추가합니다.

```
13   <script>
14       var userNumber = prompt("숫자를 입력하세요.");
15   </script>
```

2. 이제 사용자 입력값을 조건에 따라 차근차근 처리해 보겠습니다. 프롬프트 창은 숫자를 입력하라고 요청하고 있습니다. 만약 사용자가 프롬프트 창에 값을 입력하지 않고 [취소] 버튼을 누르면 프로그램이 종료됩니다. 그래서 가장 먼저 할 일은 사용자가 [확인]을 눌러 값을 입력했는지 아니면 [취소]를 눌렀는지 알아내는 것입니다. [확인]을 누르면 입력한 내용이 userNumber에 저장되고, [취소] 버튼을 누르면 userNumber에 null이 저장됩니다. 여기까지 작성했다면 Ctrl + S를 눌러 저장한 후 3의 배수를 알아내는 계산식을 작성하는 과정으로 넘어가겠습니다.

> 😊 사용자가 숫자뿐만 아니라 문자, 기호, 빈칸 등 여러 형태의 정보를 입력할 수도 있습니다. 그러므로 입력값의 자료형이 숫자인지를 확인해야 하지만, 자바스크립트 기본 문법으로 이를 확인하는 것은 어렵습니다. 여기에서는 숫자를 입력했다는 전제하에 실습을 진행하겠습니다.

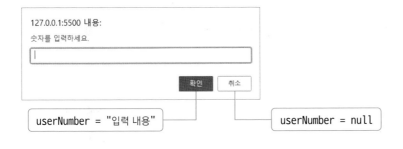

1분 복습 null의 올바른 뜻은?

① 값이 할당되지 않음   ② 유효하지 않은 값

정답 ②

3. 사용자가 [확인]을 눌렀는지 아니면 [취소]를 눌렀는지 확인하기 위해 앞에서 입력한 소스 다음에 아래 소스를 추가합니다. 이 소스는 사용자가 [확인]을 누른 경우, 즉 userNumber가 null이 아닐 경우에는 3의 배수인지 확인합니다. [취소]를 눌렀을 경우에는 alert( ) 함수를 실행합니다.

```
13  <script>
14      var userNumber = prompt("숫자를 입력하세요.");
15
16      if(userNumber != null) {
17          // [확인]을 눌렀을 때 실행할 명령
18      }
19      else {
20          alert("입력이 취소되었습니다.");   // [취소]를 눌렀을 때 실행할 명령
21      }
22  </script>
```

if…else문의 조건 정하기

if…else문에는 한 가지 특징이 있습니다. if문에서 조건이 true가 되면 그다음에 오는 else 문은 실행하지 않고 넘어간다는 것입니다. 즉 무조건 if문의 조건을 먼저 확인한다는 것이죠. 이 특징을 잘 활용하면 프로그램을 좀 더 똑똑하게 작성할 수 있습니다. 예를 들어 프롬프트 창에서 [취소] 버튼을 눌렀는지 확인할 때 if문에 두 가지 조건을 사용할 수 있습니다.

1. userNumber == null 조건 사용

> ```
> if(userNumber == null) { …… }   // [취소] 버튼을 눌렀을 때 실행할 명령
> else { …… }                      // 값을 입력했을 때 실행할 명령
> ```

[취소] 버튼을 눌렀을 때 조건이 만족하도록 if문을 작성했습니다. 이 프로그램은 사용자가 프롬프트 창에 숫자를 입력했을 때 먼저 if문의 조건을 확인해 false 값을 얻은 뒤 else문으로 가서 입력한 숫자가 3의 배수인지 확인합니다. 사용자가 [취소]를 누른다면 if문의 명령을 바로 실행하며 else문은 실행하지 않습니다.

2. userNumber != null 조건 사용

> ```
> if(userNumber != null) { …… }   // 값을 입력했을 때 실행할 명령
> else { …… }                      // [취소] 버튼을 눌렀을 때 실행할 명령
> ```

이 if문은 사용자가 값을 입력하면 조건이 true가 되고 입력값이 3의 배수인지 계산하는 명령을 바로 실행합니다. 그리고 else문은 실행하지 않습니다. 만약 [취소]를 누른다면 if문의 조건은 false가 되고 else문으로 넘어가 그 안의 명령을 실행합니다.

둘 사이에는 어떤 차이가 있을까요? 이 프로그램의 사용자는 어떤 숫자가 3의 배수인지 아닌지를 궁금해하는 사람입니다. 즉 최소 1개 이상의 숫자를 입력해 그 숫자가 3의 배수인지 아닌지를 확인한 뒤 [취소]를 눌러 프로그램을 종료하겠지요? 그러므로 숫자를 입력하는 횟수가 [취소]를 누르는 횟수보다 더 많을 겁니다. 그렇다면 2번 소스(if문만 실행하고 else문은 넘어갈 경우가 더 많음)가 프로그램 실행 시간이 더 짧을 것입니다.

즉 if⋯else문을 만들 때 true가 될 경우가 많은 조건을 if문에 넣고 다른 조건을 else문에서 처리하는 것이 좋습니다. 3의 배수인지 알아보는 프로그램에서도 userNumber가 null인 경우보다 null이 아닐 경우가 더 많기 때문에 userNumber != null을 if문의 조건으로 사용합니다.

02단계 3의 배수인지 확인하기

userNumber에 null이 아닌 값이 저장되어 있다면, 즉 사용자가 프롬프트 창에 숫자를 입력했다면 그 숫자가 3의 배수인지를 확인해 봐야겠죠? [취소] 버튼을 눌렀는지 확인하는 if문에 이어 소스를 작성하겠습니다.

1. 3의 배수인지 아닌지 확인한 후 그 결과는 <div id="result"></div> 영역에 표시할 것입니다. 이 영역을 가져와 변수로 지정하겠습니다. 다음 소스를 userNumber 변수 선언 줄 다음에 추가합니다.

ⓒ 자바스크립트에서는 웹 문서 안의 어떤 요소도 변수로 지정하고 프로그램에서 사용할 수 있습니다. <div> 영역을 변수로 지정하고 사용하는 방법에 대해서는 08장에서 자세히 설명합니다.

```
13   <script>
14      var userNumber = prompt("숫자를 입력하세요.");
15      var displayArea = document.querySelector('#result');
...      ...
23   </script>
```

2. 3의 배수는 숫자를 3으로 나눈 후 나머지가 0이면 됩니다. 따라서 새로운 if⋯else문을 사용해 입력한 숫자를 3으로 나눈 나머지가 0일 경우와 그렇지 않을 경우를 나누어 확인합니다. if문의 중괄호 {} 사이에 다음 소스를 추가하세요.

```
17   if(userNumber != null) {
18       if (userNumber % 3 === 0) {
19           // 3의 배수일 때 실행할 명령
20       }
21       else {
22           // 3의 배수가 아닐 때 실행할 명령
23       }
24   }
```

3. 3의 배수일 경우에는 프롬프트 창에 입력한 값과 함께 '3의 배수입니다.'라고 표시하고, 3의 배수가 아닐 경우에는 프롬프트 창에 입력한 값과 함께 '3의 배수가 아닙니다.'라고 표시합니다. 앞에서 작성한 if문과 else문에 다음 소스를 추가합니다.

```
17   if(userNumber != null) {
18       if (userNumber % 3 === 0) {
19           displayArea.innerHTML = userNumber + "은 3의 배수입니다.";
20       }
21       else {
22           displayArea.innerHTML = userNumber + "은 3의 배수가 아닙니다.";
23       }
24   }
```

4. 문서를 저장한 후 웹 브라우저에서 확인해 보세요. 프롬프트 창에서 [취소] 버튼을 누르면 입력이 취소됐다는 메시지가 표시됩니다. 프롬프트 창에 아무 숫자를 입력하면 3의 배수인지 아닌지 확인해서 알려 줍니다.

'취소' 버튼을 눌렀을 때

숫자를 입력했을 때

04-2 조건이 많을 때 흐름 조절하기 — switch문

프로그램을 만들다 보면 여러 가지 조건과 입력값을 비교해야 하는 경우도 생깁니다. 예를 들어 학생의 전공에 따라 안내할 강의실이 여러 곳인 것처럼 말이죠. 이럴 때 if문과 else문을 여러 번 사용할 수도 있지만, switch문을 사용하는 것이 더 편리합니다. 그러면 switch문의 사용법에 대해 알아보겠습니다.

Do it! 실습 ▶ switch문으로 여러 조건 값 확인하기

• 실습 파일 04\switch.html   • 완성 파일 04\switch-result.html

여기에서 만들어 볼 예제는 사용자의 관심 분야를 프롬프트 창에 입력하면 그 분야에 따라 서로 다른 강의실을 알려 주는 프로그램입니다. if문과 else문을 사용해도 되지만 확인해야 할 조건이 3개 이상이면 if⋯else문이 계속 중첩되기 때문에 소스를 작성하기도 어렵고, 나중에 오류가 생겼을 때 찾기도 힘듭니다. 여기에서는 한꺼번에 여러 개의 조건을 확인할 수 있는 switch문과 case문을 소스에 적용해 보겠습니다.

1. 비주얼 스튜디오 코드에서 04\switch.html 문서를 열어 보면 스크립트 소스 영역에 session 변수만 선언되어 있습니다. 프롬프트 창에서 3개 값 중 하나를 선택해서 입력하게 한 후 그 값을 session 변수에 저장하는 것입니다.

```
11   <script>
12      var session = prompt("관심 세션을 선택해 주세요. 1-마케팅, 2-개발, 3-디자인", "1");
13
14   </script>
```

2. switch문을 사용해 session 값을 확인하고 값에 따라 서로 다른 강의실 안내 화면을 표시해 보겠습니다. </script> 태그 앞에 다음 소스를 추가하세요. 이때 사용자가 프롬프트 창에 입력한 1에서 3까지 값은 숫자가 아니라 문자이기 때문에 case문 다음에 "1"처럼 문자열로 처리해야 한다는 것을 주의하세요.

ⓒ switch문의 변수는 case 값 중 하나에만 일치해야 합니다.

```
11    <script>
12        var session = prompt("관심 세션을 선택해 주세요. 1-마케팅, 2-개발, 3-디자인", "1");
13
14        switch(session) {  ❶
15            case "1" : document.write("<p>마케팅 세션은 <strong>201호</strong>에서 진행됩니다.</p>");  ❷
16                break;  ❸
17            case "2" : document.write("<p>개발 세션은 <strong>203호</strong>에서 진행됩니다.</p>");
18                break;
19            case "3" : document.write("<p>디자인 세션은 <strong>205호</strong>에서 진행됩니다.</p>");
20                break;
21        default: alert("잘못 입력했습니다.");  ❹
22        }
23    </script>
```

❶ switch 예약어 오른쪽에 괄호와 함께 값을 확인할 변수를 지정합니다.
❷ 여러 가지 조건 값은 case문 다음에 콜론(:)을 붙여 지정하고, 해당 값일 때 실행할 명령도 콜론 다음에 나열합니다. 둘 이상의 명령을 실행한다면 명령을 중괄호 { }로 묶습니다.
❸ break문을 사용해서 명령을 실행한 다음에는 완전히 switch문을 빠져나오도록 소스를 작성합니다.
❹ 사용자가 입력한 값이 case문에서 지정한 조건 값과 전부 일치하지 않을 때 실행할 명령입니다. default:에서는 break문을 사용하지 않습니다.

ⓖ break문은 04-6에서 더 자세히 설명합니다. 지금은 switch문의 사용법에 집중해 주세요.

switch문을 사용하면 이렇게 조건에 들어갈 값을 얼마든지 다르게 만들 수 있고, 각 값에 따라 실행할 명령도 지정할 수 있습니다.

여기까지 저장한 후 웹 브라우저로 확인해 보세요. 1에서 3 사이의 숫자를 입력하면 case문에서 지정한 메시지가 화면에 표시되고, 그 외의 숫자를 입력하면 잘못 입력했다는 경고 창이 뜰 것입니다.

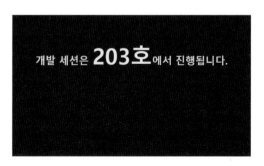

프롬프트 창에 2를 입력했을 때

04-3 명령 반복 실행하기 — for문

반복문은 어떤 동작을 여러 번 실행하는 데 사용합니다. 반복문을 사용하면 여러 명령을 늘어 놓지 않고 소스를 간단하게 작성할 수 있고, 작성한 소스의 양이 줄어 들어 컴퓨터 실행 속도가 빨라지는 장점이 있습니다. 여기에서는 반복문 중에서도 가장 많이 사용하는 for문에 대해 살펴보겠습니다.

언제 반복문이 필요할까?

반복문을 공부하기 전에 반복문이 필요한 경우를 간단히 살펴보겠습니다. 예를 들어 1부터 5까지 더하는 프로그램을 생각해 볼까요? 다음은 반복문을 사용하지 않고 1부터 5까지 더하는 소스입니다. 콘솔 창에 입력해 보세요.

```
> var sum = 0;
  sum += 1;
  sum += 2;
  sum += 3;
  sum += 4;
  sum += 5;
  document.write("1부터 5까지 더하면 " + sum);
```

프로그램을 실행하면 다음과 같은 화면을 확인할 수 있습니다.

> 1부터 5까지 더하면 15

그러면 이제 1부터 100까지 더하는 프로그램을 만들어 보겠습니다. 어이쿠! 100번이나 더하는(sum += 1, …, sum += 100) 자바스크립트 소스를 작성해야 합니다. 생각만 해도 어지럽네요. 바로 이렇게 소스를 작성하기 어려울 만큼 많은 양의 연산을 처리해야 할 때 반복문을 사용합니다.

• 실습 파일 04\repeat.html　• 완성 파일 04\repeat-result.html

for문은 값이 일정하게 커지면서 명령을 반복 실행할 때 편리한 반복문입니다. 예를 들어 1부터 5까지 더하는 프로그램이라면 더하는 값이 1부터 5까지 1씩 일정하게 커지기 때문에 for문을 사용하기 적합합니다.

앞에서 살펴본 1부터 5까지 더하는 프로그램 예제를 for문을 사용해 바꿔 보겠습니다. 단순 나열하는 것보다 소스 코드가 줄어들고 변수를 사용해 반복 횟수를 자유롭게 조절할 수 있습니다. 비주얼 스튜디오 코드에서 04 폴더의 repeat.html 문서를 불러온 후 **</body>** 태그 앞에 다음 소스를 입력하세요.

```
10   <script>
11      var sum = 0;
12               ①          ②      ④
13      for(var i = 1; i < 6; i++) { // i = 1부터 i = 5까지 총 5번 반복
14         sum += i;                   // sum = sum + i;를 줄여서 표현
15      }        ③
16      document.write("1부터 5까지 더하면 " + sum);
17   </script>
```

위의 소스에서 for문이 차지하는 공간은 단 3줄로 매우 적습니다. 그러나 실행 순서는 매우 복잡합니다. 다음은 for문의 실행 순서입니다. 코드에 표시한 순서(❶~❹)와 함께 읽어 보세요.

---

❶ 카운터 변수 선언
for문에서만 사용할 카운터 변수를 선언합니다.

❷ for문의 조건식
for문 안에 있는 소스를 실행할지 판단하는 조건입니다. 조건이 true라면 중괄호 안의 자바스크립트 소스를 실행하고, false라면 for문을 벗어나 다음에 나오는 소스를 실행합니다.

❸ 반복 실행할 자바스크립트 소스
for문에서 실행할 중괄호 안의 자바스크립트 소스입니다.

❹ 카운터 변수 조절
증감 연산자를 사용해 카운터 변수를 조절합니다. 위 소스에서는 중괄호를 실행한 이후 카운터 변수 i를 1만큼 증가(i++)시켰습니다.

> 카운터 변수 i란?
>
> 카운터 변수는 for문을 실행할 때 반복 횟수의 기준이 되는 변수입니다. 카운터 변수의 이름은 어떤 것을 사용
> 해도 괜찮지만 보통은 i라고 이름을 붙여 사용합니다. 또 카운터 변수는 반복문을 시작하기 전에 반드시 초기
> 화해야 합니다. 보통 for문의 반복 실행 횟수만 알아낼 때는 카운터 변수를 0으로 초기화합니다. 위의 예제는
> 카운터 변수를 덧셈에 사용하기 위해 1로 초기화했습니다.

지금까지 작성한 소스를 저장한 후 브라우저
로 확인해 보세요. 처음 예제와 같은 결과가

1부터 5까지 더하면 15

표시되죠? 콘솔 창에서 실습할 때는 7줄이던 소스가 for문을 사용함으로써 5줄로 줄었습니
다. 얼마 줄어들지 않았다고요? 1부터 100까지 더하는 경우를 생각해 보세요. 반복문을 사용
하지 않았다면 100줄 이상의 소스를 써야 하지만 for문을 사용하면 100까지 더하든, 1000까
지 더하든 5줄이면 됩니다. 이제 for문을 사용해 1부터 100까지 더하는 것도 쉽게 할 수 있겠
지요?

 1부터 100까지 더하는 for문을 작성하세요.

정답
```
for(var i = 1; i < 101; i++) {
    sum += i;
}
```

for…of문

for문을 사용한 반복은 인덱스 값을 기준으로 반복하지만 ES6에는 인덱스는 사용하지 않고
값을 기준으로 반복합니다. 예를 들어 for…of문을 사용해 3개 값이 있는 배열을 순회한다면
값이 끝날 때까지 차례로 반복합니다. 여러 값을 차례로 순회할 때 인덱스 값이 필요 없다면
ES6에서는 for…of문을 사용합니다.

```
> let seasons = ["봄", "여름", "가을", "겨울"];
> for(let value of seasons) {
    console.log(value);
}
봄
여름
가을
겨울
```

04-4 for문 반복하기 – 중첩 for문

앞에서 for문을 사용해 특정 명령을 반복해서 실행하는 방법을 알아보았습니다. 그런데 for문 안에 또 다른 for문을 사용해서 좀 더 효율적으로 반복할 수도 있습니다. 여기에서는 구구단 프로그램을 만들면서 for문을 중첩해서 사용하는 방법과 주의할 점에 대해 살펴보겠습니다.

구구단 프로그램 살펴보기

반복문을 중첩해서 만드는 구구단 프로그램을 만들어 보겠습니다. 중첩 반복문을 사용해서 1부터 9까지 곱하는 방법과 1단부터 9단까지 표시하는 방법도 배울 수 있습니다.

구구단

2단	3단	4단	5단	6단	7단	8단	9단
2 X 1 = 2	3 X 1 = 3	4 X 1 = 4	5 X 1 = 5	6 X 1 = 6	7 X 1 = 7	8 X 1 = 8	9 X 1 = 9
2 X 2 = 4	3 X 2 = 6	4 X 2 = 8	5 X 2 = 10	6 X 2 = 12	7 X 2 = 14	8 X 2 = 16	9 X 2 = 18
2 X 3 = 6	3 X 3 = 9	4 X 3 = 12	5 X 3 = 15	6 X 3 = 18	7 X 3 = 21	8 X 3 = 24	9 X 3 = 27
2 X 4 = 8	3 X 4 = 12	4 X 4 = 16	5 X 4 = 20	6 X 4 = 24	7 X 4 = 28	8 X 4 = 32	9 X 4 = 36
2 X 5 = 10	3 X 5 = 15	4 X 5 = 20	5 X 5 = 25	6 X 5 = 30	7 X 5 = 35	8 X 5 = 40	9 X 5 = 45
2 X 6 = 12	3 X 6 = 18	4 X 6 = 24	5 X 6 = 30	6 X 6 = 36	7 X 6 = 42	8 X 6 = 48	9 X 6 = 54
2 X 7 = 14	3 X 7 = 21	4 X 7 = 28	5 X 7 = 35	6 X 7 = 42	7 X 7 = 49	8 X 7 = 56	9 X 7 = 63
2 X 8 = 16	3 X 8 = 24	4 X 8 = 32	5 X 8 = 40	6 X 8 = 48	7 X 8 = 56	8 X 8 = 64	9 X 8 = 72
2 X 9 = 18	3 X 9 = 27	4 X 9 = 36	5 X 9 = 45	6 X 9 = 54	7 X 9 = 63	8 X 9 = 72	9 X 9 = 81

구구단을 만들기 전에 간단한 연습을 먼저 해 보겠습니다.

Do it! 실습 ▶ 별 찍기 실습으로 중첩 for문 알아보기

• 실습 파일 04\for.html • 완성 파일 04\for-result.html

하나의 자바스크립트 문(Statement) 안에 또 다른 문을 넣어 사용하는 것을 '중첩해서 사용한다'고 합니다. 앞에서 살펴본 if문도 if문 안에 다른 if문을 중첩해서 사용했었죠? for문도 중첩해서 사용하는 경우가 많습니다. 다음은 * 문자를 30개씩 5줄 표시하는 별 찍기 실습입니다. 이 실습을 통해 중첩 반복문을 사용하는 방법을 익혀 보겠습니다.

1. 다음은 for문을 사용해 * 문자를 한 줄에 30개 표시하는 소스입니다. 04 폴더의 for.html 문서에 추가하고 웹 브라우저에서 확인하면 한 줄에 * 문자가 30개 표시됩니다.

```
12   for(var i = 0; i < 30; i++) {    // i = 0부터 i = 29까지 총 30회 반복
13       document.write('*');
14   }
```

```
******************************
```

2. * 문자가 30개 표시되는 줄을 5개 만들려면 위의 for문을 5번 반복하면 되겠죠? 그리고 줄을 바꾸기 위해 중간에
 태그도 삽입합니다.

```
11   <script>
12       for(var i = 0; i < 30; i++) {
13           document.write('*');
14       }
15       document.write("<br>");
16       for(var i = 0; i < 30; i++) {
17           document.write('*');
18       }
19       document.write("<br>");
20       for(var i = 0; i < 30; i++) {
21           document.write('*');
22       }
23       document.write("<br>");
24       for(var i = 0; i < 30; i++) {
25           document.write('*');
26       }
27       document.write("<br>");
28       for(var i = 0; i < 30; i++) {
29           document.write('*');
30       }
31   </script>
```

```
****************************
****************************
****************************
****************************
****************************
```

3. 같은 소스를 5번이나 반복해서 작성했네요. 더 간단히 만들 수 없을까요? 이럴 때 사용하는 방법이 for문을 중첩하는 것입니다. 앞의 소스에 이어서 새 카운터 변수 k를 만들고 5번 반복하는 기본 for문을 작성해 보겠습니다.

```
32    document.write("<br><br>");    // 이전 결과와 구별하기 위해 줄을 바꿉니다.
33
34    for(var k = 0; k < 5; k++) {
35
36    }
```

5번 반복해야 할 소스가 무엇일까요? *를 30번 반복하는 것과
 태그를 삽입하는 것입니다. 앞에서 만든 for문 안에 반복할 내용을 넣겠습니다.

```
                    ❶
34    for(var k = 0; k < 5; k++) {
35        for(var i = 0; i < 30; i++) {
36    ❷        document.write('*');          ❹
37        }
38    ❸ document.write("<br>");
39    }
```

2개의 for문이 중첩되었죠? 소스를 저장하고 다시 실행하면 과정 **2**에서 본 결과 밑에 똑같이 * 문자 30개가 5줄로 표시됩니다. 다음은 위의 소스가 실행되는 순서입니다.

❶ 바깥쪽 for문을 실행합니다(k = 0).
❷ 안쪽 for문을 실행해 30번 반복하고 빠져나옵니다.
❸
 태그를 추가해서 줄을 바꿉니다.
❹ 바깥쪽 for문의 조건식이 false가 될 때까지 반복합니다.

Do it! 실습 ▶ **구구단 프로그램 만들기**

• 실습 파일 04\gugudan.html • 완성 파일 04\gugudan-result.html

다음 예제는 for문을 이용해 구구단을 작성하는 것입니다. 일반적으로 구구단은 1단부터 9단까지 이루어져 있고, 다시 각 단은 1부터 9까지의 곱으로 이루어져 있습니다. 구구단의 숫자가 어떤 순서로 바뀌는지 생각해 보고 이것을 프로그램으로 옮겨 보겠습니다.

01단계 for문 중첩하기

1. 먼저 구구단이 어떤 식으로 구성되어 있는지 손으로 그려 볼까요? 예를 들어 2단을 외운다면 구구단 왼쪽의 수는 2로 고정되어 있고 곱하기 연산자의 오른쪽 숫자만 1부터 9까지 바뀝니다. 2단의 9까지 곱하고 나면 3단으로 넘어갑니다. 그렇다면 각 단의 9까지 곱하는 for문을 먼저 실행한 뒤 다음 단으로 넘어가는 for문을 작성하면 되겠지요?

구구단

나중에 실행할 for문

2단	3단	4단	5단
2 X 1 = 2	3 X 1 = 3	4 X 1 = 4	5 X 1 = 5
2 X 2 = 4	3 X 2 = 6	4 X 2 = 8	5 X 2 = 10
2 X 3 = 6	3 X 3 = 9	4 X 3 = 12	5 X 3 = 15
2 X 4 = 8	3 X 4 = 12	4 X 4 = 16	5 X 4 = 20
2 X 5 = 10	3 X 5 = 15	4 X 5 = 20	5 X 5 = 25
2 X 6 = 12	3 X 6 = 18	4 X 6 = 24	5 X 6 = 30
2 X 7 = 14	3 X 7 = 21	4 X 7 = 28	5 X 7 = 35
2 X 8 = 16	3 X 8 = 24	4 X 8 = 32	5 X 8 = 40
2 X 9 = 18	3 X 9 = 27	4 X 9 = 36	5 X 9 = 45

먼저 실행할 for문

2. 두 개 이상의 for문을 중첩해서 사용할 때는 먼저 실행하는 for문을 안쪽에, 나중에 실행하는 for문을 바깥쪽에 작성합니다. 예로 든 구구단 프로그램은 각 단에서 1부터 9까지 곱하는 부분이 안쪽 for문이 됩니다. 이 for문의 카운터 변수를 j로 놓고 for문을 작성하겠습니다. 그리고 다음 단으로 넘어가는 부분은 바깥쪽 for문이 되고 i 카운터 변수를 사용하겠습니다.

◎ 중첩 for문의 카운터 변수는 서로 구별할 수 있으면 어떤 것이든 사용할 수 있습니다.

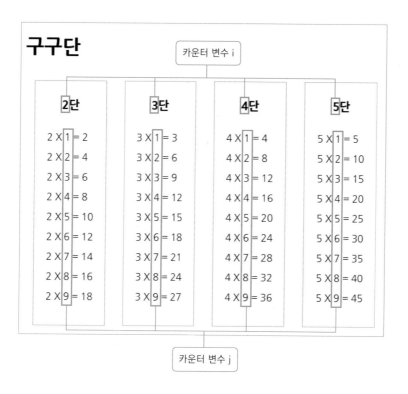

구구단

카운터 변수 i

2단	3단	4단	5단
2 X 1 = 2	3 X 1 = 3	4 X 1 = 4	5 X 1 = 5
2 X 2 = 4	3 X 2 = 6	4 X 2 = 8	5 X 2 = 10
2 X 3 = 6	3 X 3 = 9	4 X 3 = 12	5 X 3 = 15
2 X 4 = 8	3 X 4 = 12	4 X 4 = 16	5 X 4 = 20
2 X 5 = 10	3 X 5 = 15	4 X 5 = 20	5 X 5 = 25
2 X 6 = 12	3 X 6 = 18	4 X 6 = 24	5 X 6 = 30
2 X 7 = 14	3 X 7 = 21	4 X 7 = 28	5 X 7 = 35
2 X 8 = 16	3 X 8 = 24	4 X 8 = 32	5 X 8 = 40
2 X 9 = 18	3 X 9 = 27	4 X 9 = 36	5 X 9 = 45

카운터 변수 j

3. 비주얼 스튜디오 코드에서 gugudan.html 문서를 열고 **</body>** 태그 앞에 다음 소스를 추가합니다.

```
12  <script>
13      for(var i = 2; i <= 9; i++) {
14
15          for (var j = 1; j <= 9; j++) {
16
17          }
18      }
19  </script>
```

02단계 **구구단 소스 작성하기**

1. 그러면 구구단 소스를 작성해 볼까요? 바깥쪽의 for문은 2단, 3단처럼 2부터 9까지 1씩 증가하면서 몇 단인지 표시합니다. 단 값은 카운터 변수 **i**를 그대로 표시하면 되므로 다음 소스를 바깥쪽 for문에 넣습니다.

```
13    for(var i = 2; i <= 9; i++) {
14        document.write("<h3>" + i + "단</h3>");
15        for (var j = 1; j <= 9; j++) {
16
17        }
18    }
```

2. 안쪽 for문에서는 각 단에서 단 값, 즉 i 값에 1부터 9까지 곱합니다. 예를 들어 i = 2이면 2 단이므로 숫자 2에 1부터 9까지를 곱합니다. 안에 있는 for문에 소스를 넣으세요. 그리고 각 단의 이름을 표시하는 소스부터 곱하는 소스까지를 다음처럼 <div> 태그로 감싸 구구단 표의 모양을 잡겠습니다.

```
13    for(var i = 2; i <= 9; i++) {
14        document.write("<div>");
15        document.write("<h3>" + i + "단</h3>");
16        for (var j = 1; j <= 9; j++) {
17            document.write(i +" X " + j + " = " + i * j + "<br>");
18        }
19        document.write("</div>");
20    }
```

> i = 2, j = 1일 때 2 X 1 = 1 표시
> i = 2, j = 2일 때 2 X 2 = 4 표시

3. 수정한 소스를 저장한 후 웹 브라우저로 확인해 보세요. 구구단이 전부 화면에 표시됩니다.

구구단

2단	3단	4단	5단	6단	7단	8단	9단
2 X 1 = 2	3 X 1 = 3	4 X 1 = 4	5 X 1 = 5	6 X 1 = 6	7 X 1 = 7	8 X 1 = 8	9 X 1 = 9
2 X 2 = 4	3 X 2 = 6	4 X 2 = 8	5 X 2 = 10	6 X 2 = 12	7 X 2 = 14	8 X 2 = 16	9 X 2 = 18
2 X 3 = 6	3 X 3 = 9	4 X 3 = 12	5 X 3 = 15	6 X 3 = 18	7 X 3 = 21	8 X 3 = 24	9 X 3 = 27
2 X 4 = 8	3 X 4 = 12	4 X 4 = 16	5 X 4 = 20	6 X 4 = 24	7 X 4 = 28	8 X 4 = 32	9 X 4 = 36
2 X 5 = 10	3 X 5 = 15	4 X 5 = 20	5 X 5 = 25	6 X 5 = 30	7 X 5 = 35	8 X 5 = 40	9 X 5 = 45
2 X 6 = 12	3 X 6 = 18	4 X 6 = 24	5 X 6 = 30	6 X 6 = 36	7 X 6 = 42	8 X 6 = 48	9 X 6 = 54
2 X 7 = 14	3 X 7 = 21	4 X 7 = 28	5 X 7 = 35	6 X 7 = 42	7 X 7 = 49	8 X 7 = 56	9 X 7 = 63
2 X 8 = 16	3 X 8 = 24	4 X 8 = 32	5 X 8 = 40	6 X 8 = 48	7 X 8 = 56	8 X 8 = 64	9 X 8 = 72
2 X 9 = 18	3 X 9 = 27	4 X 9 = 36	5 X 9 = 45	6 X 9 = 54	7 X 9 = 63	8 X 9 = 72	9 X 9 = 81

1분 복습 지금까지 작성한 소스는 구구단의 2단부터 9단까지 표시합니다. 이 소스를 수정하여 구구단 2단에 서 5단까지 표시하려면 어느 부분을 어떻게 수정해야 할까요?

정답 for(var i = 2; i <= 9; i++)를 for(var i = 2; i <= 5; i++)로 수정

04-5 특정 조건에 따라 반복하기
— while문, do…while문

자바스크립트에서 사용할 수 있는 반복문은 for문 외에 while문과 do…while문이 있습니다. for문은 카운터 변수를 기준으로 명령을 반복하기 때문에 횟수가 정해져 있는 반복 명령을 작성할 때 편리합니다. 반면에 while문과 do…while문은 특정 조건을 만족하는 동안에만 명령을 반복합니다.

팩토리얼 계산기 살펴보기

우리가 만들어 볼 프로그램은 팩토리얼 계산기입니다. 팩토리얼은 특정 값부터 1까지 계속해서 곱하는 것을 말합니다. 예를 들어 3!은 $3 \times 2 \times 1 = 6$, 4!은 $4 \times 3 \times 2 \times 1 = 24$를 의미합니다. 계속 곱해야 하니 반복문을 사용해야겠죠? 여기에서는 while문을 사용해 보겠습니다.

먼저 간단한 실습을 통해 프로그램에 사용할 문법부터 살펴보겠습니다.

while문과 do…while문 간단히 알아보기

while문은 괄호 안의 조건이 만족할 때 중괄호 안의 명령을 실행합니다. 그래서 다음 소스는 화면에 문장을 10번 표시합니다. for문을 이해했다면 while문의 실행 순서는 어렵지 않게 이해할 수 있을 것입니다.

ⓒ 실행 결과 화면은 생략했습니다. 프로그램을 직접 실행하여 결과를 확인해 보세요.

```
>    var i = 0 ❶
>    while (i < 10) {
         document.write('반복 조건이 true이면 반복합니다. <br>');
         i += 1;
     }
                        ❷
```

❶ **조건 검사**
조건식을 검사합니다.

❷ **중괄호 안의 자바스크립트 소스 실행**
조건식이 참이면 중괄호 안의 자바스크립트 소스를 실행합니다. 이때 조건식에 있는 카운터 변수 i에 1을 더하는 방법으로 반복 횟수를 제어해야 합니다. 위 예의 경우 i = 9까지 총 10회 반복합니다.

while문과 달리 do…while문은 조건이 맨 뒤에 붙습니다. 그리고 do…while문은 일단 문장을 한 번 실행한 후 조건을 확인합니다. 그러므로 조건의 결괏값이 false라고 해도 일단 문장이 최소한 한 번은 실행됩니다. 콘솔 창에서 간단히 확인해 보겠습니다.

```
>    var i = 0
>    do {
         document.write('반복 조건이 true이면 반복합니다. <br>');    // 명령 실행
         i += 1;
     } while (i < 10);      // 조건이 false가 되면 반복 종료
```

두 명령문의 차이는 while문은 조건부터 확인하고 do…while문은 일단 문장부터 실행한 후 조건을 확인한다는 것입니다. while문을 사용할지 do…while문을 사용할지는 프로그래머 취향에 달려 있습니다.

어떤 반복문을 사용해야 할까?

앞에서 살펴본 for문과 while문, 그리고 do…while문은 특정 문장을 여러 번 반복해서 실행할 수 있다는 공통점이 있습니다. for문은 초깃값이 있으면서 일정한 간격으로 반복할 때 주로 사용합니다. 예를 들어 0부터 시작해서 9까지 차례로 반복하려면 for(i = 0; i < 10; i++)라고 하는 게 더 편리합니다.

이에 비해 while문과 do…while문은 초깃값이나 반복 간격이 없습니다. 조건만 주어지기 때문에 그 조건을 만족하는 동안 반복합니다. while문과 do…while문은 조건을 확인하기 전에

문장을 한 번 실행하느냐 안 하느냐의 차이밖에 없습니다. 코드를 작성할 때 조건에 맞지 않을 경우 아예 명령을 실행하지 않는다면 while문을 사용하고, 일단 명령을 실행한 후 상황에 따라 반복할 수도 있고 안 할 수도 있다면 do⋯while문을 사용하면 됩니다.

Do it! 실습 ▸ 팩토리얼 계산기 만들기

• 실습 파일 04\factorial.html   • 완성 파일 04\factorial-result.html

팩토리얼은 숫자를 반복해서 곱하는 것이기 때문에 반복문을 연습하기 좋습니다. 팩토리얼 계산은 for문을 사용해 작성할 수도 있지만 여기에서는 while문을 사용해서 팩토리얼을 계산하는 방법을 알아보겠습니다.

1. 팩토리얼 계산 방법을 정리해 보고, 계산식에서 어떤 것을 변수로 놓아야 할지 생각해 보세요. 먼저 어디까지 곱할 지를 정하는 특정 숫자를 변수로 지정해야 합니다. 그리고 팩토리얼 계산의 결괏값을 저장할 변수도 필요하겠군요. 또한 팩토리얼 계산을 하기 위해서는 1부터 지정한 숫자까지 곱하는 동작을 반복해야 하므로 카운터 변수도 필요합니다.

주어진 수	표현	계산식
1	1!	1
2	2!	1 * 2
3	3!	1 * 2 * 3

2. 비주얼 스튜디오 코드에서 factorial.html 문서를 연 후 다음 소스를 </body> 태그 앞에 추가합니다.

```
11  <script>
12      var n = prompt("숫자를 입력하세요.");  // 몇까지 곱할 것인지를 프롬프트 창으로 입력받아 변수에 저장
13      var nFact;    // 팩토리얼 계산 결괏값을 저장할 변수
14      var i; // 반복문에 사용할 카운터 변수
15  </script>
```

3. 계산식을 어떻게 만들지 잘 모르겠다면 계산하는 과정을 직접 손으로 써 보세요. 예를 들어 3!을 계산하려면 가장 먼저 1과 2를 곱하고 그 결괏값에 3을 곱하면 됩니다.

```
1
1 * 2
(1 * 2) * 3
```

곱한 결괏값을 저장하는 변수가 nFact라면 다음 식이 됩니다. 여기에서 바뀌는 부분은 * 연산자 오른쪽의 2, 3이죠?

```
nFact = 1
nFact = nFact * 2
nFact = nFact * 3
```

4. 과정 3에서 생각한 계산식을 소스로 옮겨 보겠습니다. 다음 소스를 변수 선언 소스 아래에 추가하세요.

```
12   var n = prompt("숫자를 입력하세요.");
13   var nFact = 1;   // 1을 기본 값으로 지정
14   var i = 2;       // 1! = 1이기 때문에 i = 2부터 시작
15
16   while(i <= n) { // i = n까지 반복
17   nFact *= i;       // nFact = nFact * i
18   i++;
19   }
20
21   documen.write(n + "!= " + nFact);
```

5. 여기까지 추가한 소스를 저장한 후 웹 브라우저로 확인해 보세요. 프롬프트 창에 숫자를 입력하면 1부터 그 숫자까지 곱하는 팩토리얼의 결괏값이 표시됩니다.

 1분 복습 프롬프트 창에 기본 값이 10으로 표시되게 하려고 합니다. prompt("숫자를 입력하세요."); 소스를 수정하세요.

정답 prompt("숫자를 입력하세요.", "10");

04-6 반복을 건너뛰거나 멈추기
− break문, continue문

반복문의 흐름을 조절하고 싶다면 어떻게 해야 할까요? 예를 들어 반복문의 특정 지점에서 반복을 중단하거나 반복문의 시작 지점으로 되돌아가고 싶다면요? 이런 경우에는 break문과 continue문을 사용합니다.

break문 간단히 알아보기

다음은 for문으로 별 문자를 출력하는 프로그램입니다. 조건식 i < 10에 의해 10개의 별 문자가 출력될 것 같지만 그렇지 않습니다.

```
>    for (i = 0; i < 10; i++) {
        document.write("*");
        break;  // 이 지점에 오면 바로 반복문을 종료합니다.
     }
```

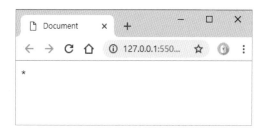

프로그램을 실행하면 별 문자를 1개만 출력합니다. for문을 시작하고 document.write( ) 함수를 실행한 다음 바로 break문을 만나서 반복문이 종료된 것이죠. 이렇게 break문은 반복문의 흐름에서 바로 빠져나올 때 사용합니다.

continue문 간단히 알아보기

continue문은 주어진 조건에 맞는 값을 만났을 때 실행하던 반복 문장을 건너뛰고 반복문의 맨 앞으로 되돌아갑니다. 그리고 다시 반복을 시작합니다. 쉽게 말해 continue문 다음 명령들을 건너뛰게 하는 것이죠. 다음은 continue문을 사용한 간단한 프로그램입니다. 콘솔 창에서 결과를 확인해 보세요. ⓒ 프로그램 실행 결과는 생략했습니다.

```
>   for (i = 0; i < 10; i++) {
      document.write("*");
      continue;
      document.write("continue문 때문에 이 문장은 건너뜁니다.");
    }
```

Do it! 실습 ▶ **짝수 더하기 프로그램 만들기**

• 실습 파일 04\even.html　　• 완성 파일 04\even-result.html

지금까지 배운 반복문과 continue문 그리고 if문을 활용해 짝수만 골라서 더하는 프로그램을 만들어 보겠습니다. 먼저 if문으로 더할 숫자가 짝수인지 홀수인지를 확인합니다. 숫자가 홀수라면 continue문으로 반복의 흐름을 끊고 처음으로 되돌아갑니다. 짝수라면 숫자를 더해 줍니다. 반복문으로 이 과정을 반복하면 원하는 숫자까지 짝수만 더한 값을 얻을 수 있습니다.

1. even.html 문서를 비주얼 스튜디오 코드에 불러온 후 다음 소스를 추가합니다. 여기에서는 0부터 10까지 숫자 중 짝수만 더해서 표시하겠습니다. 소스에서 i % 2는 i가 짝수인지 홀수인지 확인하는 것입니다. i를 2로 나누어 나머지가 1이라면 i는 홀수이므로 continue문을 넣어 반복문 처음으로 돌아가게 합니다.

```
13   <script>
14     var n = 10;
15     var sum = 0;
16
17     for (var i = 1; i <= n; i++) {   // i <= 10까지 반복
18       if (i % 2 == 1) {       // i가 홀수일 경우 실행
19         continue;
20       }
21       // i가 짝수일 경우 실행
22     }
23   </script>
```

2. i % 2가 0이라면 짝수이므로 sum 변수에 i 값을 더합니다. 값을 더하는 과정을 표시하기 위해 document.write( ) 함수도 추가하겠습니다.

```
14    var n = 10;
15    var sum = 0;
16
17    for (var i = 1; i <= n; i++) {
18      if (i % 2 == 1) { // i를 2로 나눈 나머지가 1
19        continue;
20      }
21      sum += i;
22
23      document.write(i + " ------ " + sum + "<br>");
24    }
```

3. 소스를 저장하고 웹 브라우저에서 결과를 확인해 보세요.

짝수끼리 더하기

```
2 ------ 2
4 ------ 6
6 ------ 12
8 ------ 20
10 ------ 30
```

01 논리형 자료 값 true와 false 외에 일반적인 값 중에서도 true나 false로 인정할 수 있는 값이 있습니다. (O / X)

02 2개의 for문을 중첩하면 안쪽 for문이 먼저 실행됩니다. (O / X)

03 while문은 중괄호 안의 명령을 최소 1번 실행한 후 조건을 확인합니다. (O / X)

04 조건을 확인해서 조건에 맞을 때와 맞지 않을 때 서로 다른 명령을 실행해야 한다면 if문과 e   문을 사용합니다.

05 조건 연산자는 물음표와   기호로 이루어져 있습니다.

06 확인해야 할 조건 값이 많을 경우 switch문을 사용하는데, 이때 값을 지정하기 위해 c   문을 함께 사용합니다.

07 여러 명령을 반복해서 실행해야 할 경우 f   같은 반복문을 사용하면 편리합니다.

068 반복문에서 반복 횟수의 기준이 되는 변수를   변수라고 부릅니다.

09 반복문의 특정 지점에서 반복을 중단하려면 b   문을 사용합니다.

10 반복 문장을 건너뛰고 반복문의 맨 앞으로 돌아가려면 c   문을 사용합니다.

정답 **01** O **02** O **03** X **04** else **05** 콜론
06 case **07** for **08** 카운터 **09** break **10** continue

다음은 지금까지 배운 내용을 응용해 보는 문제입니다. 그동안 작성해 놓은 소스 코드를 활용해 프로그램을 만들어 보세요.

1. 04\quiz-1.html 파일을 활용하여 사용자가 입력한 숫자를 받아 짝수인지 홀수인지 구분하는 프로그램을 작성하세요.

2. 04\quiz-2.html 파일을 활용해 1부터 100까지 숫자 중 3의 배수를 모두 표시하고 몇 개인지 개수도 함께 알려 주는 프로그램을 작성하세요.

3의 배수 찾기
3, 6, 9, 12, 15, 18, 21, 24, 27, 30, 33, 36, 39, 42, 45, 48, 51, 54, 57, 60, 63, 66, 69, 72, 75, 78, 81, 84, 87, 90, 93, 96, 99,
3의 배수의 갯수 : 33

정답 1. 04\sol-1.html   2. 04\sol-2.html

05

함수와 이벤트

자바스크립트로 작성한 프로그램은 많은 명령을 순서대로 하나씩 처리합니다. 이때 프로그래머가 처리해야 할 과제에 따라 기능별로 여러 명령을 묶어 놓은 것을 '함수'라고 하죠. 즉 함수란 특정 기능을 수행하는 소스 코드를 따로 묶어 놓은 덩어리를 말합니다.
이렇게 소스를 함수로 분리해 놓으면 필요할 때마다 원하는 기능만 따로 실행할 수 있고, 한 번만 사용하는 것이 아니라 같은 기능이 필요한 다른 곳에서 다시 사용할 수도 있습니다.
이 장에서는 함수를 만들고 실행하는 방법에 대해 살펴볼 텐데요, 프로그래밍에서 함수는 아주 중요한 부분이니 꼭 이해하고 넘어가세요. 그리고 웹 문서에서 버튼을 누르거나 이미지 위에 마우스 포인터를 올려 놓는 등의 사건을 '이벤트(Event)'라고 하는데, 이벤트를 어떻게 함수와 연결하는지에 대해서도 살펴보겠습니다.

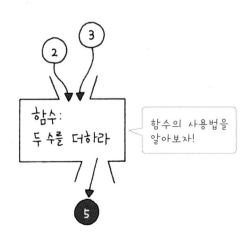

05-1 여러 동작을 묶은 덩어리, 함수

빨래할 때 어떤 과정을 거치나요? 먼저 옷을 깨끗이 세탁하고 흐르는 물에 헹굽니다. 그리고 물기를 털고 말리죠. 옛날에는 빨래하기 위해 이런 여러 가지 행동을 해야만 했습니다. 하지만 요즘에는 세탁기에 빨랫감을 넣고 시작 버튼만 누르면 이 모든 과정을 척척 해 주지요.

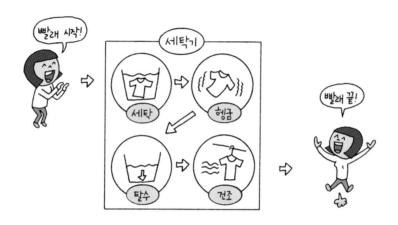

프로그래밍에서도 마찬가지입니다. 빨래처럼 자주 실행해야 하는 기능에 포함된 명령이 여러 가지일 때 그 명령을 한 번에 실행할 수 있게 한 덩어리로 묶을 수 있습니다. 세탁·헹굼·탈수·건조 과정을 한 번에 처리할 수 있게 만들어진 세탁기처럼 말이죠. 이것을 프로그래밍에서는 '함수(Function)'라고 부릅니다.

함수를 사용하면 왜 좋을까?

함수를 사용하면 각 명령의 시작과 끝을 명확하게 구별할 수 있습니다. 또 함수에 별도의 이름을 붙이면 같은 기능이 필요할 때마다 해당 함수를 실행할 수 있습니다. 예를 들어 두 수를 더하는 프로그램에서 숫자를 더하는 부분은 오른쪽 소스처럼 addNumber( ) 함수로 작성할 수 있습니다. 이렇게 함수를 만들어 놓으면 a와 b 대신 10과 20을 넣어서 더할 수도 있고, 1000과 5000을 넣어 더할 수도 있습니다. 어떤 숫자든 두 개만 넣으면 알아서 더해 주죠.

```
function addNumber(a, b) {
    var sum = a + b;
}
```

자바스크립트에도 여러 함수가 미리 만들어져 있어서 개발자는 그 함수를 가져다 사용할 수 있습니다. 예를 들어 나이 계산 프로그램에서 alert( ) 함수를 사용한 것 기억하시나요? alert( ) 함수가 바로 자바스크립트에 포함된 함수입니다. 내장 함수라고도 부르죠.

> alert( )는 '메서드(Method)'라고도 부릅니다. 메서드는 특수한 형태의 함수로 06장에서 자세히 알아봅니다.

우리는 alert( ) 함수의 내부가 어떻게 되어 있고 어떤 과정을 거쳐 작동하는지 모릅니다. 하지만 alert( ) 함수 기능이 알림 창을 띄우는 것임을 알고 있습니다. 그래서 우리는 언제 어디서든 alert( ) 함수를 사용해 원하는 메시지를 알림 창에 띄울 수 있습니다.

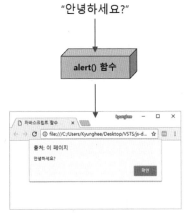

alert( ) 함수에 '안녕하세요?'를 입력한 결과

함수를 정의하고 실행하기

내장 함수뿐만 아니라 프로그램을 작성하면서 필요한 기능, 특히 자주 사용할 것 같은 기능은 그 기능에 필요한 명령을 사용자가 직접 묶어서 함수로 만들 수 있습니다. 프로그램에서는 함수가 어떤 명령을 처리해야 할지 미리 알려 주는 것을 '함수 선언'이라 하고, 선언한 함수를 가져와 사용하는 것을 '함수 실행'이라 합니다.

> 함수 이름은 02장에서 설명한 식별자에 이름을 붙이는 규칙에 따릅니다. 또 서로 구별할 수 있도록 기능에 알맞은 이름을 붙입니다.

직접 함수를 선언해 볼까요? 함수를 선언할 때는 function 예약어를 사용하고, 중괄호({ }) 안에 함수에서 실행할 여러 명령을 묶습니다. 예를 들어 숫자 10과 20을 더하는 함수로 다음 소스를 작성할 수 있습니다. 콘솔 창에 다음과 같이 입력해서 addNumber( ) 함수를 선언해 보세요.

> 함수를 선언할 때 여는 중괄호({) 다음 Enter 를 눌러 줄을 바꾸면 자동으로 들여쓰기가 됩니다.

```
>    function addNumber( ) {
        var sum = 10 + 20;
        console.log(sum);
     }
```

addNumber( ) 함수를 선언했지만 아직 콘솔 창에 아무 결과도 표시되지 않습니다. 함수를 실행하려면 함수를 실행하는 소스가 따로 필요하기 때문입니다. 다음 소스를 입력해 함수를 실행해 보세요.

```
>    addNumber( )
     30
```

선언한 함수를 실행하기 위해서는 위와 같이 함수 이름을 사용하며, 이것을 '함수를 호출한다'라고 합니다. 이렇게 함수를 한번 선언해 두면 자바스크립트 소스 안의 어디에서든 함수를 불러서 실행할 수 있습니다.

함수 선언과 실행 순서

웹 브라우저에서 자바스크립트 소스를 해석할 때 함수 선언 부분을 가장 먼저 해석합니다. 그래서 개발자가 원하는 어느 곳이든 함수를 선언해 놓기만 하면, 선언한 위치와 상관없이 함수를 실행할 수 있습니다. 다음을 보면 왼쪽은 함수 호출 소스 addNumber( );를 함수 선언 소스 앞에 작성했고 오른쪽은 반대로 작성했습니다. 둘 다 문제없이 잘 실행되는 소스입니다.

```
addNumber( );

function addNumber( ) {
    ......
}
```

```
function addNumber( ) {
    ......
}

addNumber( );
```

함수 호출 소스를 선언 소스보다 앞에 작성한 예   함수 호출 소스를 선언 소스 뒤에 작성한 예

즉 함수 선언 위치는 프로그램 흐름에 영향을 주지 않습니다. 그래서 보통 한 문서 안에 여러 함수를 선언했을 때 스크립트 소스의 앞부분이나 뒷부분에 함수 선언 소스를 모아 놓고 필요할 때마다 함수를 호출합니다.

Do it! 실습 ▶ **버튼으로 함수를 실행하는 프로그램 만들기**

• 실습 파일 05\add.html   • 완성 파일 05\add-result.html, 05\js\add-result.js

함수 선언과 실행에 익숙해지기 위해 간단한 프로그램을 만들어 보겠습니다. 웹 문서에 있는 버튼 모양을 눌렀을 때 결과가 나타나거나, 마우스를 옮기면 다른 내용이 나타나는 웹 사이트를 많이 보았을 것입니다. 사용자의 동작에 따라 함수를 실행하기 때문입니다. 여기에서는 사

용자가 [덧셈 계산하기]라는 버튼을 눌렀을 때 addNumber( ) 함수를 실행하는 프로그램을 만들어 보겠습니다.

> **여기서 잠깐!**
>
> 04장까지는 프로그램을 만들 때 실습 HTML 파일 안에 자바스크립트를 바로 작성했습니다. 지금 부터는 자바스크립트 파일을 따로 만들어 실습을 진행하겠습니다. 자바스크립트 파일에 소스를 입력한 뒤 HTML 파일에 외부 스크립트로 연결해서 결과 화면을 확인해 보세요. 번거롭게 느껴질 수 있지만 유능한 프로그래머가 되기 위해서는 꼭 필요한 방식이니 꼭 연습해 보세요.

01단계 HTML 문서 수정하기

add.html 문서를 웹 브라우저에서 열어 보면 [덧셈 계산하기] 버튼이 있는데 아무리 눌러도 반응이 없습니다. 이 버튼에 함수를 실행하는 소스를 추가하려면 어떻게 해야 할까요?

비주얼 스튜디오 코드에서 add.html 파일을 열고 [덧셈 계산하기] 버튼 소스에 `onclick="addNumber( )"` 소스를 추가합니다. 여기서 `onclick`은 버튼을 눌렀을 때 실행할 대상인 함수를 알려 주는 예약어입니다. `onclick` 뒤에는 실행할 함수 이름을 적습니다. 여기에서는 `addNumber( )` 함수를 실행할 것입니다.

ⓒ `onclick`에 대해서는 05-3에서 자세히 설명합니다.

```
10   <body>
11       <button onclick="addNumber( )">덧셈 계산하기</button>
```

02단계 js 파일 생성하기

add.js라는 이름으로 js 파일을 하나 만듭니다. 그 안에 앞에서 연습한 `addNumber( )` 함수 소스를 작성하고 저장합니다. 이번에는 `console.log( )` 함수 대신 `alert( )` 함수를 사용해 결괏값을 표시하게 만들었습니다.

```
1    function addNumber( ) {
2        var sum = 10 + 20;
3        alert(sum);
4    }
```

03단계 **js 파일 연결하기**

다시 비주얼 스튜디오 코드에서 add.html로 돌아와 </
body> 태그 앞에 조금 전에 만든 자바스크립트 파일을
연결합니다.

ⓖ 외부 스크립트 파일을 HTML 문서에 연결하
는 방법이 기억나지 않는다면 02장을 다시 복습
해 보세요.

```
13    <script src="js/add.js"></script>
```

소스를 저장한 후 웹 브라우저에서 다시 확인해 보겠습니다. [덧셈 계산하기] 버튼을 누르면
add.js 파일에 있는 **addNumber( )** 함수가 실행되고 그 결괏값이 알림 창에 나타납니다. 함수
를 선언해 두면 이렇게 필요한 곳에서 함수를 실행할 수 있습니다.

버튼 클릭해서 함수 실행하기

함수를 실행한 결과

05-2 let과 constant로 변수 선언하기

자바스크립트 ES6 버전에서는 변수를 선언하기 위해 let와 const라는 새로운 예약어가 생겼습니다. 이미 var 예약어가 있는데 왜 let와 const가 또 필요했을까요?

변수의 적용 범위 알아보기

자바스크립트에서 변수를 선언하고 사용할 때 변수가 적용되는 범위를 스코프(Scope)라고 합니다. 변수가 어디까지 유효한지 그 범위를 가리키는 영역이있죠. 자바스크립트 함수에서 변수를 사용할 때는 이 영역에 주의해야 합니다.

한 함수 안에서만 사용하고 다른 함수에서는 사용할 수 없는 변수가 있는가 하면, 어느 함수에서나 다 사용할 수 있는 변수가 있습니다. 한 함수 안에서만 사용할 수 있는 변수를 지역 변수 또는 로컬 변수(Local Variable)라고 하고, 스크립트 소스 전체에서 사용할 수 있는 변수를 전역 변수 또는 글로벌 변수(Global Variable)라고 합니다.

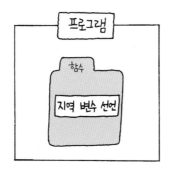 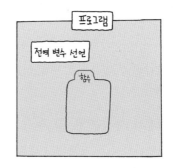

함수 하나만 가지고도 원하는 기능을 만들 수 있지만 대개의 경우 두세 가지 혹은 수십 가지 함수를 사용해서 기능을 구현합니다. 예를 들어 A 함수의 실행 결괏값을 다른 함수에서도 실행할 수 있게 하려면 '전역 변수'로 지정해야 합니다. 프로그램 소스 어디에서나 사용할 수 있는 변수죠. 반면에 A 함수 안에서 사용하고 그대로 끝나는 변수라면 '지역 변수'로 지정합니다. 지금 당장은 잘 구별이 안 되더라도 이제부터 설명을 따라가다 보면 쉽게 구별할 수 있을 것입니다.

함수 안에서만 쓸 수 있는 지역 변수

지역 변수는 함수 안에서 선언하고 함수 안에서만 사용합니다. 함수를 선언할 때 지역 변수를 선언하려면 예약어 var와 함께 변수 이름을 지정해야 합니다. 만약 변수 이름 앞에 var가 없다면 함수 안에서 선언했어도 전역 변수로 취급되니 주의하세요.

05\js 폴더의 local.js 파일 소스를 살펴보겠습니다.

```
1    var myVar = 100;  //전역 변수 선언
2    test( );
3    document.write("myVar is " + myVar);
4
5    function test( ) {
6        var myVar = 50;   //지역 변수 선언
7    }
```

test( ) 함수 밖에 변수 myVar가 100으로 선언되어 있고, test( ) 함수 안에 변수 myVar가 50으로 다시 선언되어 있습니다. 함수 안에 있는 변수 myVar 앞에는 예약어 var를 함께 선언했기 때문에 함수 안에서만 사용할 수 있는 지역 변수입니다. 즉 test( ) 함수 안에서는 변수 myVar에 50이 할당되지만 test( ) 함수를 벗어나면 그 값은 무효가 됩니다. 그래서 local.js가 연결된 local.html 문서를 웹 브라우저에서 열어 보면 화면에 myVar의 값이 100으로 표시됩니다.

지역 변수는 전역 변수에 영향을 주지 않습니다. 하지만 전역 변수와 지역 변수가 이름이 같다면 나중에 헷갈릴 수 있으므로 변수 이름은 겹치지 않게 하는 것이 좋습니다.

스크립트 안에서 자유롭게 쓸 수 있는 전역 변수

전역 변수란 스크립트 소스 전체에서 사용할 수 있는 변수를 말합니다. 즉 <script>와 </script> 사이에서 자유롭게 사용할 수 있는 변수입니다. 여기에서 자유롭게 사용할 수 있다는 의미는 변수를 한 번 선언하고 나면 그 값을 계속해서 유지한다는 뜻입니다. 만일 함수 안에서 새롭게 전역 변수를 선언하려면 변수 이름 앞에 var 예약어를 사용하지 않으면 됩니다.

다음 global.js는 앞에서 살펴본 local.js와 거의 똑같은 소스입니다. 단 test( ) 함수 안에서 myVar 변수를 선언할 때 var 예약어를 붙이지 않았죠. 이 경우에는 test( ) 함수 안에 있는 myVar 변수는 전역 변수가 됩니다. 그래서 global.js가 연결된 global.html 문서를 웹 브라우저에서 열어 보면 myVar 값이 50으로 표시됩니다.

```
1    var myVar = 100;    //전역 변수 선언
2    test( );
3    document.write("myVar is " + myVar);
4
5    function test( ) {
6        myVar = 50;    //전역 변수 선언
7    }
```

var를 사용한 변수의 특징

자바스크립트에서 var 변수를 사용할 때 조심해야 할 개념이 있습니다. 바로 호이스팅
(hoisting)입니다. 호이스팅이란 '끌어올리다'를 뜻합니다. 상황에 따라 변수의 선언과 할당을
분리해서 선언 부분을 스코프의 가장 위쪽으로 끌어올리는 것입니다. 끌어올린다고 해서 실
제로 소스 코드를 끌어올리는 것은 아니고 소스를 그런 식으로 해석한다는 의미입니다. 예제
와 함께 더 자세히 살펴보겠습니다.

05\js 폴더에 있는 hoisting.js 파일을 살펴보겠습니다. 이 스크립스 소스를 실행한다면 화면
에 어떤 값이 표시될까요? 값을 예상한 후 05\hoisting.html 파일을 웹 브라우저에서 열어보
세요.

```
1    var x = 100;
2
3    test();
4
5    function test() {
6        document.write("x is " + x + ", y is " + y);
7        var y = 200;
8    }
```

x의 변숫값은 100이지만, y의 변숫값은 자료
형인 undefined로 나타납니다. undefined
는 아직 값이 할당되지 않았을 때의 자료형이
죠?

05 · 함수와 이벤트 **129**

이런 결과가 나타난 것은 바로 변수 호이스팅 때문입니다. 자바스크립트 해석기(interpreter)는 함수 소스를 훑어보면서 var 변수를 따로 기억해 둡니다. 즉, 변수를 실행하기 전이지만 '이런 변수가 있구나' 하고 기억해 두기 때문에 마치 선언한 것과 같은 효과가 있는 것이죠. 이것이 바로 호이스팅입니다. var 변수는 호이스팅이 있기 때문에 변수를 선언하기 전에 사용해도 오류가 생기지 않고, 그로 인해 예상하지 못한 결과가 나올 수 있습니다.

var를 사용한 변수는 호이스팅 외에도 재선언이 가능하다는 단점이 있습니다. 변수 재선언이란 한 번 선언한 변수를 다시 선언할 수 있다는 뜻입니다. 팀 프로젝트를 진행할 경우 여러 명이 작성한 프로그램을 서로 합치거나 연결해서 사용하게 됩니다. 이 때 혹시라도 같은 변수 이름을 사용해서 선언한 부분이 있다면 이전의 변수를 덮어쓰기 때문에 예상치 못한 결과가 생길 것입니다.

let과 constant를 사용한 변수의 특징

앞에서 살펴본 것처럼 var 예약어를 빠뜨리면 의도하지 않게 전역 변수가 되기도 하고, 프로그램 길이가 길어지다 보면 실수로 변수를 재선언하거나 값을 재할당해 버리는 경우가 생기기도 합니다. 그래서 ES6에서는 변수를 선언하기 위한 예약어로 let와 const가 추가되었고, 되도록이면 let 예약어를 사용할 것을 권장합니다.

var과 let, const의 가장 큰 차이는 스코프의 범위입니다. var는 함수 영역(레벨)의 스코프를 가지지만 let와 const는 블록 영역의 스코프를 가집니다. 지금부터 let와 const를 사용한 변수의 특징을 하나씩 살펴보겠습니다.

블록 안에서만 쓸 수 있는 변수

let 예약어로 선언한 변수는 변수를 선언한 블록({ }로 묶은 부분)에서만 유효하고 블록을 벗어나면 사용할 수 없습니다.

05\js\let-1.js 소스를 보면 calcSum( ) 함수에서 변수 sum은 let 예약어를 사용하여 선언합니다. 즉, sum은 함수 calcSum()의 블록({ }) 안에서만 사용할 수 있습니다. 또한 for문의 카운터 변수 i도 let 예약어를 사용했습니다. 변수 i는 for문을 벗어나면 사용할 수 없습니다.

```
1    function calcSum(n) {
2        let sum = 0;   // 블록 변수 선언
```

```
3        for(let i = 1; i < n + 1; i++) {
4            sum += i;
5        }
6        console.log(sum);    // 블록 변수 사용
7    }
8
9    calcSum(10);
```

웹 브라우저에서 05\let-1.html을 불러온 후 Ctrl + Shift + J를 눌러 콘솔 창을 열면 1부터 10까지 더한 결괏값(55)이 콘솔 창에 표시될 것입니다.

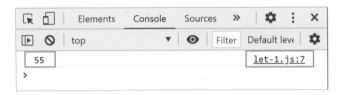

만약 전역 변수를 선언하고 싶다면 let 예약어를 쓰지 않고 변수 이름과 초깃값만 할당하면됩니다. 05\js\let-2.js 소스는 sum 변수를 전역 변수로 선언하고 console.log( )로 결괏값을표시한 것입니다. 실행 결과는 05\js\let-1.js를 실행했을 때와 같습니다.

```
1    function calcSum(n) {
2        sum = 0;    // 전역 변수 선언
3
4        for(let i = 1; i < n + 1; i++) {
5            sum += i;
6        }
7    }
8
9    calcSum(10);
10   console.log(sum);    // 전역 변수 사용
```

재할당은 가능하지만 재선언은 할 수 없는 변수

let 예약어를 사용하여 선언한 변수는 값을 재할당할 수는 있지만 변수를 재선언할 수는 없습니다. 그러니 예약어 var와 같이 실수로 같은 변수의 이름을 사용할 걱정은 없습니다.

블록 변수 sum을 재선언하면 어떻게 될까요? 05\js\let-3.js 소스에서 블록 변수로 선언한sum을 다시 한번 블록 변수로 선언해 보았습니다.

```
1    function calcSum(n) {
2      let sum = 0;
3
4      for(let i = 1; i < n + 1; i++) {
5        sum += i;
6      }
7      let sum;   // 변수 재선언
8      console.log(sum);
9    }
10
11   calcSum(10);
```

05\let-3.html을 웹 브라우저로 불러온 후 콘솔 창에서 실행 결과를 확인하면 변수 sum이 중복으로 선언되었다는 메시지가 나타납니다. 오류 메시지 오른쪽에 있는 줄 번호(let-3.js:7)를 눌러 보세요.

두 번째 선언한 sum 변수에 밑줄이 표시되고 오류 메시지 아이콘도 함께 나타납니다. 이렇듯 let으로 선언한 변수는 다시 선언할 수 없습니다.

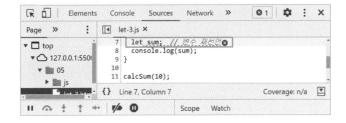

호이스팅이 없는 변수

앞에서 살펴본 것처럼 var 예약어를 사용한 변수는 선언하기 전에 실행하더라도 오류도 생기지 않고 undefined값을 가질 수 있습니다. 바로 호이스팅 때문입니다. 하지만 let 예약어를 사용한 변수는 선언하기 전에 사용할 경우 오류 메시지를 나타냅니다.

05\js\let-4.js 소스를 보면 블록 변수 y를 선언하기 전에 사용하고 있습니다.

```
1    var x = 100;
2
3    test();
4
5    function test() {
6        document.write("x is " + x + ", y is " + y);
7        let y = 200;
8    }
```

05\let-4.html을 웹 브라우저로 불러온 후 콘솔 창을 열어보면 'Cannot access 'y' before initializa-tion at test (let-4.js:6)'이라는 오류 메시지가 나타납니다. 변수 y를 초기화하기 전에 사용할 수 없다는 뜻입니다. 오류 메시지 오른쪽에 있는 줄 번호(let-4.js:6)를 누르면 어느 부분에서 오류가 발생했는지 확인할 수 있습니다.

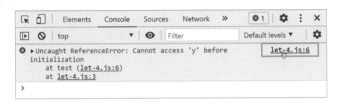

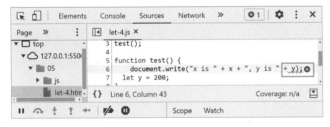

const 변수

const 역시 let와 마찬가지로 변수를 선언할 때 사용하는 예약어입니다. 이름에서 예상할 수 있듯이 const로 선언한 변수는 상수(constant)입니다. 상수는 프로그램 안에서 변하지 않는 값을 뜻합니다. 즉, 변하지 않는 값을 변수로 선언할 때 const 예약어를 사용합니다. 프로그램 안에서 특정한 상숫값을 자주 사용한다면 변수에 담아서 사용하는 것이 편리합니다. const로 할당한 변수는 재선언하거나 재할당할 수 없으며, let 예약어를 사용한 변수처럼 블록 레벨의 스코프를 가집니다.

자바스크립트 변수, 이렇게 사용하세요

자바스크립트는 유연해서 편리한 점이 많은 언어입니다. 이렇게 또는 저렇게 사용해도 되는 부분이 많다는 뜻이죠. 하지만 프로그램이 복잡해 지면 이런 편리함이 가독성을 해치거나 디버깅을 어렵게 만듭니다. 자바스크립트 문법은 벗어나지 않으면서 읽기 쉽고 오류도 쉽게 해결할 수 있는 변수 사용 방법을 정리해 보겠습니다. 물론 아래 정리한 방법 말고도 여러 가지 자바스크립트 스타일 가이드를 추가할 수 있습니다.

전역 변수는 최소한으로 사용한다

전역 변수는 프로그램 어디서든 접근할 수 있으므로 편리하게 사용할 수 있습니다. 하지만 예상하지 못한 곳에서 값이 달라질 수 있죠. 그만큼 오류가 발생할 확률이 높아지므로 전역 변수는 되도록이면 적게 사용하는 것이 좋습니다.

var 변수는 함수의 시작 부분에서 선언한다

var를 사용한 변수는 어디에서 선언하든 상관없지만 내부에서 호이스팅이 생기므로 오류가 발생할 수 있습니다. 그래서 var 변수는 함수 시작 부분에 선언하는 것이 변수를 확인하기도 쉽고 오류도 줄이는 방법입니다.

for문에서 카운터 변수를 사용할 때는 블록 변수를 사용하는 것이 좋다

for문 안에서만 사용할 카운터 변수는 그 블록 안에서만 사용할 것이므로 가끔 var로 선언하기도 합니다. 하지만 이렇게 선언한다고 해서 블록 변수가 되는 것은 아닙니다. var 변수는 함수 레벨의 스코프라는 것 기억하지요? 따라서 for문의 카운터 변수는 왼쪽과 같이 for문 밖에서 선언하거나 오른쪽과 같이 아예 let를 사용해서 블록 변수로 선언하는 것이 좋습니다.

```
// 블록 밖에서 var로 선언
var i;
for(i = 1; i <= n; i++){
    ...
}
```

```
// let을 사용해서 블록 변수로 선언
for(let i = 1; i <= n; i++){
    ...
}
```

ES6를 사용한다면 예약어 var보다 let를 사용하는 것이 좋다

var를 사용한 변수는 호이스팅이 일어나고 실수로 재선언할 수도 있기 때문에 프로그램에서 예상하지 못한 오류를 만들 수 있습니다. 호이스팅이 없고 재선언할 수 없는 let를 사용하는 것이 더 안전합니다.

05-3 여러 번 사용할 수 있는 함수 만들기

앞에서 만든 addNumber( ) 함수는 계산에 필요한 값을 '10'과 '20'으로 고정해 놓고 함수를 실행했습니다. 그래서 몇 번 실행해도 같은 결과가 나옵니다. 한 번만 사용하고 말 함수라면 상관이 없지만, 프로그램 안에서 여러 번 사용할 함수라면 입력값을 바꾸지 못한다는 건 매우 불편한 일입니다. 한 가지 종류의 옷만 빨 수 있는 세탁기는 별 쓸모가 없는 것처럼 말이지요. 그래서 함수를 잘 활용하기 위해서는 여러 입력값을 넣을 수 있게 만들어야 합니다.

사실 우리는 이미 이런 함수를 사용해 왔습니다. alert( ) 함수를 사용할 때 어떻게 했는지 기억하나요? 다른 메시지를 알림 창에 띄우고 싶을 때마다 alert( ) 함수의 괄호 안에 메시지만 바꿔서 함수를 실행했죠. 이렇게 입력을 바꿔 여러 번 사용할 수 있는 성질을 함수의 '재사용성'이라고 합니다. 함수의 가장 큰 장점이지요. 그렇다면 이런 성질을 가진 함수는 어떻게 만들까요?

함수의 매개변수와 인수 소개

앞에서 만든 addNumber( ) 함수는 결괏값 30만 출력할 수 있었습니다. 사용자가 지정하는 두 수를 더하는 함수로 바꿀 수 있다면 훨씬 쓸모가 있겠죠? 이를 위해 알아야 할 개념이 '매개변수'와 '인수'입니다.

함수 선언할 때 매개변수 지정하기

재사용이 가능한 두 수를 더하는 함수 addNumber( )를 선언하기 위해서는 '값 2개가 필요하다'고 미리 지정해 두어야 합니다. 이렇게 함수를 실행하기 위해 필요하다고 지정하는 값을 매개변수(Parameter)라고 합니다. 매개변수를 지정하려면 함수를 선언할 때 함수 이름 옆의 괄호 안에 변수 이름을 넣어 주면 됩니다. 매개변수는 함수를 실행하는 데 필요한 '입력'이라고 생각하세요.

```
function addNumber(a, b) {    ┌─ 매개변수
    var sum = a + b;
    console.log(sum);
}
```

함수를 실행할 때 인수 넘겨주기

매개변수가 있는 함수를 실행할 때는 함수 이름 옆의 괄호 안에 매개변수에 할당할 값을 넣어 줍니다. 여기에서 만든 addNumber( ) 함수는 매개변수가 2개이므로 addNumber( ) 함수를 실행할 때 괄호 안에 두 값을 넣어 줍니다. 예를 들어 10과 20을 더하겠다면 addNumber(10, 20);라고 작성하면 됩니다. 이렇게 함수를 실행할 때 매개변수로 넘겨주는 값을 '인수(Argument)'라고 합니다.

☺ '매개변수'를 '인자', '인수'를 '전달 인자'라고도 부릅니다.

```
addNumber(2, 3);  ──[ 인수 ]

addNumber(10, 20);  ──[ 인수 ]
```

두 수를 더하는 함수 실행하기

콘솔 창에서 연습해 볼까요? 두 숫자를 더하는 함수 addNumber( )를 선언해 보겠습니다. 먼저 덧셈에 사용할 값 2개를 매개변수 a와 b로 지정합니다. 두 수 a와 b를 더해서 변수 sum에 저장한 후 결괏값을 콘솔 창에 표시합니다.

☺ 매개변수를 2개 이상 나열할 때는 쉼표로 구분합니다.

☺ 매개변수 a와 b에 x나 y, 아니면 num1, num2처럼 다른 이름을 사용할 수도 있습니다.

```
>   function addNumber(a, b) {
        var sum = a + b;
        console.log(sum);
    }
```

입력값은 프롬프트 창에서 받을 수도 있고, 텍스트 필드에서 바로 받을 수도 있습니다. 어느 경우에나 addNumber( ) 함수를 한번 선언해 놓기만 하면 인수를 입력받아 바로 실행할 수 있습니다.

```
>   addNumber(2, 3);
<   5
>   addNumber(10, 20);
<   30
```

다음 소스에서는 프롬프트 창에서 숫자를 각각 입력받아서 addNumber( ) 함수를 실행합니다. 결괏값을 알림 창에 표시하도록 함수 안의 명령을 살짝 바꿨습니다. 다음 소스대로 따라서 작성해 보세요.

◎ parseInt( ) 함수는 프롬프트 창에 입력한 값을 정수로 바꾸는 함수입니다. parseInt( ) 대신 Number( ) 함수를 사용해도 됩니다.

```
> var num1 = parseInt(prompt("첫 번째 숫자는? "));
  var num2 = parseInt(prompt("두 번째 숫자는? "));
  addNumber(num1, num2);   // 값 2개와 함께 함수 실행

  function addNumber(a, b) {   // 매개변수 a, b가 있는 함수 선언
     var sum = a + b;
     alert("두 수를 더한 값은 " + sum + "입니다.");
  }
```

num1 값 입력

num2 값 입력

결괏값 출력

위 소스는 실제로 어떻게 동작한 것일까요? 다음은 addNumber( ) 함수가 실행된 순서를 정리한 것입니다.

함수 실행

```
> var num1 = parseInt(prompt("첫 번째 숫자는? "));
  var num2 = parseInt(prompt("두 번째 숫자는? "));
  addNumber(num1, num2);
```

❶ 프롬프트 창에서 숫자 입력받기

❷ num1, num2와 함께 addNumber( ) 함수 호출

함수 선언

```
>    function addNumber(a, b) {
         var sum = a + b;
         alert(sum);
     }
```

❸ 넘겨받은 값 num1은 a로, num2는 b로 전달

❹ a와 b를 연산해서 콘솔 창에 표시

❶ 프롬프트 창에서 사용자에게 입력값을 받아 변수 num1, num2에 저장합니다.

❷ num1과 num2 값을 가지고 addNumber( ) 함수를 호출합니다.

❸ 함수 선언부로 넘어옵니다. 넘겨주는 값도 두 개이고 addNumber( ) 함수의 매개변수도 두 개이므로 정상적으로 함수를 실행합니다. 나열된 순서대로 num1 값은 매개변수 a로, num2 값은 매개변수 b로 넘겨줍니다.

❹ 매개변수에 들어온 인수 값을 사용해 함수 안의 명령을 실행합니다. a 값과 b 값을 더해 sum 변수에 저장한 후 알림 창에 sum 값을 표시합니다.

1분
복습

'addNumber(num1, num2) 함수 실행 소스는 함수 선언 소스보다 앞에 와야 합니다.' 이 말이 맞다면 O, 틀리다면 X로 표시하세요. (   )

정답 X (함수 선언 앞이나 뒤, 어디에 놓여도 됩니다)

고쌤의
한마디!

함수의 매개변수 기본 값 지정하기

ES6에는 매개변수가 있는 함수를 선언할 때 매개변수의 기본 값을 지정하는 기능도 생겼습니다. 예를 들어 다음 multiple( ) 함수는 매개변수가 3개인데 두 번째, 세 번째 매개변수에 기본 값을 지정했습니다. multiple( ) 함수를 실행할 때 매개변수를 한두 개만 사용한다면 나머지 매개변수는 기본 값을 사용해 실행할 수 있습니다.

```
>    function multiple(a, b = 5, c = 10) {   // b = 10, c = 20로 기본 값 지정
         return a * b + c;
     }
>    multiple(5, 10, 20)   // a = 5, b = 10, c = 20
<    70
>    multiple(10, 20)   // a = 10, b = 20, c = 10(기본 값)
<    210
>    multiple(30)   // a = 30, b = 5(기본 값), c = 10(기본 값)
<    160
```

함수의 return문 더 알아보기

지금까지 만든 addNumber() 함수는 함수 안에서 계산 결괏값을 표시했습니다. 이렇게 함수 안에서 결괏값을 사용할 때도 있지만, 두 수를 더한 결괏값을 다른 계산에 적용하거나 콘솔 창이 아닌 다른 곳에 표시해야 할 경우도 있습니다. 이렇게 함수를 실행한 후 그 결괏값을 함수 밖으로 넘기는 것을 '함숫값을 반환한다(return)'라고 합니다. 반환 위치는 함수를 호출한 위치입니다. 함수 결괏값을 반환할 때는 return 예약어 다음에 넘겨줄 값이나 변수 또는 식을 지정합니다. 다음을 보면서 이해해 보죠.

05\js\add-return.js 파일을 비주얼 스튜디오에서 열어 보세요. 소스를 보면 addNumber() 함수에서 두 수를 더한 후 return문을 사용해서 결괏값 sum을 반환합니다. addNumber() 함수에서 반환된 sum 값은 어디로 갈까요? 바로 addNumber() 함수를 실행한 부분으로 넘겨집니다. 그리고 그렇게 넘겨받은 값은 result 변수에 저장되죠. 다음 소스를 순서대로 살펴보면서 어떻게 실행되는지 눈으로 따라가 보세요.

```
1    var num1 = parseInt(prompt("첫 번째 숫자는? ")); ❶
2    var num2 = parseInt(prompt("두 번째 숫자는? "));
3    var result = addNumber(num1, num2); ❷
4    alert("두 수를 더한 값은 " + result + "입니다."); ❼
5         ❻
6    function addNumber(a, b) { ❸
7        var sum = a + b; ❹
8        return sum; ❺
9    }
```

❶부터 ❼ 순서대로 실행 순서를 표시했습니다.

❶ num1 변수와 num2 변수에 값을 저장합니다.
❷ num1과 num2 값을 가지고 addNumber() 함수를 호출합니다.
❸ 함수 선언부로 넘어와 함수를 실행하는데, num1 값은 a 변수로, num2 값은 b 변수로 넘겨집니다.
❹ a 값과 b 값을 더해 sum 변수에 저장합니다.
❺ 결괏값 sum을 반환합니다.
❻ 반환된 값을 변수 result에 저장합니다.
❼ result 변숫값을 화면에 표시합니다.

add-return.html 문서에 add-return.js 파일을 연결한 후 웹 브라우저에서 확인해 보세요. 프롬프트 창에 두 숫자를 입력하면 결과가 웹 브라우저 화면에 표시됩니다. 이것은 addNumber( ) 함수에서 반환한 값을 받아서 웹 브라우저 창에 표시한 것입니다.

◎ 이제부터 HTML 문서에 js 파일을 외부 스크립트로 연결하는 과정은 생략하겠습니다.

num1 값 입력

num2 값 입력

result 변숫값 출력

---

return문에 식을 사용할 수 있습니다

고쌤의 한마디!

위 소스에서 함수 선언 부분의 sum 변수는 단순히 결괏값을 저장했다가 반환하는 역할만 하기 때문에 중간 과정을 생략하고 즉시 반환할 수도 있습니다. 즉 간단한 식일 경우에는 다음과 같이 return문에서 식을 반환하도록 소스를 작성할 수 있습니다.

```
function addNumber(a, b) {
    var sum = a + b;
    return sum;
}
```

➡

```
function addNumber(a, b) {
    return a + b;
}
```

05-4 함수 표현식

함수를 선언한 후 함수 이름을 사용해 실행하는 것이 기본 방법이지만, 이 외에도 함수를 실행하는 방법이 있습니다. 이런 방법을 '함수 표현식'이라고 합니다.

익명 함수

'익명 함수'는 이름에서도 알 수 있듯이 이름이 없는 함수를 말합니다. 익명 함수를 선언할 때는 이름을 붙이지 않습니다. 익명 함수는 함수 자체가 '식(Expression)'이기 때문에 익명 함수를 변수에 할당할 수 있습니다. 또한 다른 함수의 매개변수로 사용할 수도 있습니다.

그러면 익명 함수 선언을 직접 해 볼까요? 콘솔 창을 열어 다음 소스를 입력해 보세요. 두 숫자를 더하는 익명 함수를 선언하고 이를 변수 add에 저장하는 소스입니다.

```
> var add = function(a, b) {    //함수 선언 후 변수 add에 할당
      return a + b;
  }
```

이제 선언한 익명 함수를 실행해 보겠습니다. 기존 함수는 함수 이름을 사용해서 실행했습니다. 하지만 익명 함수는 이름이 없죠. 어떻게 해야 할까요? 앞에서 선언한 익명 함수를 변수 add에 할당했죠? 이 변수 add를 함수 이름처럼 사용해서 익명 함수를 실행합니다. 다음 소스는 변수 add를 사용해 익명 함수를 실행하고 그 결괏값을 변수 sum에 저장합니다.

> ⓒ 익명 함수나 즉시 실행 함수는 식이기 때문에 활용이 좀 더 편리합니다.

```
> var sum = add(10, 20);    //익명 함수 실행 후 결괏값을 변수 sum에 저장
> sum    //변수 sum 값 확인
< 30
```

즉시 실행 함수

함수를 식으로 표현하는 또 다른 방법은 '즉시 실행 함수'입니다. 즉시 실행 함수는 함수를 정의함과 동시에 실행하는 함수입니다. 다른 개발자들이 작성한 자바스크립트 소스를 보면 즉시 실행 함수를 많이 사용했음을 알 수 있습니다. 여기에서는 즉시 실행 함수가 어떤 형식을 가지는지 정도만 여기서 알아보겠습니다.

먼저 즉시 실행 함수의 표현 방법을 알아보겠습니다. 함수 선언 소스 전체를 괄호로 묶는다고 생각하면 쉽습니다. 그리고 소스를 닫는 괄호 앞이나 뒤에 인수가 들어갈 괄호를 넣습니다. 즉시 실행 함수는 식이기 때문에 소스 끝에 세미콜론(;)을 붙여 줍니다.

<table>
<tr>
<td>

```
(
  function( ) {
    ......
  }
)( );
```

</td>
<td>또는</td>
<td>

```
(
  function( ) {
    ......
  }
( ));
```

</td>
</tr>
</table>

여러 줄로 된 형태를 간단히 줄여서 다음과 같이 사용하기도 합니다.

<table>
<tr>
<td>

```
(function( ) {
    ......
  })( );
```

</td>
<td>또는</td>
<td>

```
(function( ) {
    ......
  }( )) ;
```

</td>
</tr>
</table>

즉시 실행 함수는 변수에 할당할 수 있고, 함수에서 반환하는 값을 변수에 할당할 수도 있습니다. 콘솔 창에 다음 즉시 실행 함수 소스를 작성해 보세요. 함수에서 반환한 값을 result 변수에 할당한 후 콘솔 창에 표시하는 소스입니다.

```
> var result = (function( ) {
     return 10 + 20;
  }( ));
> console.log(result);
< 30
```

매개변수가 필요한 함수라면 function 예약어 다음의 괄호 안에 매개변수를 넣고 함수를 정의합니다. 그리고 함수 끝에 있는 괄호에는 실제 실행할 때 사용할 인수를 넣고 실행합니다.

다음 소스는 a와 b 매개변수를 사용해 함수를 정의한 후 마지막에 인수로 10과 20을 넣어 함수를 실행합니다. 그리고 반환된 결괏값을 result 변수에 저장한 후 콘솔 창에 표시합니다.

```
>   var result = (function(a, b) {   //매개변수 추가
        return a + b;
    } (10, 20));   //인수 추가
>   console.log(result);
<   30
```

화살표 함수

ES6 버전부터는 => 표기법(화살표 표기법)을 사용해 함수 선언을 더 간단하게 작성할 수 있습니다. 이 방법은 간단히 화살표 함수라고 하는데 익명 함수에서만 사용할 수 있습니다. 매개변수에 따라 함수를 작성하는 방법을 간단히 살펴보겠습니다.

매개변수가 없을 때 =>로 함수 선언하기

05\js\arrow-1.js에는 간단한 인사말을 화면에 표시하는 함수가 있습니다. 이 함수처럼 매개변수가 없을 때는 매개변수가 들어가는 괄호 안을 비워 둡니다.

```
const hi = function() {
    return "안녕하세요?";
}
```

⬇

```
const hi = () => { return "안녕하세요?" };
```

그리고 중괄호 안에 함수 내용이 한 줄뿐이라면 중괄호를 생략해서 다음과 같이 작성할 수도 있습니다. 이때 return문은 생략된 것으로 간주합니다.

```
const hi = () => "안녕하세요? " ;
```

매개변수가 1개일 때 =>로 함수 선언하기

05\js\arrow-2.js에는 매개변수가 하나인 함수가 있습니다. 매개변수가 하나일 경우 매개변수의 괄호를 생략해서 다음과 같이 표현할 수 있습니다.

```
let hi = function(user) {
    document.write(user + "님, 안녕하세요?");
}
```

```
let hi = user => document.write(user + "님, 안녕하세요?");
```

매개변수가 2개 이상일 때 =>로 함수 선언하기

05\js\arrow-3.js에는 매개변수가 2개인 함수가 있습니다. 이 함수를 화살표 함수로 바꾸려면 (매개변수) => { ... }처럼 사용하고, 괄호 안에 매개변수를 쉼표로 구분해서 넣습니다. 이 소스에서는 중괄호 안에 식이 하나뿐이므로 return문을 생략할 수 있습니다.

```
let sum = function(a, b) {
    return a + b;
}
```

```
let sum = (a, b) => { return a + b }
```

```
let sum = (a, b) => a + b;
```

05-5 이벤트 다루기

웹 페이지에서는 사용자가 메인 메뉴를 누르면 서브 메뉴가 펼쳐지기도 하고, 어떤 사이트에서는 페이지 로딩이 끝나면 배경 화면이 움직이기도 합니다. 이런 효과는 브라우저에 이벤트 개념이 도입되면서 새롭게 구현된 것입니다. 따라서 웹 브라우저를 기본으로 실행되는 자바스크립트에서 이벤트는 중요한 개념이지요.

자바스크립트 프로그램 안에서 함수가 스스로 실행되는 경우는 많지 않습니다. 사용자가 버튼을 누르거나 목록에서 항목을 선택했을 때 그에 해당하는 함수가 실행되도록 프로그램을 만드는 경우가 대부분입니다. 여기에서는 사용자 반응에 따라 함수를 실행하는 이벤트에 대해 살펴봅니다. 직접 이벤트를 활용하는 프로그램을 만들면서 이벤트 개념과 사용 방법을 알아보겠습니다.

[미리보기] 상세 설명 열고 닫기

사용자가 민들레 사진에 있는 [상세 설명 보기] 버튼을 눌렀을 때 상세 설명을 보여 주려고 합니다. 그리고 [상세 설명 닫기] 버튼을 누르면 보이던 상세 설명을 감출 것입니다. 이 예제를 통해 사용자가 버튼을 눌렀을 때 그 동작에 맞게 함수를 실행하는 방법을 알아보겠습니다.

이벤트와 이벤트 처리기 간단히 살펴보기

이벤트(Event)란 웹 브라우저나 사용자가 행하는 어떤 동작을 말합니다. 예를 들어 웹 문서에서 키보드의 키를 누르는 것도 이벤트이고, 브라우저가 웹 페이지를 불러오는 것도 이벤트입니다. 하지만 브라우저 안에서 이루어지는 동작이 모두 이벤트가 되지는 않습니다. 이벤트는 웹 페이지를 읽어 오거나 링크를 누르는 것처럼 웹 문서 영역 안에서 이루어지는 동작만을 말합니다. 따라서 사용자가 웹 문서 영역을 벗어나 누르는 행위는 이벤트가 아닙니다. 예를 들어 브라우저 창 맨 위의 제목 표시줄을 누르는 것은 이벤트라고 하지 않습니다.

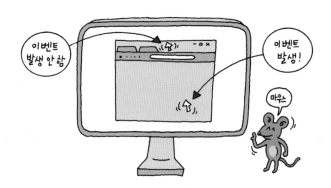

자바스크립트 이벤트는 주로 마우스나 키보드를 사용할 때, 웹 문서를 불러올 때, 폼(Form)에 내용을 입력할 때 주로 발생합니다. 주요 이벤트는 다음과 같습니다.

마우스 이벤트

마우스 이벤트는 마우스에서 버튼이나 휠 버튼을 조작할 때 발생하는 이벤트입니다.

속성	설명
click	사용자가 HTML 요소를 마우스로 눌렀을 때 이벤트가 발생합니다.
dblclick	사용자가 HTML 요소를 마우스로 두 번 눌렀을 때 이벤트가 발생합니다.
mousedown	사용자가 요소 위에서 마우스 버튼을 누르는 동안 이벤트가 발생합니다.
mousemove	사용자가 요소 위에서 마우스 포인터를 움직일 때 이벤트가 발생합니다.
mouseover	마우스 포인터가 요소 위로 옮겨질 때 이벤트가 발생합니다.
mouseout	마우스 포인터가 요소를 벗어날 때 이벤트가 발생합니다.
mouseup	사용자가 누르고 있던 마우스 버튼에서 손을 뗄 때 이벤트가 발생합니다.

키보드 이벤트

키보드 이벤트는 키보드에서 특정 키를 조작할 때 발생하는 이벤트입니다.

속성	설명
keypress	사용자가 키를 눌렀을 때 이벤트가 발생합니다.
keydown	사용자가 키를 누르는 동안 이벤트가 발생합니다.
keyup	사용자가 키에서 손을 뗄 때 이벤트가 발생합니다.

문서 로딩 이벤트

서버에서 웹 문서를 가져오거나 문서를 위아래로 스크롤하는 등 웹 문서를 브라우저 창에 보여 주는 것과 관련된 이벤트입니다.

속성	설명
abort	웹 문서가 완전히 로딩되기 전에 불러오기를 멈췄을 때 이벤트가 발생합니다.
error	문서가 정확히 로딩되지 않았을 때 이벤트가 발생합니다.
load	문서 로딩이 끝나면 이벤트가 발생합니다.
resize	문서 화면 크기가 바뀌었을 때 이벤트가 발생합니다.
scroll	문서 화면이 스크롤되었을 때 이벤트가 발생합니다.
unload	문서를 벗어날 때 이벤트가 발생합니다.

폼 이벤트

폼(Form)이란 로그인이나 검색·게시판·설문 조사처럼 사용자가 자료(정보)를 입력하는 모든 요소를 가리킵니다. 다음은 폼 요소에 내용을 입력하면서 발생할 수 있는 여러 이벤트입니다.

> ⓒ 더 많은 이벤트 목록을 알고 싶다면 developer.mozilla.org/en-US/docs/Web/Events 를 참고하세요.

속성	설명
blur	폼 요소에 포커스를 잃었을 때 이벤트가 발생합니다.
change	목록이나 체크 상태 등이 변경되었을 때 이벤트가 발생합니다(⟨input⟩, ⟨select⟩, ⟨textarea⟩ 태그에서 사용합니다).
focus	폼 요소에 포커스가 놓였을 때 이벤트가 발생합니다(⟨label⟩, ⟨select⟩, ⟨textarea⟩, ⟨button⟩ 태그에서 사용합니다).
reset	폼이 다시 시작되었을 때 이벤트가 발생합니다.
submit	submit 버튼을 눌렀을 때 이벤트가 발생합니다.

이벤트 처리기

쇼핑몰 웹 페이지는 이미지를 누르면 확대된 옷 이미지를 보여 주고, 상품 목록에서 항목을 선택하면 해당 상품의 페이지로 연결해 줍니다. 이렇게 대부분의 웹 사이트에서는 사용자가 어떤 동작을 하면, 즉 이벤트가 발생하면 연결 동작이 뒤따릅니다.

이를 위해서는 웹 문서에서 이벤트가 발생했을 때 어떤 함수를 실행해야 할지 웹 브라우저에 알려 주어야 합니다. 이때 이벤트와 이벤트 처리 함수를 연결해 주는 것을 '이벤트 처리기' 또는 '이벤트 핸들러(Event Handler)'라고 합니다. 이벤트 처리기는 이벤트 이름 앞에 on을 붙여서 사용합니다. 예를 들어 click 이벤트가 발생했을 때 이벤트 처리기는 onclick 다음에 있는 실행 명령이나 함수를 연결합니다.

 텍스트나 이미지 위로 마우스 커서를 올려 놓으면 mouseover 이벤트가 발생합니다. mouseover 이벤트에 함수를 연결하기 위해서는 어떤 이벤트 처리기를 사용해야 할까요?

정답 onmouseover

Do it! 실습 〈button〉 태그에 이벤트 처리기로 함수 연결하기

• 실습 파일 05\event-handler.html • 완성 파일 05\event-handler-result.html

본격적으로 프로그램을 만들기 전에 이벤트 처리기 사용 방법을 익혀 보겠습니다. HTML 태그에서 직접 이벤트 처리기를 사용하기 위해 HTML 태그 안에 이벤트 처리와 실행할 함수를 함께 입력해 보겠습니다.

웹 브라우저에서 event-handler.html 문서를 열면 화면에 이미지와 버튼이 표시됩니다. 이미지 아래에 있는 [상세 설명 보기] 버튼을 한번 눌러 볼까요? 아무런 움직임이 없는 걸 확인할 수 있습니다. 이제 버튼을 눌렀을 때 알림 창을 표시하도록 소스를 작성해 보겠습니다.

비주얼 스튜디오 코드로 event-handler.html 문서를 열어 보세요. 그리고 <button> 태그를 찾아 다음과 같이 소스를 추가합니다. 알림 창에는 여러분이 원하는 내용을 입력해 보세요. 이때 괄호 안에 따옴표를 사용할 때 바깥에 사용한 따옴표와 중복되지 않게 주의하세요.

```
13    <button class="over" id="open" onclick="alert('눌렀습니다.')">상세 설명 보기</button>
```

소스를 저장한 후 웹 브라우저에서 확인합니다. [상세 설명 보기] 버튼을 눌렀을 때 알림 창이 나타나는 것을 확인할 수 있죠?

이번에는 버튼 위로 마우스 커서를 올렸을 때 알림 창이 표시되도록 소스를 수정해 보겠습니다. 앞에서 입력한 onclick="alert('눌렀습니다.')" 소스를 다음과 같이 수정해 보세요. onmouseover는 웹 요소 위로 마우스 커서를 올렸을 때 발생하는 mouseover 이벤트를 처리합니다.

```
13    <button class="over" id="open" onmouseover="alert('마우스 커서를 올렸습니다.')">상세 설명
      보기</button>
```

소스를 저장한 후 웹 브라우저에서 확인해 보세요. 버튼 위로 마우스 커서를 가져가면 알림 창이 표시됩니다. 이렇게 이벤트 처리기와 실행할 함수를 연결하면 사용자 동작에 따라 다양한 효과를 만들 수 있습니다.

 event-handler.html 문서에 있는 이미지를 두 번 눌렀을 때 알림 창이 나타나도록 소스를 수정해 보세요.

정답 `<img src="images/flower1.jpg" alt="" ondblclick="alert('두 번 눌렀습니다.')">`

• 실습 파일 05\event.html, 05\js\event.js   • 완성 파일 05\event-result.html

이벤트 처리기 사용 방법을 익혔으니 앞에서 소개한 프로그램을 만들어 보겠습니다. [상세 설명 보기] 버튼을 누르면 내용이 화면에 표시되고, [상세 설명 닫기] 버튼을 누르면 보이던 내용이 화면에서 사라지는 프로그램입니다.

먼저 버튼을 눌렀을 때 실행할 함수를 작성해야 합니다. 하지만 특정 부분을 화면에 표시하거나 감추는 기능은 스타일시트를 수정해서 만들어야 하고, 우리가 아직 배우지 않은 부분입니다. 그래서 상세 설명 내용을 화면에 표시하는 showDetail( ) 함수와 상세 설명을 화면에서 감추는 hideDetail( ) 함수를 미리 만들어 놓았습니다. 05\js 폴더에서 event.js 문서를 찾아 비주얼 스튜디오에서 열어 보세요.

```
1  function showDetail() {
2     document.querySelector('#desc').style.display = "block";  //상세 설명 내용을 화면에 표시
3     document.querySelector('#open').style.display = "none";   //[상세 설명 보기] 버튼 감춤
4  }
5
6  function hideDetail() {
7     document.querySelector('#desc').style.display = "none";   //상세 설명 내용을 화면에서 감춤
8     document.querySelector('#open').style.display = "block";  //[상세 설명 보기] 버튼 표시
9  }
```

event.html 문서를 열고 <script> 태그를 사용해 event.js 파일을 연결하세요. 그리고 다음과 같이 onclick 이벤트 처리기를 사용해 [상세 설명 보기] 버튼과 [상세 설명 닫기] 버튼에 showDetail( ) 함수와 hideDetail( ) 함수를 연결합니다.

```
11  <div id="item">
12      <img src="images/flower1.jpg" alt="">          ❸ 함수 실행
13      <button class="over" id="open" onclick="showDetail()">상세 설명 보기</button>
          ❶ 버튼에서 click 이벤트가 발생하면    ❷ click 이벤트 처리를 찾아
14      <div id="desc" class="detail">
15          <h4>민들레</h4>
16          <p>어디서나 매우 흔하게 보이는 …… 널리 퍼진다.</p>
17          <button id="close" onclick="hideDetail()">상세 설명 닫기</button>
18      </div>
```

```
19    </div>
20
21    <script src="js/event.js"></script>
```

Do it! 실습 여러 이벤트 처리기 연결하기

• 실습 파일 05\event-dom.html   • 완성 파일 05\event-dom-result.html, 05\js\event-dom-result.js

쇼핑몰 사이트를 보면 작은 상품 이미지 위로 마우스 커서를 가져갔을 때 큰 이미지가 표시되고, 작은 이미지를 누르면 상품 상세 페이지가 팝업 창으로 나타나지요. 이런 기능을 구현하려면 onmouseover 이벤트 처리기와 onclick 이벤트 처리기를 동시에 작동시켜야 합니다. 이 예제에서는 하나의 요소에 둘 이상의 이벤트 처리기를 연결하는 방법을 살펴보겠습니다.

01단계 click 이벤트 처리하기

비주얼 스튜디오 코드에서 event-dom.html 문서를 열어 보면 id="cover"인 이미지 하나가 삽입되어 있습니다. 이 이미지를 가져온 후 여기에 onclick과 onmouseover, onmouseout 이벤트 처리기를 사용해 보겠습니다.

```
12    <img src="images/flower1.jpg" alt="" id="cover">
```

새 문서를 만든 후 05\js 폴더에 파일 이름 event-dom.js로 저장합니다. 그리고 다시 event-dom.html 문서로 돌아와 </body> 태그 앞에 js 파일을 연결합니다. 그리고 event-dom.js 파일로 이동해서 스크립트 소스를 작성해 보겠습니다. querySelector( ) 함수를 사용해 id="cover"인 이미지를 가져와 coverImage 변수에 저장합니다. 그리고 click 이벤트가 발생했을 때 실행할 함수를 다음과 같이 작성합니다. 이때 function 예약어 뒤에 함수 이름이 붙지 않지요? 앞에서 나온 익명 함수를 사용한 것입니다.

ⓒ 이렇게 **querySelector( )** 함수를 사용하면 웹 요소를 스크립트 태그 안으로 가져와 사용할 수 있습니다. **querySelector( )** 함수에 대한 자세한 내용은 08장에서 다룹니다.

```
1    var coverImage = document.querySelector("#cover");
2    coverImage.onclick = function( ) {
3        alert('눌렀습니다');
4    };
```

수정한 소스를 저장한 후 웹 브라우저에서 확인해 보세요. 이미지를 눌렀을 때 [눌렀습니다]라는 알림 창이 표시될 것입니다.

02단계 mouseover, mouseout 이벤트 처리하기

이번에는 mouseover 이벤트가 발생했을 때 실행할 함수를 연결해 보겠습니다. event-dom. js 파일에 다음 소스를 추가합니다. coverImage에서 mouseover 이벤트가 발생했을 때 coverImage 스타일 중 border 스타일을 지정하는 것입니다.

ⓒ 자바스크립트에서 웹 요소의 스타일을 제어하는 방법은 08장에서 자세히 설명합니다.

```
5    coverImage.onmouseover = function( ) {
6        coverImage.style.border = "5px black solid";
7    };
```

소스를 저장한 후 웹 브라우저에서 확인해 볼까요? 이미지 위로 마우스 커서를 올리면, 즉 mouseover 이벤트가 발생하면 이미지에 5픽셀(px)의 검은색 테두리가 그려집니다. 그런데 이미지에서 마우스 커서를 치워도 테두리가 그대로 남아 있군요. 이미지에서 마우스 커서를 치우면 원래대로 되돌아가도록 소스를 추가해 보겠습니다.

event-dom.js 파일에 앞에서 입력한 소스 뒤에 다음 소스를 추가합니다. 특정 요소에서 마우스 커서가 벗어나면 mouseout 이벤트가 발생하므로 onmouseout 이벤트 처리기에 함수를 연결했습니다.

```
8   coverImage.onmouseout = function( ) {
9       coverImage.style.border = "";
10  };
```

소스를 저장한 후 마지막으로 확인해 보겠습니다. 이미지 위로 마우스 커서를 올리면 검은색 테두리가 생겼다가 마우스 커서를 치우면 테두리가 없어질 것입니다. 이렇게 웹 요소를 스크립트 태그 안으로 가져와 이벤트 처리기를 사용하면 HTML 태그와 스크립트 소스를 완전히 분리해서 사용할 수 있고, 하나의 요소에 여러 이벤트 처리기를 사용할 수 있습니다.

함수와 이벤트를 더 연습하고 싶다면

함수와 이벤트를 더 연습하고 싶다면 이지스퍼블리싱 홈페이지 자료실에서 실전 프로젝트 파일을 내려받은 뒤 '[실전]1_숫자 맞히기.pdf' 파일을 참고해 숫자 맞히기 게임을 만들어 보세요.

01 함수 선언 코드가 함수 실행 코드보다 뒤에 와도 됩니다. (O / X)

02 var를 사용한 변수는 재선언할 수 없습니다. (O / X)

03 알림 창을 띄우는 함수의 이름은 a _____ 입니다.

04 함수를 선언할 때는 f _____ 예약어를 사용합니다.

05 함수를 선언할 때 실행에 필요한 값을 괄호 안에 지정하는 것을 _____ 라고 합니다.

06 전체 소스 중 변수를 선언한 함수 안에서만 사용할 수 있는 변수를 _____ 라고 합니다.

07 이름이 없는 함수를 _____ 함수라고 부릅니다.

08 함수에서 실행한 결괏값을 반환할 때 r _____ 문을 사용합니다.

09 _____ 란 웹 브라우저나 사용자가 행하는 어떤 동작을 말합니다.

10 사용자가 HTML 요소를 마우스로 누르면 c _____ 이벤트가 발생합니다.

정답 **01** O **02** X **03** alert **04** function **05** 매개변수
06 지역 변수 **07** 익명 **08** return **09** 이벤트 **10** click

다음은 지금까지 배운 내용을 응용해 보는 문제입니다. 그동안 작성해 놓은 소스 코드를 활용해 프로그램을 만들어 보세요.

1. 05\quiz-1.html 파일을 활용해 매개변수 두 개를 받아 두 값이 같다면 두 변수를 곱하고, 값이 같지 않다면 두 수를 더하는 함수 sumMulti를 작성하세요. 그리고 값 5와 10을 sumMulti 함수로 넘겨 실행했을 때와 10과 10을 sumMulti 함수로 넘겨 실행했을 때 결괏값을 콘솔 창에 표시하세요.

2. 05\quiz-2.html 파일을 활용해 프롬프트 창에서 두 숫자를 입력받은 후 그 값을 넘겨주면 두 숫자 크기를 비교해 더 큰 숫자를 알림 창에 표시하는 함수를 작성하고 실행하세요.

정답 1. 05\sol-1.html, 05\js\sol-1.js 2. 05\sol-2.html, 05\js\sol2.js

여러 자료를 한꺼번에 담는 객체

03장에서 논리형과 숫자, 문자열 같은 기본 자료형에 대해서는 구체적으로 알아보았지만 복합 자료형인 배열과 객체는 간단히 알아보고 넘어갔죠. 복합 자료형, 특히 '객체'를 제대로 사용할 줄 알아야 우리에게 더 유용한 자바스크립트 프로그램을 작성할 수 있습니다. 자바스크립트는 '객체 기반 언어'이기 때문입니다.

이 장에서는 객체가 무엇이고, 어떤 특징이 있는지 먼저 알아보고 프로그래밍에 사용할 객체를 직접 만드는 방법도 살펴보겠습니다. 여기에서 배울 기본 개념이 07장 이후에 나올 브라우저 객체 모델, 문서 객체 모델 등 객체의 여러 활용 방법을 이해하는 바탕이 되니 꼼꼼하게 이해하고 넘어가기 바랍니다.

객체에는 여러 가지 자료를 담을 수 있다!

06-1 객체란?

앞에서 자바스크립트의 자료형을 설명할 때 복합 자료형인 객체는 간단히 알아보고 넘어갔지요? 이제 객체에 대해 자세히 알아보겠습니다. 객체를 흔히 '복합' 자료형이라고 부르는 이유는 객체 안에 숫자, 문자열 등 여러 가지 자료형이 포함되기 때문입니다. 하지만 객체도 자료형이기 때문에 자바스크립트에서 객체는 자료를 저장하고 처리하는 기본 단위입니다.

먼저 온라인 서점에 등록된 책을 예로 들어 객체가 어떤 모습인지 간단하게 알아보겠습니다. 그리고 자바스크립트 내장 객체를 사용하는 방법도 함께 살펴보겠습니다.

> 📖 기본 자료형에 대해 기억나지 않는다면 03장으로 돌아가서 살펴보세요.

객체 간단히 살펴보기

객체의 형태를 보여 주는 예시 중 하나로 온라인 서점에서 판매하는 책을 살펴보겠습니다. 사이트에 나열된 책들은 '제목'만으로 책을 소개하지 않습니다. 제목을 포함해서 이 책의 분야, 저자, 쪽수, 가격, 출간일 등 여러 정보를 함께 담아 소개합니다. 이렇게 여러 정보가 모여서 '책'이라는 상품을 설명하고 있습니다.

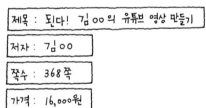

이렇게 하나의 변수('책')에 다양한 정보를 담기 위해 사용하는 자료형이 객체입니다. 예를 들어 제목이 '자바스크립트'이며, 저자는 '홍길동'이고, 쪽수는 '500쪽'이며, 가격이 '15,000원'이라는 정보를 함께 묶어 다음과 같이 book 객체로 표현할 수 있습니다. book 객체 안에 문자열과 숫자 등 여러 자료형을 함께 사용하고 있죠?

```
>    var book = {
         title: "자바스크립트",    // 제목
         author: "홍길동",        // 저자
         pages: 500,            // 쪽수
         price: 15000           // 가격
     }
```

객체를 왜 사용하는지 잠깐만 생각해 보겠습니다. 회원제 사이트에서 회원 정보를 어떻게 저장할까요? 회원으로 가입하면 회원 이름과 아이디, 비밀번호, 가입 날짜, 생년월일 등 여러 정보가 하나의 회원 정보에 저장될 것입니다. 회원 정보를 살펴보거나 수정하기 위해서는 '회원'이란 변수 하나에 여러 정보를 저장하는 것이 편하므로 변수 '회원'을 객체 형태로 만듭니다. 이렇게 자바스크립트를 사용해 웹 사이트나 애플리케이션의 자료를 다루려면 하나의 변수에 여러 정보를 저장할 수 있는 객체가 꼭 필요합니다.

자바스크립트에서 객체의 종류
프로그래밍 언어에서 객체(Object)는 여러 가지 의미로 해석할 수 있지만, 여기에서는 자바스크립트 프로그램에서 인식할 수 있는 모든 대상을 가리킨다는 정도로 이해해 두세요. 자바스크립트는 웹 사이트나 웹 애플리케이션을 프로그래밍하는 언어이기 때문에 웹 브라우저나 웹 문서와 관련된 것들을 객체로 인식합니다. 앞에서 배운 내용으로 객체가 여러 정보를 가지고 있는 복합 자료형이라는 것을 이해했을 것입니다. 그렇다면 자바스크립트에서는 주로 어떤 것들을 객체로 다룰까요? 이제 자바스크립트에서 사용하는 여러 종류의 객체에 대해 알아보겠습니다.

ⓒ 원문 'Object'를 여기에서는 '객체'로 번역했지만 '개체'라고 번역하기도 합니다.

내장 객체
자바스크립트 프로그래밍을 할 때 자주 사용하는 요소는 미리 객체로 정의되어 있습니다. 이런 객체를 '내장 객체(Built-in Object)'라고 합니다. 예를 들어 날짜나 시간과 관련된 프로그램을 작성할 때는 Date 객체를 사용해 현재 시각을 알아내고 그 정보를 손쉽게 가져다 사용할 수 있습니다. 자바스크립트에는 Number, Boolean, Array, Math 등 많은 내장 객체가 들어 있습니다.

문서 객체 모델(DOM)
객체를 사용해 웹 문서를 관리하는 방식을 '문서 객체 모델(DOM)'이라고 합니다. 문서 객체 모델에서는 웹 문서뿐만 아니라 웹 문서 안에 포함된 이미지·링크·텍스트 필드 등도 모두 각각 별도의 객체로 미리 만들어 놓았습니다. 여기에는 웹 문서 자체를 담는 Document 객체, 웹 문서 안의 이미지를 관리하는 Image 객체 등이 있습니다. 문서 객체 모델의 각 객체에 대해서는 08장에서 자세히 설명합니다.

브라우저 객체 모델

웹 문서를 관리하는 것이 문서 객체 모델이라면 웹 브라우저의 주소 표시줄이나 창 크기 등 웹 브라우저 정보를 객체로 다루는 것이 '브라우저 객체 모델'입니다. 브라우저 객체 모델에는 사용 중인 브라우저 종류나 버전을 담고 있는 Navigator 객체, 브라우저에서 방문한 기록을 남기는 History 객체, 주소 표시줄 정보를 담고 있는 Location 객체, 화면 크기 정보가 들어 있는 Screen 객체 등이 있습니다. 이들 객체를 사용하면 알림 창을 표시할 수도 있고, 사용자 동작에 따라 원하는 사이트로 이동하도록 지정할 수도 있습니다. 웹 브라우저와 관련된 객체는 10장 '브라우저 객체 모델'에서 자세히 설명합니다.

사용자 정의 객체

앞에서 살펴본 내장 객체뿐만 아니라 사용자가 필요할 때마다 자신의 객체를 정의해서 사용할 수 있습니다. 예를 들어 앞에서 여러 가지 책 정보를 함께 모아서 book 변수로 지정했었죠? 여기에서 book이 사용자 정의 객체입니다. 이렇게 여러 정보를 하나로 묶어 사용해야 할 때 사용자가 직접 객체를 만들 수 있습니다.

> ⊜ 문서 객체 모델(DOM)과 브라우저 객체 모델도 내장 객체에 포함됩니다.

흔히 '자바스크립트는 모든 것이 객체'라는 말이 있을 정도로 자바스크립트에서 객체는 중요한 개념입니다. 하지만 처음 설명을 들어서는 이해가 쉽지 않죠? 몇 번 실습을 반복하다 보면 차츰 객체를 이해할 수 있을 것입니다.

객체의 속성과 메서드 알아보기

객체에서 값을 담고 있는 정보를 속성(Property)이라고 부릅니다. 속성은 내장 객체에도 만들어져 있습니다. 객체의 속성 값을 가져올 때는 객체 이름 뒤에 마침표(.)를 찍고 그 뒤에 속성 이름을 적습니다.

예를 들어 자바스크립트에는 열려 있는 웹 브라우저 창의 정보를 담은 Navigator 객체가 있습니다. Navigator 객체에 어떤 속성이 있는지 확인해 볼까요? 콘솔 창을 열어 콘솔 창에

navigator를 입력하고 이어서 마침표까지 입력하면 사용할 수 있는 속성과 함수 목록이 나타납니다. 목록에서 vendor를 선택하거나 직접 vendor를 입력하고 Enter 를 눌러 보세요. vendor 속성에 저장된 브라우저 제조업체 정보가 표시됩니다.

😊 크롬 브라우저에서는 "Google Inc."라고 표시되지만 다른 브라우저에서는 다른 업체 이름이 표시됩니다.

😊 객체 이름 뒤에 마침표를 찍었을 때 나타나는 목록에는 사용할 수 있는 속성 말고도 함수, 이벤트 처리기 등이 모두 나열됩니다.

```
> navigator.vendor
< "Google Inc."
```

 1분 복습 Navigator 객체에는 브라우저가 인터넷에 연결되었는지 여부를 저장하고 있는 onLine 속성이 있습니다. 인터넷에 연결되어 있다면 true, 연결되지 않았다면 false 값을 가집니다. onLine 속성 값을 확인해 보세요.

정답 `navigator.onLine`

객체에서 속성 말고도 중요한 개념이 있는데, 바로 '메서드(Method)'입니다. 메서드는 객체가 어떻게 동작할지를 선언해 놓은 함수입니다. 예를 들어 Window 객체 안에는 웹 브라우저 창과 관련된 여러 메서드가 미리 만들어져 있습니다. 콘솔 창에서 Winodw 객체의 메서드를 잠시 살펴볼까요? 콘솔 창에 window라고 입력한 후 Enter 를 누르면 Window라고 표시됩니다. 첫 글자가 대문자로 시작하는 것은 객체를 나타냅니다.

😊 객체의 속성과 함수의 경우 원문 그대로 '프로퍼티'와 '메서드'라고 부르는 경우도 많습니다.

```
> window                  ┌─ 객체 이름
< ▶ Window {postMessage: f, blur: f, focus: f, close: f, parent: window, …}
```

Window 앞에 있는 ▶를 눌러 보세요. window 객체 안에 들어 있는 요소가 모두 표시됩니다.

😊 객체의 속성과 함수는 프로그램을 작성하면서 필요할 때마다 하나씩 찾아 배우면 됩니다.

```
> window
< ▼ Window {postMessage: f, blur: f, focus: f, close: f, parent: window, …}
    ▶ alert: f alert( )
    ▶ atob: f atob( )
    ▶ blur: f ( )
    ▶ btoa: f btoa( )
    ▶ ……
```

alert 항목을 보면 f가 표시되어 있습니다. 이것은 function을 줄여 표시한 것으로 함수를 의미합니다. 즉 Window 객체에 alert( ) 함수가 미리 만들어져 있다는 것이죠. 이렇게 객체 안에 정의된 함수를 뭐라고 부른다고 했죠? 네, '메서드(Method)'라고 합니다. 이 책에서 지금까지 여러 번 사용한 alert( )는 사실 Window 객체의 메서드였답니다.

속성을 사용할 때와 마찬가지로 객체의 메서드를 사용할 때도 마침표(.)를 사용해서 객체 이름 다음에 메서드를 지정하면 됩니다. 메서드를 실행할 때 인수가 필요하면 괄호 안에 인수를 지정하고, 필요 없다면 빈 괄호를 함께 입력합니다. alert( ) 메서드는 다음과 같이 알림 창에 표시할 내용을 괄호 안에 넣어 줍니다.

지금까지 살펴본 것처럼 내장 객체에는 다양한 속성과 함수가 준비되어 있고, 이런 속성과 함수를 사용해서 자바스크립트 프로그램을 작성할 수 있습니다. 그렇다면 사용자가 직접 만든 객체에도 속성과 함수를 만들어서 편리하게 사용할 수 있겠죠?

ⓒ 메서드는 '객체 안에 들어 있는 함수'입니다. 따라서 앞으로 이 책에서는 메서드 또한 함수로 통일해 부르겠습니다.

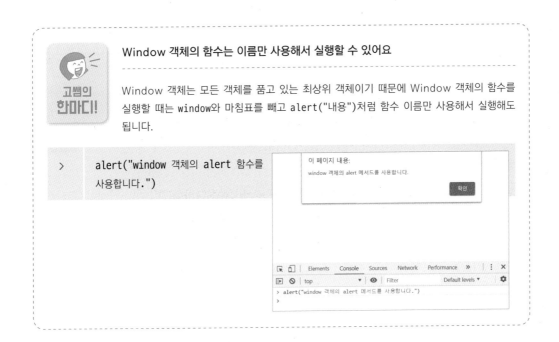

Window 객체에는 새 브라우저 창(새 탭)을 여는 open( ) 함수가 만들어져 있습니다. 콘솔 창에서 open( ) 함수를 사용해 이지스퍼블리싱 사이트(www.easyspub.co.kr)를 열어 보세요.

정답 `window.open("http://www.easyspub.co.kr/")`

객체의 프로토타입과 인스턴스 소개

웹 문서에 있는 요소를 프로그램에서 사용하려면 객체 형태여야 합니다. 예를 들어 웹 문서에 있는 이미지를 자바스크립트에서 다룰 때는 Image 객체를 사용합니다. Image 객체는 모든 웹 이미지가 공통으로 가지는 속성과 기능을 모아 놓은 것입니다. 웹 이미지를 만들기 위한 기본 틀이라고 볼 수 있겠죠? 이런 틀을 '프로토타입(Prototype)'이라고 합니다. 만약 웹 문서에 3개의 이미지를 포함시켜야 한다면 Image 객체를 사용해서 똑같은 모양의 객체 3개를 찍어낸 다음 객체마다 원하는 이미지를 담으면 됩니다. 이렇게 프로토타입을 사용해 만들어낸 객체는 '인스턴스(Instance)'라고 합니다. 세 인스턴스는 모두 Image 객체의 속성과 함수를 그대로 사용할 수 있습니다. ⓒ 인스턴스를 '개별 객체'라고 부르기도 합니다.

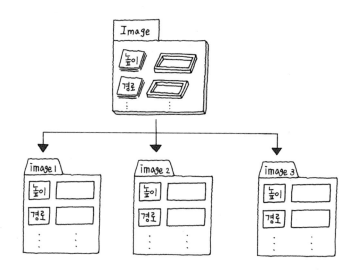

객체의 인스턴스 만들기

객체의 인스턴스를 만들 때, 즉 객체를 똑같이 찍어 새 객체를 만들 때는 new 예약어를 사용합니다. new 예약어 뒤에 프로토타입 객체 이름과 괄호 ( )를 써 주면 됩니다.

간단한 예를 들어 보겠습니다. 자바스크립트에서 날짜나 시간 정보는 Date 객체에 저장하고 관리합니다. 그래서 날짜나 시간 관련 프로그램을 작성하려면 가장 먼저 Date 객체의 인스턴스를 만들고, 그 인스턴스를 변수에 저장한 뒤 프로그램에서 사용합니다.

다음 소스를 콘솔 창에 입력해 보세요. new 예약어로 Date 객체의 인스턴스를 만들고 now 변수에 저장한 후 now 변숫값을 콘솔 창에 표시하는 것입니다. 결괏값으로 소스를 입력한 현재 날짜와 시간이 표시됩니다.

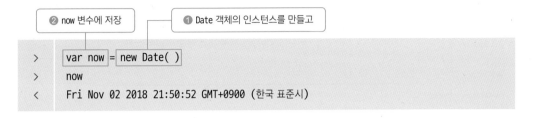

now는 이제 Date 객체의 인스턴스이므로, Date 객체에서 정의한 속성과 함수를 모두 사용할 수 있습니다.

한번 사용해 볼까요? Date 객체에는 현재 날짜와 시간 정보를 로컬 형식(현재 지역에 맞는 형식)으로 바꿔 주는 toLocaleString( ) 함수가 있습니다. 이 함수를 now 객체에서 사용해 보겠습니다.

> ⓒ 함수를 표기할 때는 항상 괄호 ( )와 함께 사용하는 것 잊지 마세요.

```
>    now.toLocaleString( )
<    "2018. 11. 2. 오후 9:51:33"
```

내장 객체로 무작위 수 프로그램 만들기

객체의 함수나 속성을 어떻게 사용하는지 간단한 무작위 수 프로그램을 만들면서 좀 더 알아보겠습니다. 자바스크립트의 Math 객체는 삼각 함수나 로그 함수를 비롯한 수학 연산 함수를 가지고 있는 내장 객체입니다. Math 객체의 함수를 살펴보고 무작위 수를 만드는 방법을 알아보겠습니다.

ⓒ 무작위 수 만들기는 프로그램에서 자주 사용하므로 꼭 익혀 두세요.

개발자가 자주 사용하는 객체의 속성과 함수는 어느 정도 기억에 남겠지만, 모든 속성과 함수를 기억하고 사용하는 것은 어렵습니다. 이럴 때 객체의 속성과 함수를 정리해 놓은 사이트를 이용하면 좀 더 편리하겠죠? developer.mozilla.org/ko/docs/Web/JavaScript/Reference/Global_Objects 사이트에 접속한 후 왼쪽 메뉴에서 [Built-in Objects] 항목 아래를 보면 여러 내장 객체가 나열되어 있습니다. 그중 [Math]를 눌러 보세요. Math 객체 정보 화면이 나타나면 화면 위쪽의 이동 메뉴에서 [Methods]를 누릅니다.

ⓒ MDN 문서는 기계로 번역된 후 봉사자들이 다듬기 때문에 일부 내용은 번역이 매끄럽지 않을 수 있습니다. 또한 [Methods] 메뉴가 일부 문서에서는 [메소드]로 번역되어 있습니다.

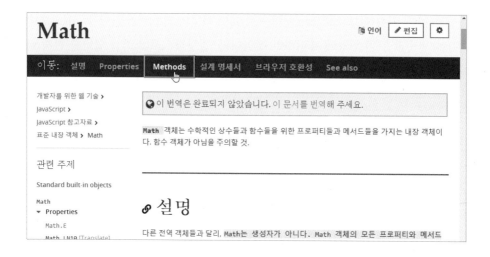

Math 객체와 관련된 여러 함수가 간단하게 설명되어 있습니다. 이 중에서 자주 사용하는 함수를 정리하면 다음과 같습니다.

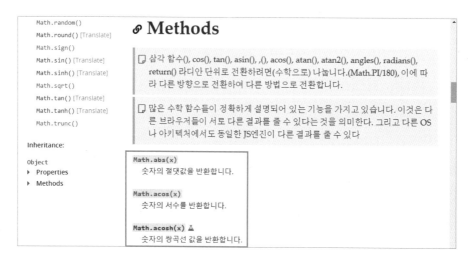

함수	설명
abs(x)	숫자의 절댓값을 반환합니다.
cbrt(x)	숫자의 세제곱근을 반환합니다.
ceil(x)	인수보다 크거나 같은 수 중에서 가장 작은 정수를 반환합니다(숫자의 소수점 이하를 올립니다).
floor(x)	인수보다 작거나 같은 수 중에서 가장 큰 정수를 반환합니다(숫자의 소수점 이하를 버립니다).
random( )	0과 1 사이의 무작위 수(난수)를 반환합니다.
round(x)	숫자에서 가장 가까운 정수를 반환합니다(숫자의 소수점 이하를 반올림합니다).

무작위 수를 만들겠다면 random( ) 함수를 사용하면 되겠죠? 콘솔 창에 다음과 같이 입력해 보세요. 0과 1 사이의 숫자가 표시됩니다. 몇 번 더 반복하면 그때마다 다른 숫자가 나올 것입니다.

© 콘솔 창에 커서가 있는 상태에서 ↑를 눌러 보세요. 바로 전에 입력한 소스가 다시 나타납니다. 콘솔 창에 한 번 입력한 소스를 다시 입력할 때 이 기능을 사용하면 편리합니다.

```
>    Math.random( )
<    0.8693164091808827
>    Math.random( )
<    0.9967725951733857
>    Math.random( )
<    0.38758779834374035
>    Math.random( )
<    0.3176968955282209
```

만일 1부터 100까지 숫자 중에서 무작위 수를 구하려면 어떻게 해야 할까요? 기본적으로 반환되는 무작위 수에 100을 곱하면 대략 0.0000에서 99.9999 사이의 값이 될 것입니다. 이 계산 값에 1을 더해 줍니다. 콘솔 창에 다음과 같이 입력한 후 Enter를 누르세요. 몇 번 더 입력해서 무작위 수가 나오는지 확인합니다. 정수 부분에 1부터 100까지의 숫자가 표시되긴 하지만 소수점 이하까지 반환되는군요.

```
>    Math.random( ) * 100 + 1
<    69.77507422327689
```

무작위 수가 정수여야 한다면 소수점 이하를 올리거나 버리거나 혹은 반올림하면 되는데, 올림이나 반올림을 하면 100을 넘을 수도 있기 때문에 소수점 이하를 버리는 방법을 사용합니다. Math 객체에서 소수점 이하를 버리는 함수는 floor( ) 함수입니다.

콘솔 창에 다음과 같이 입력한 후 Enter를 누르세요. 여러 번 같은 소스를 입력하면서 서로 다른 수가 나오는지 확인해 보세요. 이렇게 미리 만들어져 있는 객체와 그 객체의 속성, 함수로 필요한 기능을 쉽게 가져와서 사용할 수 있습니다.

```
>    Math.floor(Math.random( ) * 100 + 1)
<    40
>    Math.floor(Math.random( ) * 100 + 1)
<    57
>    Math.floor(Math.random( ) * 100 + 1)
<    38
>    Math.floor(Math.random( ) * 100 + 1)
<    70
```

 Math 객체의 함수를 사용해 1부터 50까지 숫자 중 무작위 수를 만드는 소스를 작성하세요.

정답 `Math.floor(Math.random( )*50+1)`

 Math 객체는 따로 인스턴스를 생성하지 않습니다

일반적으로 자바스크립트에서 객체의 속성이나 함수를 사용하려면 new 예약어를 통해 객체의 인스턴스를 만든 후 사용했었죠? 하지만 Math 객체는 따로 객체의 인스턴스를 사용하지 않고 속성이나 함수를 사용합니다. 그래서 Math.random( )처럼 대문자로 시작하는 객체 이름 뒤에 바로 속성이나 함수를 사용하면 됩니다.

 자바스크립트 내장 객체

자바스크립트 내장 객체는 'HTML5'에 내장되어 있습니다. HTML5 이전까지는 자바스크립트에 내장되어 있었지만 HTML5부터 표준 스펙 안에 내장 객체와 API를 담고 있습니다.

06-2 사용자 정의 객체 만들기

자바스크립트에는 프로그래밍에 자주 사용하는 여러 객체가 이미 만들어져 있지만, 필요하다면 사용자가 직접 객체를 만들어 사용할 수 있습니다. 만일 자동차 관리 프로그램을 작성한다면 자동차 정보를 저장하는 객체가 필요하겠죠? 이 객체는 미리 만들어져 있는 객체가 아니기 때문에 프로그램을 작성하면서 직접 객체를 만들어서 사용해야 합니다. 이렇게 사용자가 직접 만든 객체를 '사용자 정의 객체'라고 합니다. 자바스크립트에는 객체를 만드는 몇 가지 방법이 있는데, 그중 가장 많이 사용하는 객체 리터럴과 생성자 함수를 사용하는 방법을 알아보겠습니다.

리터럴 표기법을 사용해 객체를 만드는 방법

리터럴(Literal)이란 프로그래밍에서 자료를 표기하는 방식을 말합니다. 자바스크립트뿐만 아니라 프로그래밍 언어 전체에서 사용하는 용어죠. 리터럴을 사용해서 표기한다는 것은 변수를 선언하면서 동시에 값을 지정해 주는 표기 방식을 말합니다. 다음과 같이 변수를 선언하면서 동시에 값 10을 지정하는 것이 바로 리터럴 표기법입니다.

```
var a = 10;
```

그렇다면 '객체 리터럴 표기법'이란 객체를 선언하면서 동시에 값을 지정해 주는 것으로 추측할 수 있겠죠? 객체 리터럴을 사용해 객체를 정의할 때는 중괄호 { } 안에 '속성 이름: 값'을 하나의 쌍으로 지정합니다. 속성이 여러 개일 경우 '속성 이름: 값' 쌍마다 쉼표(,)를 넣어 구분합니다. 함수 또한 '함수 이름:' 다음에 함수를 정의하며, ⓒ 객체를 정의해 변수에 할당할 때는 닫는 중괄호(}) 다음에 세미콜론(;)을 붙여 줍니다.
'함수 이름: function( ) { … }' 형식을 사용합니다.

콘솔 창에서 다음과 같이 리터럴 표기법을 사용해 book 객체를 만들어 보세요.

```
>    var book = {
         title: "자바스크립트",
         author: "고쌤",
         pages: 500,
         price: 15000,
         info: function( ) {
             alert(this.title + "책의 분량은 " + this.pages + "쪽입니다.");
         }
     };
```

객체

속성 이름 — author: "고쌤" — 속성 값

함수 이름 — info: function( ) — 함수

사용자 정의 객체에서도 속성 값을 가져오려면 마침표(.)를 사용합니다. 예를 들어 book 객체의 title 속성 값을 알고 싶다면 book.title이라고 하면 됩니다. 같은 방법으로 book의 info( ) 함수를 실행할 수도 있습니다. 직접 콘솔 창에서 실습해 볼까요?

```
>    book.title
<    "자바스크립트"
>    book.info( )
```

info( ) 함수 실행 결과

프로그램에서 book 객체를 만들어 사용하다가 새로운 속성을 추가할 수 있습니다. 예를 들어 book 객체에 분야 정보를 추가하고 싶다면 다음과 같은 방법으로 field 속성을 추가한 다음 원하는 값을 넣으면 됩니다. 객체 속성에 원하는 값만 넣으면 되니까 간단하죠?

```
>   book.field = "IT"
<   "IT"
```

속성이 추가되었는지 확인해 볼까요? book 객체의 결괏값 앞에 있는 ▶를 누르면 field 속성이 추가된 것을 확인할 수 있습니다.

Do it! 실습 ▶ 리터럴 표기법으로 장난감 정보 객체 만들기

• 실습 파일 06\object.html   • 완성 파일 06\object-result.html, 06\js\object-result.js

객체를 만들 때 공통으로 들어가는 속성과 함수가 별로 없다면 굳이 여러 객체를 하나의 틀로 묶을 필요가 없습니다. 이렇게 각 객체를 따로 정의하는 것이 편할 때 리터럴 표기법을 사용합니다. 여기서는 장난감 로봇의 정보를 표기하는 객체를 리터럴 표기법을 사용해 만들어 보겠습니다.

비주얼 스튜디오 코드에서 새 문서를 만든 후 06\js 폴더에 object.js로 저장합니다. 그리고 object.html 문서를 불러와 object.js 파일을 연결하고 저장합니다. 이 object.js 문서에 toyRobot 객체를 선언해 보겠습니다. 이 객체에는 5개의 속성과 1개의 함수가 있습니다. showStock( ) 함수는 재고를 화면에 표시하는 데 사용합니다. showStock( ) 함수를 정의할 때 toyRobot 객체의 속성 값을 사용하려면 this 예약어와 함께 입력하면 됩니다. 다음과 같이 소스를 작성한 후 문서를 저장하세요.

ⓒ 여기에서 this는 함수를 포함하는 현재 객체, 즉 toyRobot 객체를 가리킵니다.

```
1   var toyRobot = {    //toyRobot 객체를 선언한 후 속성과 함수 정의
2       productId: "123-12",
3       name: "Robot",
4       price: "25,000",
5       madeIn: "Korea",
6       quantity: 10,
7       showStock: function( ) {    //showStock( ) 함수 정의
8           document.querySelector('#display').innerHTML = this.name + " 제품은 " + this.
    quantity + "개 남아있습니다.";
9       }
10  };
11
12  toyRobot.showStock( );    //toyRobot 객체의 showStock( ) 함수 실행
```

3. 웹 브라우저에서 object.html 파일을 열어 보면 Robot 상품의 재고 정보를 화면에서 확인할 수 있습니다.

> Robot 제품은 10개 남아있습니다.

 object.js에서 **toyRobot** 객체 안에 있는 **price** 속성 값을 가져와 알림 창에 표시하는 **showPrice( )** 함수를 정의하세요.

정답 showPrice : function( ) {
        alert(this.name + " 제품의 가격은 " + this.price + "입니다.");
    }

생성자 함수를 사용해 객체를 만드는 방법

리터럴 표기법을 사용해 객체를 만드는 방법은 정해진 값을 가진 객체를 한 번만 만들어 냅니다. 만약 이 방법으로 도서 관리 프로그램을 만든다면 매번 객체와 똑같은 속성과 함수를 입력하고, 책마다 그 값을 다르게 넣어 새롭게 객체를 만들어야 합니다. 이럴 때 항상 필요한 속성과 함수는 틀처럼 미리 만들어 두고, 필요할 때마다 그 틀을 복제한 인스턴스를 만들어 책 정보 값을 담는 것이 편리합니다. 이때 생성자 함수를 사용해 객체를 만듭니다.

◎ 앞에서 공부한 리터럴 표기를 사용한 방법은 객체 틀을 만들지 않고 개별적으로 객체를 선언하고 사용하는 방법입니다.

생성자 함수란 객체를 만들어 내는 함수를 말합니다. 이 또한 함수이므로 function 예약어를 사용해 선언합니다. 생성자 함수 안에 객체의 속성과 함수를 정의할 때는 this 예약어 다음에

마침표와 속성 이름을 입력합니다. 여기에서 this가 가리키는 것은 선언하고 있는 객체 자체입니다. 객체의 속성은 객체에서 사용하는 변수, 객체의 함수는 해당 객체에서 사용하는 함수라고 생각하면 쉽습니다.

콘솔 창에서 간단하게 Book 객체를 만들어 보겠습니다. 여기에서 **this**는 Book 객체를 가리킵니다.

```
function Book(author, pages, price, title) {
    this.author = author;
    this.pages = pages;
    this.price = price;
    this.title = title;
}
```

이렇게 Book 객체를 만들었다면 다음과 같이 인스턴스를 만들 수 있습니다.

```
> jsBook = new Book("홍길동", 500, 15000, "자바스크립트")    //인스턴스 만들기
< ▶ Book {author: "홍길동", pages: 500, price: 15000, title: "자바스크립트"}
> jsBook.title    //jsBook 객체에서 속성 값 확인하기
< "자바스크립트"
```

Do it! 실습 ▸ 생성자 함수로 도서 목록 객체 만들기

• 실습 파일 06\book.html   • 정답 파일 06\book-result.html, 06\js\book-result.js

도서 관리 프로그램을 만들려면 책마다 제목과 저자·분야·가격 등 포함해야 할 정보가 많습니다. 이렇게 하나의 변수에 포함할 정보가 많을 경우 객체 형태로 저장하는 것이 좋다고 했죠? 이제부터 Book 객체를 사용해 정보를 저장하고 가져오는 방법에 대해 알아보겠습니다.

01단계 Book 객체 정의하기

비주얼 스튜디오 코드에서 새 문서를 만들고 06\js 폴더에 book.js로 저장합니다. 그리고 book.html 문서를 열어 book.js 파일을 연결한 다음 저장하세요. 이 book.js 파일에서 Book 객체를 만들어 보겠습니다. 생성자 함수를 사용해 Book 객체를 정의하기 위한 기본 틀을 입력합니다.

ⓒ function Book( ) { … }를 Book 객체 생성자(Constructor)라고 부릅니다. 객체 이름은 첫 글자를 대문자로 시작하는 것이 일반적입니다.

```
1    function Book( ) {
2
3    }
```

Book 객체에는 어떤 정보를 담아야 할까요? 여기에서는 책 제목을 저장할 title, 책 저자를 저장할 author, 책 분량을 저장할 volume, 책 가격을 저장할 price 속성을 Book 객체에 포함하겠습니다. 다음과 같이 소스를 추가해 Book 객체의 속성을 정의합니다.

```
1    function Book(title, author, volume, price) {
2        this.title = title;    //제목
3        this.author = author;   //저자
4        this.volume = volume;  //분량
5        this.price = price;    //가격
6    }
```

02단계   인스턴스 생성하기

객체를 정의했으면 인스턴스를 만들어야 그 객체를 비로소 사용할 수 있습니다. 인스턴스를 만들 때는 Book 객체를 만들 때 사용한 매개변수에 넣을 값도 함께 지정해야 합니다. 앞에서 입력한 소스 아래에 다음 소스를 추가해서 html 객체를 만듭니다. html 객체는 Book 객체의 인스턴스입니다.

html 객체에 어떤 값이 저장되어 있는지 확인해 보겠습니다. 지금까지 입력한 자바스크립트 소스를 저장하세요. 그리고 웹 브라우저에서 book.html 문서를 연 다음 Ctrl + Shift + J 를 누르면 콘솔 창이 열립니다. 콘솔 창에 html이라고 입력하고 Enter 를 누르세요. html은 Book 객체로 찍어 낸 인스턴스이기 때문에 콘솔 창에 html이 Book 객체로 나타납니다. 각 속성에는 앞에서 지정한 값이 저장된 것을 볼 수 있습니다.

```
Elements   Memory   Console   Sources   Audits   Network   Performance   »   ⋮   ×

top   ▼   Filter                    Default levels ▼   ☑ Group similar   ⚙

> html
< ▶ Book {title: "웹 표준의 정석", author: "Ko", volume: "608", price: "28,000"}
> |
```

결괏값 중에 Book 앞에 있는 ▶를 누르면 객체 속성을 알파벳순으로 나열해서 보여 줍니다. 여기까지 Book 객체의 인스턴스인 html 객체가 어떻게 구성되었는지 확인해 보았습니다. 아직 웹 브라우저의 콘솔 창을 닫지 마세요. 바로 다음으로 넘어가 보죠.

03단계   여러 인스턴스를 배열에 담아 활용하기

book.js 파일이 열려 있는 비주얼 스튜디오 코드로 돌아와 앞에서 만든 인스턴스 다음에 새로운 인스턴스 2개를 더 추가하세요.

```
8    var html = new Book('웹 표준의 정석', 'Ko', '608', '28,000');
9    var youtube = new Book('유튜브 영상 만들기', 'Kim', '368', '16,000');
10   var python = new Book('점프 투 파이썬', 'Park', '352', '18,800');
```

이렇게 객체 형태로 저장한 도서 정보는 프로그램에서 다양하게 활용할 수 있는데, 여기에서는 간단하게 책 제목만 골라서 표시하는 소스를 작성해 보겠습니다. 이 소스는 '배열'로 작성합니다. 배열 또한 하나의 변수에 여러 값을 저장하는 복합 자료형입니다. bookList 배열을 만들고 앞에서 만든 html 객체를 비롯해 youtube, python 객체를 저장합니다. book.js 파일에 다음 소스를 추가하세요.

ⓒ 아직 '배열'에 대해 자세히 공부하지 않았기 때문에 여기에 있는 소스를 다 이해하지 못할 수 있습니다. 너무 걱정하지 마세요. 07장을 공부한 후 다시 돌아와서 소스를 살펴보면 모두 이해할 수 있습니다.

```
12   var bookList = [html, youtube, python];
```

추가한 소스를 저장한 후 다시 한 번 웹 브라우저의 콘솔 창으로 가서 bookList 배열에 어떤 값이 저장되었는지 확인해 보겠습니다. 콘솔 창에 bookList라고 입력하고 [Enter]를 누르세요. 결괏값 중 (3)은 배열 안에 3개의 방이 있다는 뜻이고, Book이 3번 표시된 것은 배열의 각 방에 Book 객체가 각각 저장되어 있다는 뜻입니다.

(3) 앞에 있는 ▶를 눌러 보세요. 배열 안에는 여러 개의 방이 있고 방마다 0부터 시작하는 번호가 붙어 있습니다. bookList 배열에는 0부터 2까지 모두 3개의 방이 있고, 각 방에는 순서대로 html, youtube, python 객체가 담겨 있는 것을 볼 수 있습니다.

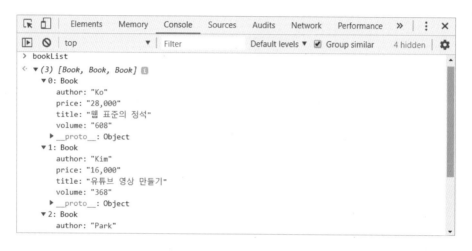

bookList 배열에 저장된 도서 객체에서 책 제목만 골라서 표시하려면 다음과 같이 for문을 사용합니다. 여기에서 i는 방 번호를 나타내고 bookList.length는 배열의 방 개수, 즉 배열에 있는 요소 개수를 나타냅니다. book.js 파일에 다음 소스를 추가하세요.

```
14    document.write("<h1>책 제목으로 살펴보기</h1>");
15    for(var i=0; i<bookList.length; i++) {
16        document.write("<p>" + bookList[i].title + "</p>");
17    }
```

> bookList에 있는 객체마다 접근해서 title 속성 값을 가져와 화면에 표시합니다.

추가한 소스를 저장한 후 웹 브라우저에서 확인해 보세요. 책에 관한 여러 정보 중에서 제목만 뽑아내어 표시합니다. 객체를 사용하면 이렇게 하나의 변수에 여러 정보를 묶어서 관리할 수 있고, 원하는 정보만 골라서 활용할 수도 있습니다.

책 제목으로 살펴보기

웹 표준의 정석

유튜브 영상 만들기

점프 투 파이썬

 booklist 배열에 저장된 도서 객체 중에서 가격을 골라 웹 브라우저에 표시하는 소스를 작성하세요.

```
정답  for(var i=0; i<bookList.length; i++) {
              document.write("<p>" + bookList[i].price + "</p>");
      }
```

06-3 Date 객체를 활용해 기념일 계산기 만들기

여기에서 만들어 볼 프로그램은 '기념일 계산기'입니다. 프로그래머라면 달력을 펼치고 손가락으로 꼽아 가며 여자 친구, 남자 친구와의 100일 기념일을 세고 있을 수는 없겠죠? 자바스크립트에서 날짜와 시간 정보를 처리하는 Date 객체를 사용해 프로그램을 만들면서 객체를 어떻게 사용하는지 조금 더 알아보겠습니다.

[미리보기] 기념일 계산기

완성 파일을 실행하면 기준이 되는 날짜로부터 오늘까지 며칠이 지났는지, 100일 또는 200일인 시점은 언제인지 알 수 있는 프로그램이 나타납니다. Date 객체에는 날짜와 시간 관련 정보가 들어 있으므로, Date 객체를 사용해 기념일을 알려 주는 간단한 프로그램을 작성해 보겠습니다.

우리 만난 지
34일

기념일 계산	
100일	2018년 6월 1일
200일	2018년 9월 9일
1년	2019년 2월 23일
500일	2019년 7월 5일

Date 객체 간단히 알아보기

자바스크립트에는 날짜와 시간 정보를 다루는 Date 객체가 이미 내장되어 있습니다. Date 객체를 사용하면 현재 날짜와 시간을 알 수 있을 뿐 아니라 특정 날짜나 시간까지 얼마나 남았는지 등도 계산할 수 있죠.

자바스크립트 프로그램에서 Date 객체를 사용하려면 우선 Date 객체의 인스턴스를 만들어야 합니다. 본격적으로 프로그램을 만들기 전에 Date 객체의 인스턴스 만드는 방법을 알아보겠습니다.

현재 날짜 정보를 가지는 Date 객체 만들기

이 경우에는 간단히 new 예약어 다음에 Date 객체를 쓰면 됩니다. 이렇게 만든 인스턴스에는 현재 날짜와 시간이 담깁니다. 콘솔 창을 열어 다음과 같이 입력해 보세요.

```
>   new Date( )
<   Sun Feb 25 2018 13:55:19 GMT+0900 (한국 표준시)
```

특정 날짜나 시간 정보를 가지는 Date 객체 만들기

특정 날짜를 저장한 Date 객체를 만들고 싶다면 Date 다음의 괄호 안에 날짜 정보를 입력합니다. 예를 들어 '2018년 2월 25일' 날짜 정보를 객체에 저장한 후 프로그램에 사용하고 싶다면 다음과 같이 입력합니다. 이렇게 만든 객체에는 지정한 날짜의 오전 9시 정보가 담깁니다.

ⓒ 월과 일이 한 자리 숫자일 경우 앞에 0을 붙이지 않고 2018-2-25처럼 사용해도 됩니다.

```
>   new Date("2018-02-25")
<   Sun Feb 25 2018 09:00:00 GMT+0900 (한국 표준시)
```

연도와 월까지만 지정했다면, 해당 월의 1일, 오전 9시로 설정됩니다.

```
>   new Date("2018-02")
<   Thu Feb 01 2018 09:00:00 GMT+0900 (한국 표준시)
```

시간 정보까지 함께 지정하려면 날짜 다음에 대문자 T를 추가한 후 시간을 입력합니다.

```
>   new Date("2018-02-25T18:00:00")
<   Sun Feb 25 2018 18:00:00 GMT+0900 (한국 표준시)
```

UTC(국제 표준시)로 지정하려면 맨 끝에 Z를 붙입니다. 다음 소스는 2018년 2월 25일 18:00에 해당하는 객체를 선언하는 것인데 끝에 Z가 붙어 있어서 국제 표준시로 인식합니다. 그래서 객체에 담기는 실제 시간은 한국 표준시로 바뀌어 9시간이 더해진 2018년 2월 26일 03:00이 됩니다.

```
>   new Date("2018-02-25T18:00:00Z")

<   Mon Feb 26 2018 03:00:00 GMT+0900 (한국 표준시)
```

자바스크립트의 날짜/시간 입력 방식

날짜와 시간을 표시하는 방식은 나라마다 혹은 시스템마다 조금씩 다릅니다. 이렇게 표시 방식이 다르면 자바스크립트에서 날짜와 시간 정보를 다룰 때 혼란스럽겠죠? 그래서 자바스크립트에는 미리 정의해 놓은 날짜와 시간 표기 형식이 있습니다. 다음 형식에서 날짜의 YYYY는 연도(Year)를 4자리로 사용하고, MM은 월(Month)을 2자리로 사용하며, DD는 일(Date)을 2자리로 사용한다는 의미입니다. 그리고 시간에서도 HH는 시(Hour)를 2자리로 사용하고, MM과 SS는 분(Minutes)과 초(Seconds)를 각각 2자리로 사용한다는 의미입니다.

1) ISO 형식(YYYY-MM-DDTHH:MM:SS) : 연도는 네 자리, 월과 일은 두 자리로 표시합니다. 시간을 표시하려면 날짜 다음에 T를 붙인 후 이어서 시·분·초를 두 자리로 표시합니다.

```
2018-02-25T18:00:00
```

2) 짧은 날짜 형식(MM/DD/YYYY) : 월·일·연도 순으로 작성합니다.

```
02/25/2018
```

3) 긴 날짜 형식(MM DD YYYY) : 월·일·연도 순으로 사용하는데 월은 숫자가 아닌 영문으로 작성합니다. 월은 January 같은 전체 이름이나 Jan처럼 줄여서 사용할 수 있습니다. 맨 앞에 요일을 함께 작성할 수도 있습니다.

```
Thu Aug 17 2017 15:00:41 GMT+0900
```

웹 개발자 도구의 콘솔 창을 열고 오늘 날짜 정보를 가진 Date 객체를 만들어 결괏값이 어떻게 나오는지 확인해 보세요.

정답 new Date( )

Date 객체의 주요 함수 알아 두기

날짜/시간 정보를 프로그램에 사용하기 위해 Date 객체를 만들었다면 미리 Date 객체 안에 정의되어 있는 함수를 사용할 수 있습니다. Date 객체는 날짜와 시간 정보를 가져오는 함수와 날짜와 시간을 원하는 값으로 설정하는 함수를 기본으로 가지고 있습니다.

함수 이름 앞에 get이나 set이 붙어 있는데, get은 '가져온다'는 의미이고 set은 '두다, 설정하다'는 의미입니다. 예를 들어 getSeconds( ) 함수는 시간 정보 중 '초(Seconds)' 정보를 가져오고 setSeconds( ) 함수는 시간 정보 중 '초' 정보를 원하는 값으로 설정합니다.

날짜/시간 정보를 가져오는 함수

함수 이름	설명
getFullYear( )	날짜 정보에서 연도(Year) 정보를 가져와 네 자리 숫자로 표시합니다.
getMonth( )	날짜 정보에서 '월(Month)' 정보를 가져옵니다. 이때 0~11의 숫자로 월을 표시합니다. 0부터 1월이 시작되고 11은 12월입니다. 예 0: 1월, 1: 2월, … , 10: 11월, 11: 12월
getDate( )	날짜 정보에서 며칠인지 알 수 있는 '일(Date)' 정보를 가져옵니다.
getDay( )	날짜 정보에서 '요일(Day)' 정보를 가져옵니다. 이때 요일 정보는 0~6의 숫자로 표시되는데, 0은 '일요일'에 해당하고 6은 '토요일'에 해당합니다. 예 0: 일요일, 1: 월요일, 2: 화요일, 3: 수요일, 4: 목요일, 5: 금요일, 6: 토요일
getTime( )	1970년 1월 1일 자정 이후의 시간을 밀리초로 표시합니다. 밀리초는 1/1000초를 가리킵니다.
getHours( )	0~23의 숫자로 시를 표시합니다.
getMinutes( )	0~59의 숫자로 분을 표시합니다.
getSeconds( )	0~59의 숫자로 초를 표시합니다.
getMilliseconds( )	0~999의 숫자로 밀리초를 표시합니다.

날짜/시간 정보를 설정하는 함수

함수 이름	설명
setFullYear( )	연도를 네 자리 숫자로 설정합니다.
setMonth( )	0~11의 숫자로 월을 표시합니다. 0부터 1월이 시작되고 11은 12월입니다.
setDate( )	1~31의 숫자로 일을 설정합니다.
setTime( )	1970년 1월 1일 자정 이후의 시간을 밀리초로 설정합니다.

setHours( )	0~23의 숫자로 시를 설정합니다.
setMinutes( )	0~59의 숫자로 분을 설정합니다.
setSeconds( )	0~59의 숫자로 초를 설정합니다.
setMilliseconds( )	0~999의 숫자로 밀리초를 설정합니다.

Date 객체의 함수를 사용할 때 주의할 점은 getMonth( ) 함수와 getDay( ) 함수를 사용했을 때 결괏값이 0부터 시작된다는 점입니다. 그래서 getMonth( ) 함수의 결괏값에 1을 더해야 실제 '월'에 해당하는 숫자를 얻을 수 있습니다. 또한 요일 정보를 반환하는 getDay( ) 함수도 일요일부터 토요일까지의 정보를 반환할 때 0부터 6까지의 숫자를 사용합니다.

⊚ Date 객체의 다른 함수에 대해서는 dev docs.io/javascript-date/(영문)이나 developer.mozilla.org/ko/docs/Web/JavaScript/Reference/Global_Objects/Date(한글)를 참고하세요.

현재 날짜와 시간 정보 가져오기

콘솔 창에서 getDate( ) 함수와 getDay( ) 함수, getTime( ) 함수를 사용해서 현재 날짜와 시간 정보를 가져오는 연습을 해 보겠습니다.

우선 Date 객체의 인스턴스를 만들고 now 변수에 저장합니다. 이제부터 now 객체는 Date 객체의 속성과 함수를 사용할 수 있습니다.

⊚ 이때 now 변수에는 현재 날짜와 시간 정보가 담기므로 여러분의 콘솔 창에 표시되는 정보는 모두 다르겠죠?

```
>    var now = new Date( )      // Date 객체의 인스턴스
>    now
<    Mon Nov 05 2018 13:58:45 GMT+0900 (한국 표준시)
```

now 객체에 있는 정보 중 날짜 정보만 가져온다면 getDate( ) 함수를 사용합니다.

```
>    now.getDate( )
<    5
```

now 객체에서 요일 정보를 가져오겠다면 getDay( ) 함수를 사용합니다. 이때 요일 정보가 0
에서 6 사이의 값으로 표현된다는 것 잊지 마세요. 이 책   ⓒ getDay( ) 함수의 결괏값 0은 '일요일', 1은
의 결괏값 '1'은 '월요일'이라는 의미입니다.   '월요일', …, 6은 '토요일' 순입니다.

```
> now.getDay( )
< 1
```

getTime( ) 함수를 사용하면 now 객체의 시간 정보를 표시합니다. 굉장히 긴 숫자열로 시간
정보가 표시되는데, 이는 1910년 1월 1일 00:00을 기준으로 now 객체의 시간까지 시간이 얼
마나 흘렀는지를 밀리초(Milli Seconds)로 나타낸 것입니다. 이렇게 값을 표시하면 특정 날짜
로부터 며칠 후 혹은 며칠 전처럼 시간의 흐름을 계산할 때 편리하게 사용할 수 있습니다.

```
> now.getTime( )
< 1545713925796
```

마지막으로 오늘 날짜로부터 50일이 지난 후의 날짜를 계산하는 방법을 알아보겠습니다. 먼
저 now.getDate( ) 함수로 오늘 날짜를 알아낸 후 그 값에 50을 더합니다. 그리고 now.
setDate( ) 함수를 통해 그 값을 날짜 정보로 다시 바꿉니다. 그러면 과정 4에서 본 것처럼 밀
리초로 결괏값이 나타납니다. 앞에서 날짜 연산처럼 시간의 흐름을 계산할 때 밀리초를 사용
한다고 했지요? 이제 계산 결과가 날짜 정보로 잘 반영되었는지 확인하기 위해 now 객체를 확
인해 보세요.

```
> now.setDate(now.getDate( ) + 50)    //오늘 날짜를 가져와 50을 더한 후 다시 날짜로 입력
< 1545713925796        //결괏값은 밀리초로 표시됩니다.
> now    //now 객체 확인
< Tue Dec 25 2018 13:58:45 GMT+0900 (한국 표준시)    //50일 후의 날짜와 시간 정보
```

**1분
복습** getMonth( ) 함수를 사용해서 now 객체에 있는 월(Month) 정보를 가져와 콘솔 창에 표시해 보세
요. getMonth( ) 함수의 반환 값은 0부터 11 사이의 숫자라는 점에 주의하세요.

정답 console.log(now.getMonth() + 1)

Do it! 실습 ▶ 기념일 계산 프로그램 만들기

・ 실습 파일 06\dday.html　　・ 완성 파일 06\dday-result.html, 06\js\dday-result.js

어떤 날부터 오늘까지 지난 날짜를 계산하고, 또 다른 날까지 남은 날짜를 계산하는 프로그램을 작성해 보겠습니다.

01단계　며칠 만났는지 알아보기

우선 두 개의 날짜를 이용해 두 날짜 사이에 며칠이 흘렀는지 계산하는 방법을 알아봅시다. 친구나 연인과 만난 지 며칠이 되었는지 계산할 때 사용하면 좋겠지요?

웹 브라우저에서 dday.html 문서를 불러옵니다. 화면의 맨 윗부분은 처음 만난 날부터 오늘 날짜까지 며칠째인지 표시할 영역이고, 그 아랫부분은 처음 만난 날로부터 100일, 200일째인 날짜가 언제인지 표시할 것입니다.

우리 만난 지

기념일 계산

100일	//////
200일	//////
1년	//////
500일	//////

ⓒ 그림에서 빗금을 그은 부분은 실제 화면에 보이는 것이 아니라 결괏값이 표시될 영역을 나타내는 것입니다.

비주얼 스튜디오 코드에서 dday.html을 열고 웹 브라우저 화면에서 결괏값을 표시할 부분의 id 값을 확인합니다. 실제로 프로그래밍을 작성할 때는 HTML 태그부터 CSS까지 모두 직접 작성해야 하지만, 여기에서는 미리 만들어 둔 소스를 사용하기 때문에 결괏값 영역의 id 값을 확인하고 기억해 두세요.

```
11    <div class="day1">
12        <h3>우리 만난 지</h3>
13        <p id="accent" class="accent"><span style="font-size:2em">일</span></p>
14    </div>
15    <div class="bar">기념일 계산</div>
16    <div class="day2">
17        <ul>
18            <li class="item-title">100일</li>
19            <li class="item-date" id="date100"></li>
20        </ul>
21        <ul>
22            <li class="item-title">200일</li>
23            <li class="item-date" id="date200"></li>
24        </ul>
25        <ul>
26            <li class="item-title">1년</li>
27            <li class="item-date" id="date365"></li>
28        </ul>
29        <ul>
30            <li class="item-title">500일</li>
31            <li class="item-date" id="date500"></li>
32        </ul>
33    </div>
```

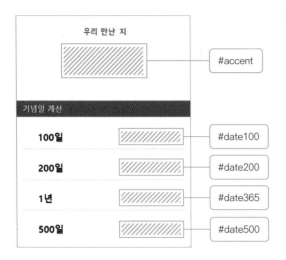

이제 프로그램을 어떤 순서로 구성해야 할지 생각해 볼까요? 연습장이나 간단한 그림 앱을 사용해서 순서도를 그려 보세요. 앞에서 getTime( ) 함수의 반환 값이 우리가 읽기 쉬운 시·분·초 형식이 아니라 밀리초로 표시되는 것을 보았습니다. 그래서 시간 계산을 할 때는 먼저 밀리초로 바꿔서 계산한 후 우리에게 익숙한 시·분·초 형식으로 다시 바꾸어야 합니다. 순서도를 그렸다면 그 순서에 따라 프로그램 소스를 작성해 보겠습니다.

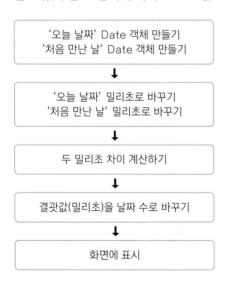

먼저 자바스크립트 소스를 입력할 파일을 만들어야겠지요? 새로운 문서를 만들고 06\js 폴더에 dday.js 파일로 저장합니다. 그리고 비주얼 스튜디오 코드에서 dday.html 문서를 열어 dday.js 파일을 연결하세요.

이제 날짜 계산에 사용할 Date 객체 인스턴스를 만들어 보겠습니다. dday.js 파일에 '오늘 날짜'와 '처음 만난 날' 각각의 Date 객체 인스턴스를 만들어 now 변수와 firstDay 변수에 저장합니다. 여기에서는 처음 만난 날을 2018년 3월 23일로 지정했지만, 여러분이 원하는 날짜로 지정해도 됩니다.

```
1   var now = new Date( );
    //오늘 날짜 정보를 Date 객체의 인스턴스 now 객체로 만듭니다.
2   var firstDay = new Date("2018-03-23");
    //처음 만난 날의 날짜 정보를 firstDay 객체로 만듭니다.
```

두 날짜 사이에 흐른 날짜를 계산하기 위해 날짜 정보를 밀리초로 가져오는 getTime( ) 함수를 사용하겠습니다. 오늘 날짜의 밀리초 값과 처음 만난 날의 밀리초 값을 계산한 후 둘 사이의 차이를 구하는 것이죠. 구한 값은 passedTime 변수에 저장합니다. 위 소스에 이어서 작성하세요.

> ◎ 3~5행을 줄여 var passedTime = now.getTime() – firstDay.getTime()로 한 줄에 작성할 수도 있습니다.

```
3   var toNow = now.getTime( );          //오늘 날짜를 밀리초로 바꿈
4   var toFirst = firstDay.getTime( );   //처음 만난 날을 밀리초로 바꿈
5   var passedTime = toNow - toFirst;    //처음 만난 날과 오늘 사이의 차이 (밀리초 값)
```

우리가 화면에 표시하려는 것은 날짜 형식이기 때문에 계산한 밀리초를 다시 날짜로 바꿔야 합니다. 밀리초 값을 날짜 수로 표시하기 위해 밀리초 값을 1000 * 60 * 60 * 24로 나눕니다. 나눈 결과는 실수일 수도 있기 때문에 Math 객체의 round( ) 함수를 사용해서 결괏값을 반올림한 후 passedDay 변수에 저장합니다. 다음을 작성하세요.

> ◎ 1일 = 24시간 * 60분 * 60초 * 1000밀리초

```
6   var passedDay = Math.round(passedTime/(1000 * 60 * 60 * 24));   //밀리초를 날짜 수로 변환한 후 반올림
```

이제 계산한 값을 화면에 표시하면 되겠군요. 지금까지 며칠이 지났는지 #accent 부분에 표시할 것이므로 다음 소스를 추가하세요. Ctrl + S를 눌러 지금까지 작성한 스크립트 소스를 저장합니다.

> ◎ innerHTML과 innerText 모두 웹 문서 안에 특정 내용을 삽입할 때 사용하는 속성입니다. innerHTML은 HTML 태그를 함께 사용할 수 있고 innerText는 텍스트만 표시합니다.

```
7   document.querySelector("#accent").innerText = passedDay + "일";   //#accent 영역에 표시
```

웹 브라우저에서 dday.html 문서를 불러와 확인해 보면 처음 만난 날인 2018년 3월 23일부터 오늘까지 며칠이 지났는지 알 수 있습니다. 여러분이 입력한 날짜와 소스를 연습하는 날짜가 모두 다르기 때문에 책에 표시된 날짜 수와 여러분의 화면에 표시되는 날짜 수는 다를 것입니다.

02단계 100일 후 날짜 계산하기

특정한 날로부터 100일 후가 언제인지 계산하는 방법을 알아보겠습니다. 100일 후 날짜를 계산하는 방법을 알고 나면 같은 방법으로 200일 후, 300일 후의 날짜도 계산할 수 있습니다.

날짜를 계산에 사용할 때는 밀리초를 사용하면 편리합니다. 앞에서 소스를 작성할 때 처음 만난 날을 밀리초로 바꾼 값을 toFirst 변수에 저장했지요? 여기에 100일을 밀리초 값으로 바꿔 더하면 '처음 만난 후 100일 되는 날'의 밀리초 값을 알 수 있습니다.

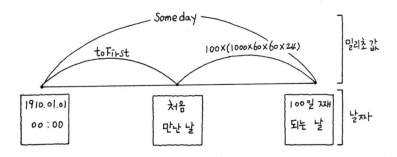

앞에서 작성한 dday.js 파일에 다음 소스를 추가하세요.

```
9    var future = toFirst + 100 * (1000 * 60 * 60 * 24);   // 처음 만난 날에 100일을 더합니다.
10   var someday = new Date(future);   // future 값을 사용해 Date 객체의 인스턴스를 만듭니다.
```

Date 객체의 함수 중 getFullYear( ), getMonth( ), getDate( ) 함수를 사용하면 객체에 있는 날짜 정보에서 연도·월·일만 추출할 수 있습니다. 추출한 값은 각각 year와 month, day 변수에 저장합니다. 이어서 다음 소스를 작성하세요.

```
11   var year = someday.getFullYear( );        // '연도'를 가져와 year 변수에 저장합니다.
12   var month = someday.getMonth( ) + 1;      // '월'을 가져와 month 변수에 저장합니다.
13   var date = someday.getDate( );            // '일'을 가져와 date 변수에 저장합니다.
```

innerText( ) 함수를 사용해 추출한 값을 "#date100" 요소에 표시합니다. 소스를 추가한 후 Ctrl + S 를 눌러 저장합니다.

```
14   document.querySelector("#date100").innerText = year + "년 " + month + "월 " + date + "일";
```

웹 브라우저에서 dday.html 문서를 불러와 확인해 보세요. '100일'이라는 제목 오른쪽에 100일이 된 날이 언제인지 연·월·일 순으로 표시될 것입니다.

우리 만난 지

34일

기념일 계산	
100일	2018년 6월 1일
200일	
1년	

비주얼 스튜디오 코드로 돌아와 200일을 계산하는 식을 추가해 보겠습니다. 200일 기념 계산 식은 100일 기념일 계산식과 비슷합니다. 100일 기념일 계산 소스에서 future 변숫값을 계산 할 때 사용한 숫자 100을 200으로 바꾸고, 결괏값을 표시할 영역을 "#date100"에서 "#date200" 으로 바꾸면 됩니다. 200일을 계산하는 소스를 다음과 같이 추가하고 파일을 저장합니다.

```
16    future = toFirst + 200 * (1000 * 60 * 60 * 24);
17    someday = new Date(future);
18    year = someday.getFullYear( );.
19    month = someday.getMonth( ) + 1;
20    date = someday.getDate( );
21    document.querySelector("#date200").innerText = year + "년 " + month + "월 " + date
      + "일";
```

웹 브라우저에서 다시 한 번 dday.html을 확인하면 100일 후 날짜와 200일 후 날짜가 표시될 것입니다.

우리 만난 지	
34일	
기념일 계산	
100일	2018년 6월 1일
200일	2018년 9월 9일
1년	
500일	

03단계 calcDate( ) 함수 선언하기

앞에서 100일 기념일 계산 소스와 200일 기념일 계산 소스를 작성해 봤는데, 몇 군데만 빼고 는 똑같은 계산법을 사용했습니다. 그렇다면 같은 명령을 여러 번 반복하지 않고 함수로 만들 어 처리할 수 있겠지요? 특정 기념일을 계산하는 calcDate( ) 함수를 작성해 보겠습니다.

함수를 정의하기 전에 100일 후 기념일을 계산하는 방법을 다시 한 번 복습해 보겠습니다. 먼저 스스로 계산 과정을 생각해 본 후 다음 순서도를 살펴보세요. 이 순서를 기본으로 함수를 만들어 보겠습니다.

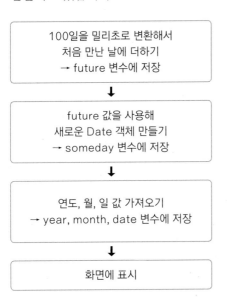

앞에서 작성한 dday.js 파일을 비주얼 스튜디오 코드에서 열어 보세요. 100일 기념일 계산 소스와 200일 기념 계산 소스를 비교해 보세요. 어느 부분을 변수로 처리해야 할까요? 다음과 같이 값이 변하는 부분을 변수로 지정하면 됩니다.

```
9   var future = toFirst + 100 * (1000 * 60 * 60 * 24);          ┌─────────┐
                                                                  │ 바뀔 부분 │
10  var someday = new Date(future);                               └─────────┘
11  var year = someday.getFullYear( );
12  var month = someday.getMonth( ) + 1;
13  var date = someday.getDate( );
14  document.querySelector("#date100").innerText = year + " 년 " + month + " 월 " + date
    + " 일";

15

16  future = toFirst + 200 * (1000 * 60 * 60 * 24);               ┌─────────┐
                                                                  │ 바뀔 부분 │
17  someday = new Date(future);                                   └─────────┘
18  year = someday.getFullYear( );.
19  month = someday.getMonth( ) + 1;
20  date = someday.getDate( );
21  document.querySelector("#date200").innerText = year + "년 " + month + "월 " + date
    + "일";
```

앞에서 입력한 100일 후 날짜 계산 소스 앞에 다음과 같이 calcDate( ) 함수 자리를 만듭니다. 함수 이름은 여러분이 원하는 것으로 정해도 됩니다. 그리고 함수 이름 옆의 괄호에는 '100일', '200일'처럼 기념일을 계산할 값을 받는 매개변수 days를 함께 적습니다.

```
9    function calcDate(days) {
10
11   }
```

먼저 입력한 100일 후 날짜 계산 소스를 모두 선택한 후 마우스 오른쪽 버튼을 누르고 [잘라내기]를 선택합니다. Ctrl + X 를 눌러도 됩니다.

function 다음 줄에 마우스 커서를 가져다 놓고 Ctrl + V 를 눌러 복사한 소스를 붙여 넣습니다. 그리고 다음과 같이 숫자 100이라고 된 부분을 days라는 변수로 수정합니다.

```
9     function calcDate(days) {
10        var future = toFirst + days * (1000 * 60 * 60 * 24);
11        var someday = new Date(future);
12        var year = someday.getFullYear( );
13        var month = someday.getMonth( ) + 1;
14        var date = someday.getDate( );
15        document.querySelector("#date" + days).innerText = year + "년 " + month + "월 " +
      date + "일";
16    }
```

함수를 선언하더라도 함수를 호출해야만 실행된다는 것 잊지 마세요. 함수 실행 소스는 함수의 앞이나 뒤 어디든 추가해도 되는데, 여기에서는 함수 선언 소스 앞에 함수 실행 소스를 추가하겠습니다. 이어서 100일, 200일, 365일, 500일 기념일을 계산하는 함수를 호출합니다.

```
9     calcDate(100);    //100일 기념일을 계산해서 표시합니다.
10    calcDate(200);    //200일 기념일을 계산해서 표시합니다.
11    calcDate(365);    //1년 기념일을 계산해서 표시합니다.
12    calcDate(500);    //500일 기념일을 계산해서 표시합니다.
13
14    function calcDate(days) {
         ......
21    }
```

이제 기존에 작성한 200일 계산 소스도 삭제합니다. 그리고 Ctrl + S 를 눌러 소스를 저장합니다.

```
14    function calcDate(days) {
15        var future = toFirst + days*(1000*60*60*24);  // 처음 만난 날에 밀리초로 바꾼 100일을 더합니다.
16        var someday = new Date(future);  // future 값을 사용해 Date 객체의 인스턴스를 만듭니다.
17        var year = someday.getFullYear( );  // '연도'를 가져와 year 변수에 저장합니다.
18        var month = someday.getMonth( );  // '월'을 가져와 month 변수에 저장합니다.
19        var date = someday.getDate( );  // '일'을 가져와 date 변수에 저장합니다.
20        document.querySelector("#date"+days).innerText = year + "년 " + month + "월 " + date + "일";
21    }
22
23
24    future = toFirst + 200*(1000*60*60*24);  // 처음 만난 날에 밀리초로 바꾼 200일을 더합니다.
25    someday = new Date(future200);  // future 값을 사용해 Date 객체의 인스턴스를 만듭니다.
26    year = someday.getFullYear( );  // '연도'를 가져와 year 변수에 저장합니다.
27    month = someday.getMonth( );  // '월'을 가져와 month 변수에 저장합니다.
28    date = someday.getDate( );  // '일'을 가져와 date 변수에 저장합니다.
29    document.querySelector("#date200").innerText = year + "년 " + month + "월 " + date + "일";
```

삭제

dday.html을 웹 브라우저에서 확인해 보세요. 이번에는 100일, 200일, 1년, 500일 기념일 날짜가 전부 표시될 것입니다.

 객체를 더 연습하고 싶다면

객체를 더 연습하고 싶다면 이지스퍼블리싱 홈페이지 자료실에서 실전 프로젝트 파일을 내려받은 뒤 '[실전]2_이미지 슬라이드 쇼.pdf' 파일을 참고해 이미지 슬라이드 쇼를 만들어 보세요.

01 사용자가 직접 객체를 만들어 사용할 수 있습니다. (O / X)

02 자바스크립트 안에 미리 정의되어 있는 객체를 　　　　　　 객체라고 합니다.

03 객체에서 값을 담고 있는 정보를 　　　　　　 이라고 부릅니다.

04 객체 안에 미리 정의되어 있는 함수를 　　　　　　 라고 부릅니다.

05 객체에 있는 함수(메서드)를 사용할 때는 객체 이름 다음에 　　　　　　 을 입력한 다음 함수를 지정합니다.

06 객체의 인스턴스를 만들 때 사용하는 예약어는 　n　　　　　 입니다.

07 Math 객체의 함수 중 무작위 수를 만드는 함수는 　r　　　　　 함수입니다.

08 리터럴 표기법으로 객체를 만들 때 속성이 여러 개라면 　　　　　　 를 넣어 구분합니다.

09 생성자 함수로 객체의 속성과 함수를 정의할 때 사용하는 예약어는 　t　　　　　 입니다.

10 Date 객체의 함수 중 　g　　　　　 함수는 요일 정보를 가져옵니다.

정답 01 O 02 내장 03 속성 04 메서드 05 마침표
06 new 07 random 08 쉼표(,) 09 this 10 getDay( )

도전! 응용 문제

다음은 지금까지 배운 내용을 응용해 보는 문제입니다. 그동안 작성해 놓은 소스 코드를 활용해 프로그램을 만들어 보세요.

1. 객체 리터럴 표기법을 사용해 member1 객체를 선언한 후 다음 그림과 같은 결과를 만들려고 합니다. 06\quiz-1.html 문서를 비주얼 스튜디오 코드에서 열어 보면 다음 소스가 들어 있습니다. 결과 화면과 주어진 소스를 참고해서 member1 객체를 선언하세요.

홍길동

- id : 123
- 나이 : 25
- 주소 : 서울

```
document.write("<h2>" + member1.name + "</h2>");
document.write("<ul><li>id : " + member1.id + "</li>");
document.write("<li>나이 : " + member1.age + "</li>");
document.write("<li>주소 : " + member1.address + "</li></ul>");
```

2. 06\quiz-2.html 소스에는 프롬프트 창에서 반지름 값을 입력받아 변수 r에 저장하는 소스가 있습니다. 생성자 함수를 사용해서 변수 r에 있는 반지름 값을 매개변수로 하는 Circle 객체를 만들어 보세요. Circle 객체 안에 원의 둘레와 원의 넓이를 계산하는 함수도 함께 선언하세요. 그리고 Circle 객체의 인스턴스를 만들어 직접 변수 r에 값을 입력했을 때 원의 둘레와 넓이가 계산되어 나오는지 확인하세요.

힌트 원의 둘레와 넓이 값을 구할 때 필요한 기능은 Math 객체의 함수에서 찾아보세요.

정답 1. 06\sol-1.html, 06\js\sol-1.js 2. 06\sol-2.html, 06\js\sol-2.js

07

배열을 쉽게 다루자! Array 객체

앞 장에서 내장 객체인 Date 객체를 사용해 여러 프로그램을 만들었죠? 이 장에서는 또 다른 내장 객체인 Array 객체에 대해 구체적으로 알아보겠습니다. 배열(Array)은 자바 스크립트에서 자주 사용하는 자료형이기 때문에 미리 프로토타입 객체로 만들어져 있습니다. 그리고 그 안에는 배열에 활용하는 많은 속성과 함수가 미리 정의되어 있습니다. Array 객체의 인스턴스로 배열을 만들면 Array 객체 안의 함수를 사용할 수 있기 때문에 프로그램 만들기가 한결 편해집니다. 이 장에서는 Array 객체 안에 어떤 함수가 정의되어 있는지를 알아보고, 함수를 사용해 준비물 점검 프로그램을 만들어 보겠습니다.

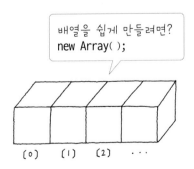

07-1 Array 객체란?

이 장에서 만들 여행 준비물 점검 목록 프로그램에 필요한 항목은 최소 두세 개, 대부분 그보다 더 많습니다. 여행을 떠나기 위해서는 여러 가지 물건이 필요할 테니까요. 하나의 변수에 하나의 자료만 저장할 수 있는 기본 자료형만으로는 이 프로그램을 만들기 어려울 것입니다. 자바스크립트에서는 이렇게 여러 개의 항목을 하나의 변수에 저장해야 할 때 '배열(Array)'을 자주 사용합니다. 그러면 먼저 배열을 만드는 방법부터 알아볼까요?

Array 객체로 배열 만들기

03장에서 리터럴 표기법을 사용해 배열을 만드는 방법을 간단히 알아보았죠? 여기에서는 06장에서 알아본 객체의 인스턴스를 만드는 방법으로 배열을 만들어 보겠습니다. 자바스크립트에서 배열을 쉽게 만들고 다룰 수 있게 미리 Array 객체가 만들어져 있습니다. 그러면 이제 Array 객체를 사용해 인스턴스를 만들어 보겠습니다.

ⓒ 미리 만들어져 있는 객체를 '내장 객체'라고 부릅니다.

다음 소스는 Array 객체의 인스턴스를 만든 후 myArray 변수에 저장한 것입니다. 빈 괄호를 사용하면 배열 요소의 개수가 고정되지 않기 때문에 myArray 배열에 얼마든지 많은 자료를 저장할 수 있습니다.

```
> var myArray = new Array( );  // Array 객체의 인스턴스를 만듭니다.
```

초깃값이 있는 배열이라면 06장에서 살펴본 리터럴을 사용한 방법으로 배열을 만들 수도 있고, Array 객체를 사용해서 만들 수도 있습니다.

```
> var numbers = ["one", "two", "three", "four"];  // 리터럴을 사용한 배열
> var numbers = new Array("one", "two", "three", "four");  // Array 객체를 사용한 배열
```

배열에서 for문 사용하기

이 장에서 만들어 볼 '여행 준비물 점검 목록' 프로그램은 여러 준비물을 배열 유형으로 저장

할 것입니다. 그래서 배열에 있는 준비물을 확인하려면 배열에 있는 값을 전부 확인해야 하는데, 이 경우에는 for문을 처음 요소부터 끝 요소까지 반복합니다. 그리고 배열에 몇 개의 요소가 있는지 확인하려면 Array 객체의 length 속성을 사용합니다.

간단한 실습을 통해 자세히 알아볼까요? 콘솔 창에서 다음과 같이 seasons 배열을 만들어 보겠습니다. 그리고 length 속성을 사용하면 seasons 배열에 몇 개의 요소가 있는지 알 수 있습니다.

```
> var seasons = ["봄", "여름", "가을", "겨울"]
> seasons.length
< 4
```

seasons 배열에 4개의 요소가 있기 때문에 seasons[0]부터 seasons[1], seasons[2], seasons[3] 값을 가져오려면 for문을 사용해서 0부터 3까지 반복하면 됩니다. for문의 인덱스를 0부터 시작해서 'seasons.length - 1' 값까지 지정하면 되겠죠?

ⓒ season.length 값이 4이므로 4-1=3, 즉 0부터 3까지 반복한다는 뜻입니다.

콘솔 창에서 다음과 같이 for문을 실행해 보세요. seasons 배열에 담겨 있는 4개 값이 모두 콘솔 창에 표시될 것입니다.

```
> for (var i = 0; i < seasons.length; i++) {
      console.log(seasons[i]);
  }
  봄
  여름
  가을
  겨울
```

배열에서 for문을 사용해 요소들을 순서대로 접근하려면 인덱스 값을 0부터 'length 값 - 1' 까지 지정한다는 것 꼭 기억해 두세요.

1분 복습 triple = [3, 6, 9] 배열이 있을 때 triple의 모든 값을 콘솔 창에 표시하는 소스를 작성하세요.

정답
```
var triple = [3, 6, 9];
for(var i = 0; i < triple.length; i++) {
    console.log(triple[i]);
}
```

07-2 Array 객체의 함수 알아보기

할 일 점검 목록이나 여행 준비물 점검 목록 등의 프로그램에는 새로운 준비물을 추가하거나 준비가 끝난 준비물을 삭제하는 기능이 필요합니다. 이런 기능을 추가하기 위해서는 Array 객체의 함수를 사용합니다. Array 객체에는 배열을 다룰 수 있는 여러 함수가 있는데 이 중에서 자주 사용하는 함수의 기본 사용법부터 알아보겠습니다.

배열과 관련된 함수를 사용할 때는 함수의 반환 값이 무엇인지, 기존 배열은 그대로 유지되는지, 아니면 추가하거나 삭제한 요소 때문에 기존 배열이 바뀌는지를 이해하고 있어야 합니다.

둘 이상의 배열을 연결하는 concat( ) 함수

concat( ) 함수는 기존의 배열에 또 다른 배열이나 값을 합쳐서 새로운 배열을 만드는 함수입니다. 예를 들어 다음과 같은 nums 배열과 chars 배열이 있을 때 다음과 같이 concat( ) 함수를 사용해 두 개의 배열을 연결해서 새로운 배열을 만들 수 있습니다.   ◎ 콘솔에서 바로 실습해 보세요.

```
>   var nums = ["1", "2", "3"];
>   var chars = ["a", "b", "c", "d"];
>   nums.concat(chars)   //nums 배열에 chars 배열 연결
<   ▶ (7) ["1", "2", "3", "a", "b", "c", "d"]
                  nums          chars
```

concat( ) 함수를 사용할 때 nums 배열과 chars 배열 순서를 바꾸면 연결 순서가 달라집니다.

```
>   chars.concat(nums)   //chars 배열에 nums 배열 연결
<   ▶ (7) ["a", "b", "c", "d", "1", "2", "3"]
                  chars          nums
```

concat( ) 함수에 사용한 기존의 두 배열은 어떻게 될까요? concat( ) 함수는 새로운 배열을 만들기 때문에 기존의 nums나 chars 배열에는 영향을 주지 않습니다.

배열 요소를 연결하는 join( ) 함수

join( ) 함수는 배열 요소를 연결하는 함수입니다. 배열 요소를 연결해서 나열할 때 각 요소 사이에 넣을 구분 기호가 필요한데, join( ) 함수는 이 기호를 직접 지정할 수 있습니다. 만약 함수에서 구분 기호를 지정하지 않으면 쉼표(,)로 요소를 구분합니다.

앞에서 만든 nums 배열을 사용해 join( ) 함수를 연습해 보겠습니다.

```
>    nums.join( )    //구분 기호 없이 연결
<    "1,2,3"
>    nums.join("-")    //구분 기호("-")를 사용해 연결
<    "1-2-3"
```

 myColor 배열의 요소를 colorString 같은 문자열로 표시하려면 join( ) 함수를 어떻게 사용해야 할까요?

```
myColor = ["red", "green", "blue"];
colorString = "red+green+blue";
```

정답 myColor.join("+");

새로운 요소를 추가하는 push( ) 함수와 unshift( ) 함수

함수를 사용하면 기존 배열에 새로운 요소를 추가할 수도 있습니다. 이때 배열의 맨 끝에 요소를 추가하려면 push( ) 함수를 사용하고, 배열의 맨 앞에 추가하려면 unshfit( ) 함수를 사용합니다. 추가하는 요소는 하나일 수도 있고 두 개 이상일 수도 있습니다.

콘솔 창에서 push( ) 함수와 unshift( ) 함수를 연습해 보겠습니다. 우선 nums 배열을 다시 만든 후 push( ) 함수를 사용해 nums 배열 끝에 "4"와 "5"를 추가합니다. 이 경우 함수를 실행한 후 반환 값은 숫자 5가 표시됩니다. 이 값은 nums 배열에 "4"와 "5"를 추가하고 난 후 배열 요소의 개수입니다. nums 배열 요소의 개수는 원래 3개였지만 "4"와 "5"가 추가되어 모두 5개가 된 거죠.

```
>    var nums = ["1", "2", "3"]
>    nums.push("4", "5")    //nums 배열 맨 끝에 "4"와 "5" 요소 추가
<    5 //새 요소가 추가된 후의 배열 요소의 개수가 반환됨
```

push( ) 함수를 사용한 후 결과 배열을 보고 싶다면 콘솔 창에 nums라고 입력합니다. 원래 있던 nums 배열이 바뀐 것을 볼 수 있습니다. 앞에서 다룬 함수와 달리 push( ) 함수는 이렇게 기존의 배열에 변화를 줍니다.

😊 앞에서 살펴본 concat( ) 함수와 join( ) 함수를 사용하면 원래 배열은 바뀌지 않고 새로운 배열이 만들어집니다.

```
>   nums
<   ▶ (5) ["1", "2", "3", "4", "5"]
```

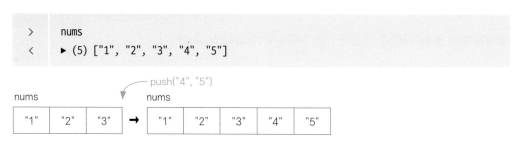

이번에는 unshift( ) 함수를 사용해서 nums 배열에 "0" 요소를 추가하겠습니다. 이번에도 unshift( ) 함수를 실행한 후 반환 값은 배열 요소의 개수입니다. 그래서 6이 표시됩니다.

```
>   nums.unshift("0")   //nums 배열 맨 앞에 "0" 요소 추가
<   6   //새 요소가 추가된 후의 배열 요소의 개수가 반환됨
```

nums 배열은 어떻게 바뀌었을까요? nums 배열을 확인하면 배열의 맨 앞에 "0"이 추가된 것을 확인할 수 있습니다.

```
>   nums
<   ▶ (6) ["0", "1", "2", "3", "4", "5"]
```

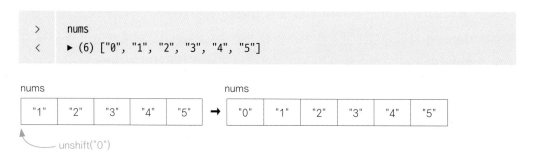

 double = ["2", "4", "6", "8"] 배열이 있을 때 배열 끝에 숫자 '10'을 추가하는 소스를 작성하세요.

정답 double.push("10")

배열에서 요소를 추출하는 pop( ) 함수와 shift( ) 함수

이미 챙긴 여행 준비물은 목록에서 삭제해야 무엇을 챙기지 않았는지 쉽게 확인할 수 있겠죠?
이럴 때는 배열에서 요소를 추출하면 됩니다. Array 객체에서 맨 뒤에 있는 요소를 추출할 때
는 pop( ) 함수를, 맨 앞에 있는 요소를 추출할 때는 shift( ) 함수를 사용합니다. 배열에서 요
소를 추출하면 해당 요소가 배열에서 빠지면서 배열이 수정되기 때문에 배열에서 요소를 삭
제할 때는 추출 함수를 사용합니다.

콘솔 창에서 pop( ) 함수와 shift( ) 함수를 연습해 보겠습니다. 우선 3개 요소가 있는 study 배
열을 만듭니다. 그리고 study 배열에 pop( ) 함수를 사용해 보세요. pop( ) 함수는 study 배열
에서 마지막에 있는 요소 "javascript"를 추출합니다. pop( ) 함수를 실행하면 추출한 요소가
반환됩니다. 그리고 study 배열을 확인해 보면 "html"과 "css"만 남아 있을 것입니다.

```
>   var study = ["html", "css", "javascript"]
<   study.pop( )
>   "javascript"
<   study
>   ▶ (2) ["html", "css"]
```

pop( ) 함수가 배열의 마지막 요소를 반환하는 반면, shift( ) 함수는 배열의 첫 요소를 반환합
니다. 콘솔 창에서 다음과 같이 요소 개수가 5개인 배열을 만든 후 shift( ) 함수를 적용해 보겠
습니다.

```
>   var js = ["es6+", "node", "react", "angular", "vue"]
>   js.shift( )
<   "es6+"
```

 double = ["2", "4", "6", "8", "10"] 라는 배열에서 배열 맨 끝에 있는 요소를 삭제하는 소스를
작성하세요.

정답 double.pop( )

원하는 위치의 요소를 삭제하거나 추가하는 splice( ) 함수

앞에서 살펴본 push( ) 함수와 unshift( ) 함수는 배열의 맨 앞이나 맨 뒤에 요소를 추가하는
함수이고 pop( ) 함수와 shift( ) 함수는 맨 앞이나 맨 뒤의 요소를 추출하는 함수입니다. 만약

배열의 중간 부분에 요소를 추가하거나 삭제하려면 어떻게 해야 할까요? 그리고 한꺼번에 2개 이상의 요소를 추가하거나 삭제하려면 어떻게 해야 할까요? 이럴 때 사용하는 함수가 바로 splice( ) 함수입니다.

splice( ) 함수는 괄호 안에 들어 있는 인수에 따라 일정 구간의 요소를 삭제하고 새로운 요소를 추가하는 함수입니다. splice( ) 함수를 실행하면 삭제한 구간의 요소들로 이루어진 새로운 배열이 결괏값으로 표시됩니다.

인수가 1개일 경우

먼저 splice( ) 함수의 괄호 안에 하나의 인수가 들어 있는 경우부터 알아보겠습니다. 이때 괄호 안의 인수는 그 배열의 인덱스 값을 가리킵니다. 이 경우 splice( ) 함수는 인수가 가리키는 인덱스의 요소부터 배열의 끝 요소까지 삭제합니다.

콘솔에서 바로 실습해 볼까요? 다음과 같이 numbers 배열이 있을 때 numbers.splice(2)는 인덱스 2인 요소부터 끝에 있는 요소까지 모두 삭제합니다. 다음 예제에서는 세 번째 요소부터 끝까지 삭제되겠죠? splice( ) 함수는 삭제한 요소로 구성된 배열을 반환하고, numbers 배열에는 삭제 결과가 반영된 [0, 1]만 남게 됩니다.

```
>   var numbers = [0, 1, 2, 3, 4, 5]
>   numbers.splice(2)   //인덱스 2(세 번째 요소) 이후 끝까지 삭제
<   ▶ (4) [2, 3, 4, 5]   //삭제된 요소로 이루어진 배열
>   numbers
<   ▶ (2) [0, 1]   //수정된 원래 배열
```

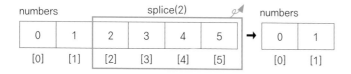

인수가 2개일 경우

splice( ) 함수에 인수가 2개일 경우 첫 번째 인수는 인덱스 값이고 두 번째 인수는 삭제할 개수입니다. 예를 들어 다음과 같은 study 배열이 있을 때 study.splice(2, 1)을 실행하면 인덱스 값이 2인 요소(즉 세 번째 요소)부터 1개의 요소를 삭제합니다. 그러면 study 배열에는 나머지 요소만 남아 있게 됩니다.

```
>    var study = ["html", "css", "web", "jquery"]
>    study.splice(2,1)    //인덱스 2에서 한 개 삭제
<    ▶ ["web"]    //삭제된 요소로 이루어진 배열
>    study
<    ▶ (3) ["html", "css", "jquery"]    //수정된 원래 배열
```

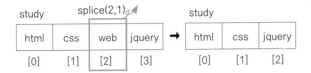

인수가 3개 이상일 경우

splice( ) 함수의 첫 번째 인수는 해당 배열에서 삭제를 시작할 위치, 두 번째 인수는 삭제할 개수를 알려 줍니다. 세 번째 인수부터는 무엇을 알려 줄까요? 앞에서 splice( ) 함수에는 배열에 요소를 추가하는 기능도 있다고 했죠? 세 번째 인수부터는 앞서 삭제한 위치에 새로 추가할 요소를 지정합니다.

예를 들어 앞에서 연습한 study 배열에 study.splice(2, 1, "js")를 실행하면 인덱스가 2인 위치, 즉 세 번째 위치에 있던 요소를 삭제하고 그 자리에 "js"를 추가합니다. 이렇게 하면 study 배열의 세 번째 요소에 "jquery"를 대신해 "js"가 추가되는 것을 확인할 수 있습니다.

```
>    study.splice(2, 1, "js")
<    ▶ ["jquery"]    //인덱스 2에서 1개 삭제
>    study
<    ▶ (3) ["html", "css", "js"]    //삭제한 자리에 새로운 요소를 추가
```

```
study                                    study
┌──────┬──────┬────────┐    "js"    ┌──────┬──────┬──────┐
│ html │ css  │ jquery │    ↙ ↗     │ html │ css  │  js  │
└──────┴──────┴────────┘  ➡        └──────┴──────┴──────┘
  [0]     [1]     [2]                  [0]     [1]    [2]
```

기존 배열의 요소를 삭제하지 않고 새로운 요소를 추가하고 싶다면 삭제할 개수를 지정하는 두 번째 인수에 0을 넣으면 됩니다. 즉 앞에서 연습한 study 배열에 study.splice(2, 0, "jquery")를 입력하면 다른 요소를 삭제하지 않고 인덱스가 2인 위치, 즉 세 번째 위치에 "jquery"를 추가합니다. 이렇게 하면 study 배열에는 네 개의 요소가 들어 있게 됩니다.

```
>    study.splice(2, 0, "jquery")
<    ▶ []    //삭제한 요소가 없기 때문에 실행 결과는 빈 배열
>    study
<    ▶ (3) ["html", "css", "jquery", "js"]    //새로운 요소 추가
```

 study 배열에서 "css" 요소 다음에 "web"를 추가해 보세요.

정답 study.splice(2, 0, "web")

여러 개의 요소를 추가하고 싶을 때는 어떻게 할까요? 추가하고 싶은 요소를 세 번째 인수부터 차례대로 나열하면 됩니다. 예를 들어 다음과 같은 chars 배열이 있을 때 인덱스가 1인 위치(두 번째 위치)에 "b", "c", "d"를 추가하려면 다음 소스와 같이 작성합니다. 함수를 입력한후 chars 배열을 확인해 보면 인덱스 1인 위치부터 새로 추가한 3개의 요소가 차례대로 추가되어 있는 것을 확인할 수 있습니다.

```
>    var chars = ["a", "e", "f"]
>    chars.splice(1, 0, "b", "c", "d")
<    ▶ []
>    chars
<    ▶ (6) ["a", "b", "c", "d", "e", "f"]    //새로운 요소 3개 추가
```

 splice( ) 함수를 사용해 js = ["jquery", "javascript"] 배열의 끝에 "typescript"와 "angular"를 추가해 보세요.

정답 js.splice(2, 0, "typescript", "angular")

원하는 위치의 요소들을 추출하는 slice( ) 함수

slice( ) 함수는 배열에서 요소를 꺼낸다는 점에서 앞에 나온 pop( ) 함수나 shift( ) 함수와 같지만, 여러 개의 요소를 꺼낼 수 있다는 점이 다릅니다. slice( ) 함수는 시작 인덱스와 끝 인덱스를 지정해 그 사이의 요소를 꺼냅니다. splice( ) 함수처럼 slice( ) 함수에서도 시작 인덱스만 지정할 경우 시작 인덱스부터 배열 끝까지 추출합니다.

콘솔 창에서 간단히 살펴보겠습니다. 색상 이름이 5개 있는 colors 배열을 만든 후 다음처럼 시작 인덱스만 지정해 보세요. 인덱스가 2인 요소, 즉 세 번째 요소인 "blue"부터 끝까지 추출됩니다.

```
>    var colors = ["red", "green", "blue", "white", "black"]
>    colors.slice(2)
<    ▶ (3) ["blue", "white", "black"]   //인덱스 2부터 끝까지 추출
>    colors
<    ▶ (5) ["red", "green", "blue", "white", "black"]   //원래 배열은 변경되지 않음
```

slice( ) 함수에서 시작 인덱스와 끝 인덱스를 모두 지정하면 시작 인덱스부터 시작해서 끝 인 덱스 직전까지 요소를 추출합니다. 끝 인덱스까지가 아니라 끝 인덱스 직전까지라는 점에 주 의하세요. 예를 들어 colors 배열에서 두 번째 요소(인덱스 1)부터 네 번째 요소(인덱스 3)까지 추출해서 새로운 배열 colors2를 만들려면 slice(1, 4)라고 지정합니다.

```
>    var colors2 = colors.slice(1, 4)
>    colors2
<    ▶ (3) ["green", "blue", "white"]
>    colors
<    ▶ (5) ["red", "green", "blue", "white", "black"]
```

여기에서 주의할 것은 slice( ) 함수를 사용해서 요소를 추출했을 때 원래 배열은 변경되지 않 는다는 점입니다. 따라서 배열에서 특정 요소를 삭제하는 용도로 사용할 수는 없겠죠?

배열에서 특정 위치의 요소를 활용한다는 점에서 splice( ) 함수와 slice( ) 함수는 같은 기능을 합니다. 하지만 slice( ) 함수는 원래 배열에 영향을 주지 않지만, splice( ) 함수는 요소를 추가 하거나 삭제하면 원래 배열 자체가 수정된다는 차이가 있습니다. 따라서 배열에서 추출한 요 소를 가지고 새로운 배열을 만들어 사용하겠다면 slice( ) 함수가 적당하고, 배열에서 일부 요 소를 삭제하겠다면 splice( ) 함수가 적당합니다.

 방금 연습했던 colors 배열에서 "blue"와 "white"만 추출하려면 slice( ) 함수를 어떻게 지정해야 할까요?

정답 colors.slice(2,4)

Array 객체의 함수 살펴보기

함수	설명
concat	기존 배열에 새로운 배열을 추가해 새로운 배열을 만듭니다.
every	배열의 모든 요소가 주어진 함수에 대해 true라면 true를 반환하고 그렇지 않으면 false를 반환합니다.
filter	배열의 요소 중 주어진 필터링 함수에 대해 true인 요소만 골라 새로운 배열을 만듭니다.
forEach	배열의 모든 요소에 대해 주어진 함수를 실행합니다.
indexOf	주어진 값과 일치하는 값이 있는 배열 요소의 첫 인덱스를 찾습니다.
join	배열 요소를 문자열로 합칩니다. 이때 요소 사이를 구분할 구분자를 지정할 수 있습니다.
pop	배열의 마지막 요소를 꺼내 그 값을 반환합니다.
push	배열의 맨 끝에 새로운 요소를 추가한 후 새로운 length를 반환합니다.
reverse	배열의 배치 순서를 역순으로 바꿉니다.
shift	배열에서 첫 번째 요소를 꺼내 그 값을 반환합니다.
slice	배열에서 특정한 부분만 추출합니다. 기존 배열은 바뀌지 않습니다.
sort	배열 요소를 지정한 조건에 따라 정렬합니다.
splice	배열에 요소를 추가하거나 특정 부분을 추출합니다.
toString	배열에서 지정한 부분을 문자열로 반환합니다. 이때 각 요소는 쉼표로 구분합니다.
unshift	배열의 시작 부분에 새로운 요소를 추가합니다.

이 책에서 모든 함수를 다 살펴볼 수 없기 때문에 Array 객체의 모든 함수를 살펴보려면 developer.mozilla. org/ko/docs/Web/JavaScript/Reference/Global_Objects/Array#메소드를 참고하세요. 그리고 화면의 왼쪽에 있는 함수 이름을 클릭하면 오른쪽에 구문과 예제 소스 등이 나타납니다. 기계 번역이기 때문에 한글 내용이 매끄럽진 않지만 도움이 될 것입니다.

Array 객체의 함수를 설명하고 있는 MDN 사이트

07-3 여행 준비물 점검 프로그램 만들기

지금까지 배열을 편하게 만들고 다루기 위해 Array 객체와 Array 객체의 함수에 대해 알아보았습니다. 이제 이 내용을 사용해 직접 배열로 된 프로그램을 만들어 보겠습니다. 이번에 만들 프로그램은 여행 준비물을 챙겼는지 점검할 수 있게 챙겨야 할 물건의 목록을 보여 주는 프로그램입니다.

[미리보기] 여행 준비물 점검기

먼저 '준비물 점검기'에서 필요한 기능이 무엇이고, 어떤 순서로 실행해야 할지를 간단히 살펴보겠습니다. 이 프로그램은 필요한 물건의 항목을 적고, 물건을 챙길 때마다 적어 놓은 물건의 항목을 삭제할 수 있는 프로그램입니다.

index-result.html 문서를 웹 브라우저에서 열어 보세요. 여행 준비물 점검 프로그램이 열릴 것입니다. 텍스트 필드에 필요 물건을 입력한 후 [추가] 버튼을 누르면 그 아래에 입력한 내용이 나타납니다. 이런 식으로 여러 개의 준비물을 추가할 수 있습니다.

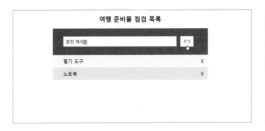 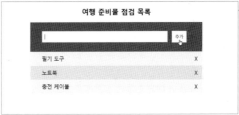

가방에 챙긴 준비물은 [X] 버튼을 눌러서 목록에서 지울 수 있습니다.

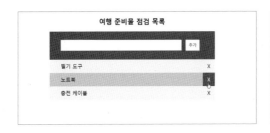 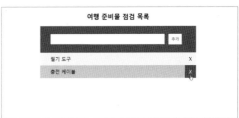

만드는 과정 미리 생각해 보기

준비물 점검 프로그램을 만드는 과정은 우리가 지금까지 만든 다른 프로그램에 비해 길고 복잡합니다. 그래서 프로그래밍에 들어가기 전에 프로그램 소개에 나온 완성된 프로그램의 모습을 보며 어떻게 만들어야 할지 생각해 보겠습니다.

1. 배열 만들기

여행을 가기 위해서는 여러 가지 물건을 챙겨야겠죠? 여행 가방에 들어갈 준비물 목록은 여러 가지입니다. 그래서 여행 가방을 프로그래밍으로 표현하기 위해서는 여러 값을 저장할 수 있는 자료 구조가 필요한데, 이때 배열(Array)을 사용합니다. 배열은 여러 개의 바구니를 한 줄로 늘어놓고 순서대로 여러 개의 값을 저장할 수 있는 공간이라고 생각하면 쉽습니다.

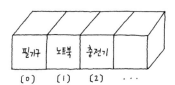

2. 챙길 물건 배열에 추가하기

먼저 챙겨야 할 물건의 이름을 목록에 추가해야겠지요? 물건의 이름을 입력받기 위해 프롬프트 창이나 텍스트 필드를 사용할 수 있습니다. 여기에서는 텍스트 필드에 준비물을 입력한 후 [추가]를 누르면 준비물 배열의 끝에 물건 이름이 추가되도록 만들겠습니다. 배열의 끝에 새로운 요소를 추가할 때 어떤 함수를 사용한다고 했지요? 바로 push( ) 함수를 사용하면 되겠네요. 혹시 push( ) 함수 사용법이 기억나지 않는다면 07-2를 복습해 보세요.

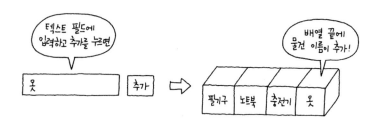

3. 추가한 내용 화면에 표시하기

사용자가 배열에 추가한 준비물을 화면에서 바로 확인할 수 있어야 무엇을 적었고 무엇을 더 추가해야 할지 알 수 있겠죠? 그래서 사용자가 입력한 준비물을 배열에 추가하는 것과 동시에 for문을 사용해 배열의 전체 내용을 텍스트 필드 아래쪽 화면에 나타내 보겠습니다.

ⓒ for문을 사용해 배열의 요소를 모두 가져와 화면에 표시해 주는 방법이 기억나지 않는다면 07-1을 다시 한 번 살펴보세요.

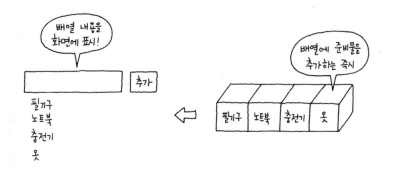

4. 챙긴 물건 목록에서 삭제하기

나열된 준비물 목록 중에서 챙긴 것이 있다면 더는 목록에 있지 않아도 됩니다. 챙긴 준비물을 목록에서 삭제하겠습니다. 챙긴 준비물의 글자 색을 희미하게 처리하거나 챙긴 준비물 글자 위를 가로지르는 취소 선을 그려 넣는 방법도 있 ⓒ 자바스크립트로 글자색을 바꾸거나 취소 선습니다. 을 추가하는 방법은 08장에서 알아봅니다.

목록에서 준비물을 삭제할 수 있도록 준비물 목록을 표시할 때 각 준비물 오른쪽에 [삭제] 버튼을 추가해야 하는데, 여기에서는 X라는 글자를 추가해서 X를 누르면 해당 준비물을 삭제하도록 만들어 보겠습니다. 배열에서 특정 위치의 요소 ⓒ splice( ) 함수 사용법이 기억나지 않는다면를 삭제하기 위해서는 splice( ) 함수를 사용해야겠죠? 07-2절을 복습해 보세요.

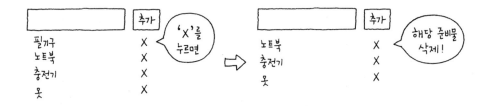

Do it! 실습 **준비물 점검 프로그램 만들기**

• 실습 파일 07\index.html • 완성 파일 07\index-result.html, 07\js\checklist-result.js

01단계 입력 필드 만들기

앞에서 프로그램을 어떻게 만들어 갈지 미리 생각해 봤습니다. 이제 그 순서에 따라 차례대로 프로그램을 만들어 보겠습니다. 가장 먼저 준비물 이름을 입력할 공간인 텍스트 필드와 [추가] 버튼을 다음과 같은 모양으로 만들어 보겠습니다.

비주얼 스튜디오 코드에서 index.html을 열어 보면 `<body>` 태그 안에 `<div id="wrapper">`만 들어 있고 실제 아무 내용도 없습니다. `<div>` ~ `</div>` 사이에 텍스트 필드 삽입을 위한 소스를 입력하세요. 그리고 준비물을 추가할 때마다 화면에 표시될 부분도 `<div>` 태그를 사용해 미리 자리를 잡아 둡니다. 이때 요소마다 `id` 값을 기억해 두어야 나중에 프로그램에서 사용할 수 있습니다. 미리 만들어 둔 스타일 시트를 적용할 것이므로 `id` 값과 `class` 값은 책에 나와 있는 대로 입력해 주세요. 소스 입력이 끝나면 Ctrl + S 를 누릅니다.

```
 9    <div id="wrapper">
10      <h2>여행 준비물 점검 목록</h2>   //제목
11      <form>
12        <input type="text" id="item" autofocus="true">   //입력용 텍스트 필드
13        <button type="button" id="add" class="addBtn">추가</button>
14      </form>
15      <div id="itemList"></div>   //준비물 목록이 표시될 영역
16    </div>
```

웹 브라우저에서 제대로 삽입되었는지 확인해 볼까요?
제목과 텍스트 필드, 버튼이 삽입되었습니다.

조금 전에 만든 form 요소 영역에 CSS를 추가해서 보기 좋게 꾸며 보겠습니다. 사용할 스타일은 07\css\input.css 파일 안에 미리 정의해 놓았습니다. 다음과 같은 소스를 `</head>` 태그 앞에 추가한 후 Ctrl + S 를 눌러 문서를 저장하세요.

```
 7    <link rel="stylesheet" href="css/input.css">
```

이제 웹 브라우저에서 다시 확인해 보세요. 제목은 화면 중앙으로 배치되고 폼 영역에는 배경색이 추가되었습니다. 좀 더 보기 좋은 모습이 되었지요? 프로그램 틀을 만들었으니 이제 프로그램 작동에 필요한 내용을 작성하는 방법을 본격적으로 알아보겠습니다.

02단계 **항목 추가하기**

앞에서 만든 프로그램은 아직 제대로 된 기능을 수행하지 못합니다. 이제 프로그램을 작동시키기 위해 자바스크립트 파일을 연결하고 소스를 작성해보겠습니다.

어떤 기능을 먼저 만들어야 할까요? 앞에서 생각한 준비물을 목록에 추가하는 과정을 떠올려보세요. 먼저 [추가] 버튼을 눌렀을 때 텍스트 필드에 입력한 값이 배열에 추가되도록 만들어야 합니다. 이 과정을 자바스크립트로 작성해 보겠습니다.

비주얼 스튜디오 코드에서 새 문서를 만들고 07\js 폴더에 checklist.js로 저장합니다. 그리고 앞에서 저장한 index.html 문서를 열어 자바스크립트 파일을 연결한 후 저장합니다.

checklist.js 파일에서 가장 먼저 할 일은 준비물을 저장할 배열을 만드는 것입니다. 빈 배열을 만든 후 itemList 변수에 저장하겠습니다.

☺ var itemList = new Array( );를 사용해 새로운 배열을 만들 수도 있습니다.

```
1    var itemList = [];
```

이제 빈 배열에 넣을 자료를 가져와야겠죠? [추가] 버튼을 눌렀을 때 텍스트 필드에 입력되어 있던 값을 배열에 추가하기 위해서는 먼저 이 기능을 수행할 함수와 [추가] 버튼이 눌리는 이벤트를 연결해야 합니다.

[추가] 버튼에 함수를 연결하기 위해 먼저 [추가] 버튼 요소를 가져와 addBtn 변수에 저장합니다. 그리고 addEventListener( ) 함수를 사용해 addBtn에 click 이벤트가 발생했을 때 처리할 함수를 연결합니다. 연결하는 함수의 이름은 addList( )로 하겠습니다. checklist.js에 다음을 작성하세요.

☺ addEventListener( ) 함수 대신 addBtn.on-click = addList;로 사용해도 됩니다.

```
3    var addBtn = document.querySelector("#add"); //#add인 요소를 가져와 addBtn으로 저장
4    addBtn.addEventListener("click", addList); //addBtn을 클릭하면 addList 함수 실행
```

이제 addList( ) 함수를 만들어 보겠습니다. addList( ) 함수는 준비물을 입력하고 [추가] 버튼을 누를 때마다 배열에 준비물을 추가하는 함수입니다. 사용자가 준비물을 입력했는지 텍스트 필드 값을 검사하고, 값이 있을 경우 가져와서 배열에 추가할 것입니다.

addList( ) 함수에서 가장 먼저 할 일은 텍스트 필드에 입력된 값을 가져오는 것입니다. addList( ) 함수 선언 영역을 만든 후 id="item"인 텍스트 필드 값을 가져와 item 변수에 저장하는 소스를 입력합니다.

```
6    function addList() {
7        var item = document.querySelector("#item").value;   //텍스트 필드 내용 가져옴
8    }
```

텍스트 필드 값을 가져왔으니 if문을 사용해서 itemList 배열에 추가해 보겠습니다. 이때 if문을 사용하는 이유는 item 변숫값이 null이 아닐 경우에만, 즉 입력값이 있는 경우에만 배열에 추가하기 위해서입니다. 배열의 맨 끝에 값을 추가할 때는 push( ) 함수를 사용한다고 했죠? item 변수를 선언한 소스 뒤에 다음 소스를 추가하고 문서를 저장하세요.

```
6    function addList() {
7        var item = document.querySelector("#item").value;
8        if (item != null) {
9            itemList.push(item);   //itemList 배열 끝에 item 변숫값 추가
10       }
11   }
```

지금까지 입력한 소스가 제대로 동작하는지 확인해 보겠습니다. 브라우저 창에서 index. html 문서를 연 후 콘솔 창을 열어 보세요. 아직 브라우저 화면에 목록을 표시하는 소스를 작성하지 않았기 때문에 콘솔 창에서 확인해야 합니다. 콘솔 창에 다음과 같이 입력하세요. 준비물 점검 목록에 아직 아무 내용도 없기 때문에 빈 배열이 표시될 것입니다.

```
>    itemList
<    ▶ []
```

텍스트 필드에 '충전기'라고 입력한 후 [추가]를 누르세요.

배열에 추가되었는지 확인해야겠죠? 콘솔 창에서 다시 한 번 다음과 같이 입력합니다. 방금
입력한 "충전기"라는 내용이 배열 안에 추가되었을 것입니다.

```
>   itemList
<   ▶ ["충전기"]
```

내용을 하나 더 추가해 볼까요? 그런데 텍스트 필드에 먼저 입력한 내용이 그대로 남아 있군
요. 원래 내용을 지우고 '카메라'라고 입력한 후 [추가] 버튼을 누르세요. 그리고 콘솔 창에서
itemList를 확인하면 두 번째 내용 "카메라"도 추가되어 있을 것입니다. 이렇게 배열에 새 요
소를 추가하는 소스가 정상적으로 작동하는 것을 확인했습니다.

```
>   itemList
<   ▶ ["충전기", "카메라"]
```

비주얼 스튜디오 코드로 돌아오세요. 앞에서는 배열에 요소를 추가한 후에도 텍스트 필드에
입력한 내용이 남아 있었죠? 이번에는 배열에 추가한 내용을 텍스트 필드에서 자동으로 지우
고 다시 커서를 활성화하는 기능을 추가할 것입니다. 앞에서 입력한 if문 안에 텍스트 필드를
비우는 소스와 포커스를 부여하는 소스를 추가하고 저   ⓖ focus( ) 함수는 해당 요소에 포커스를 주는
                                                    함수로, 텍스트 필드 안에 커서를 갖다 놓습니다.
장하세요.

```
8    if(item != null) {
9       itemList.push(item);
10      document.querySelector("#item").value = "";   //id = "item"인 요소 값을 지움
11      document.querySelector("#item").focus( );   //텍스트 필드에 focus( ) 함수 적용
12   }
```

제대로 동작하는지 마지막으로 확인해 보겠습니다. 웹 브라우저에서 index.html을 불러옵니다. 텍스트 필드에 준비물을 입력한 후 [추가]를 누르면 입력한 내용이 텍스트 필드에서 사라집니다. 이번에는 다른 준비물을 입력하고 [추가]를 누르세요. [추가] 버튼을 누를 때마다 itemList에 입력한 준비물이 차곡차곡 추가되는 중입니다. 몇 개 더 입력해 보세요.

이제 콘솔 창을 열고 itemList에 무엇이 담겼는지 확인해 볼까요? 콘솔 창에 다음과 같이 입력해 보세요. 지금까지 텍스트 필드에 입력한 준비물이 itemList 배열에 추가된 것을 볼 수 있습니다.

```
>   itemList
<   ▶ ["충전기", "카메라", "세면 도구"]
```

03단계 화면에 점검 목록 표시하기

앞에서 텍스트 필드에 입력한 내용을 itemList 배열에 추가하는 방법까지 만들어 보았습니다. 하지만 아직 프로그램 화면에는 추가한 내용이 표시되지 않습니다. 추가한 목록을 볼 수 있어야 준비물을 잘 챙길 수 있겠죠? 이제부터 배열에 추가한 내용을 화면에 표시해 보겠습니다.

여러 항목을 화면에 나열할 때는 목록 태그를 사용하면 됩니다. 이 책은 순서가 있는 목록 태그(<ol>)와 순서가 없는 목록 태그(<ul>) 중 순서가 없는 목록 태그를 사용합니다. 다음은 여러분이 만들 프로그램의 할 일 목록이 웹 브라우저 화면에 어떻게 나타날지 손으로 미리 그려 본 것입니다.

ⓒ 그림에 itemList[0], [1], [2]로 표시한 값은 실제 프로그램에서는 잠자기, 밥 먹기, 공부하기 등으로 나타날 것입니다.

```
<ul>
  <li>itemList[0]</li>
  <li>itemList[1]</li>
  <li>itemList[2]</li>
  ......
</ul>
```

자바스크립트로 목록 태그를 나타내려면 어떻게 해야 할까요? 자바스크립트로 웹 문서에 목록 태그를 나타낼 때는 위 그림처럼 줄 바꿈을 고려하지 않아도 됩니다. 즉 다음과 같이 <ul> 태그부터 </ul> 태그까지 한 줄로 연결하여 문자열로 저장한 다음 화면에 출력해도 괜찮습니다. 줄바꿈 처리를 고민했다면 걱정하지 않아도 됩니다. 정말 그런지 궁금하다면 콘솔에 다음 코드를 입력해 보세요.

```
> document.write("<ul><li>itemList[0]</li><li>itemList[1]</li><li>itemList[2]</li></ul>")
```

이제 itemList 배열에 저장된 값을 출력하는 방법에만 집중해 볼까요? itemList 배열에 저장된 값을 <li> 태그에 넣으려면 for문을 사용하여 하나씩 넣으면 됩니다.

이제 목록을 화면에 표시하는 기능을 가진 함수를 만들어 보겠습니다. 앞에서 저장한 checklist.js 파일에 showList( ) 함수 선언을 추가하세요. 그리고 함수 안에 list 변수를 선언합니다. 이 변수에 화면에 표시할 목록의 소스를 저장할 것입니다.

자바스크립트에서 목록을 화면에 표시하기 위해 <ul> 태그와 <li> 태그를 사용합니다. 먼저 list 변수에 <ul> 태그를 저장한 후 for문을 사용해 itemList 배열의 내용을 하나씩 <li> 태그로 감싸 list 변수에 저장합니다. 그리고 for문이 끝나면 마지막에 </ul> 태그를 추가해서 목록을 완성합니다. 이 내용에 해당하는 소스는 다음과 같습니다. 따라서 작성해 보세요.

```
15   function showList( ) {
16      var list = "<ul>";   //목록을 시작하는 <ul> 태그 저장
17      for (var i=0; i<itemList.length; i++) {   //배열 요소마다 반복
18         list += "<li>" + itemList[i] + "</li>";   //각 요소를 <li>~</li>로 묶음
19      }
20      list += "</ul>";   //목록을 끝내는 </ul> 태그 저장
21   }
```

화면에 나타낼 배열 내용을 목록 태그와 함께 list 변수에 저장했습니다. 이제 list 변숫값을
화면에 표시하면 저장된 항목이 화면에 나타날 것입니다. 앞에서 입력 필드를 만들 때 준비물
목록을 표시할 영역을 id="itemList"로 만들어 두었지요? 그 영역에 list 변숫값을 표시하기
위해 showList( ) 함수 끝에 다음 소스를 추가합니다.

```
15   function showList( ) {
        ......
20      list += "</ul>";
21
22      document.querySelector("#itemList").innerHTML = list;   //list 변숫값 표시
23   }
```

showList( ) 함수 선언을 끝냈습니다. 하지만 선언만 해서는 함수가 실행되지 않는다는 것 기
억하시죠? 함수가 원하는 위치에서 실행될 수 있도록 함수 실행 소스를 작성해 보겠습니다.
항목을 추가하자마자 그 결과를 화면에 보여 주어야 하므로 addList( ) 함수 끝부분에서
showList( ) 함수를 실행하면 되겠군요. 다음과 같이 addList( ) 함수 안에 있는 if문 다음에
소스를 추가하고 저장합니다.

```
6    function addList( ) {
7       var item = document.querySelector('#item').value;
8       if(item != null) {
9          itemList.push(item);
10         document.querySelector('#item').value = "";
11         document.querySelector('#item').focus( );
12      }
13      showList( );   //목록을 표시하는 showList( ) 함수 실행
14   }
```

웹 브라우저에서 index.html을 열고 텍스트 필드에 내용을 입력한 후 [추가] 버튼을 눌러 보세요. 텍스트 필드 아래쪽에 입력한 내용이 표시될 것입니다. 순서 없는 목록이므로 각 내용 앞에 불릿(•)도 함께 표시됩니다.

표시된 목록에 아무 항목이나 마우스 오른쪽 버튼으로 누른 후 [검사]를 선택해 보세요. 앞에서 작성한 대로 `<ul>~</ul>` 태그와 `<li>~</li>` 태그를 사용해 각 항목이 표시된 것을 볼 수 있습니다.

04단계 챙긴 준비물 목록에서 지우기

이제 마지막으로 챙긴 준비물을 목록에서 지우는 기능을 추가해 보겠습니다. 그래야 이미 챙긴 물건이 무엇이고 아직 챙기지 않은 물건은 무엇인지 헷갈리지 않고 파악할 수 있겠죠?

항목 오른쪽에 있는 삭제 버튼을 누르면 그 항목이 삭제되어야 합니다. 만약 삭제 버튼을 눌렀을 때 엉뚱한 항목이 삭제되면 곤란하겠죠? 삭제 버튼을 눌렀을 때 어떤 항목을 삭제해야 하는지 프로그램이 정확히 알 수 있도록 해당 항목의 인덱스 값을 삭제 버튼의 id 값으로 사용하겠습니다. 예를 들어 배열 첫 번째 항목의 인덱스 값이 0이기 때문에 첫 번째 항목의 삭제 버튼 id 값을 0으로 설정하는 것입니다. 그림으로 간단히 그려 보면 다음과 같습니다.

앞에서 저장한 checklist.js 파일을 열어 보세요. showList( ) 함수에서 배열 내용을 감싸던
<li> 태그 부분을 다음과 같이 수정합니다. [X] 버튼의
스타일을 지정하기 위해 class='close' 속성을 사용하
고, [X] 버튼의 id 값을 배열의 인덱스 값인 i로 지정하
고 저장하세요.

😊 class='close'를 입력할 때 홑따옴표(' ')를
사용한 것에 주의하세요. 바깥에 겹따옴표(" ")가
있고 그 안에 다시 따옴표를 써야 하므로 홑따옴
표(' ')를 사용했습니다.

> 연결 연산자로 숫자 i를 문자열로 변환

```
18    for (var i=0; i<itemList.length; i++) {
19        list += "<li>" + itemList[i] + "<span class='close' id=" + i + ">X</span></li>";
20    }
```

웹 브라우저에서 index.html을 열고 항목을 입력해 보세요. 입력한 내용이 나열되고 내용 오
른쪽에 X도 함께 표시될 것입니다. 하지만 목록 앞에는 불릿이 표시되고, [X] 버튼도 내용에
바짝 붙어서 표시되어 보기 불편하군요. CSS 파일을 연결해 좀 더 보기 좋게 바꿔 보겠습니
다.

목록에 사용할 스타일은 07\css 폴더에 list.css 파일로 미리 만들어 두었습니다. 비주얼 스튜
디오 코드로 돌아와 index.html 문서를 여세요. </head> 태그 앞에 다음 소스를 추가해 list.
css 파일을 연결하고 저장하세요.

```
7        <link rel="stylesheet" href="css/input.css">
8        <link rel="stylesheet" href="css/list.css">
9    </head>
```

다시 웹 브라우저 창에서 F5를 누른 후 텍스트 필드에 몇 가지 내용을 입력해 보세요. 목록에 스타일이 적용되어 좀 더 보기 좋아졌죠?

이제 준비물 점검 목록에서 내용을 삭제하는 함수를 만들어 보겠습니다. 삭제 버튼(X)은 점검 목록과 함께 화면에 표시되기 때문에 삭제 버튼을 눌렀을 때 실행할 명령도 showList( ) 함수 안에 추가해야 합니다. 앞에서 저장한 checklist.js를 열어 showList( ) 함수 마지막에 소스를 추가해 보겠습니다.

먼저 삭제 버튼을 프로그램에서 사용하기 위해서는 변수로 저장해야 합니다. 그런데 앞에서 추가한 소스를 보면 삭제 버튼은 모두 class 값이 close 로 똑같습니다. 그래서 querySelectorAll( ) 함수를 사용해 class = "close"인 요소를 모두 가져와 remove 변수에 저장하면 모든 삭제 버튼을 remove 변수에 저장할 수 있습니다. 이때 remove 변수는 배열 형태가 될 것입니다.

ⓒ querySelectorAll( ) 함수는 괄호 안에 지정한 class 이름을 가진 모든 요소를 가져옵니다. querySelectorAll( ) 함수에 대해서는 08장에서 자세히 설명합니다

ⓒ 앞에서 class 값을 입력할 때는 " "(곁따옴표) 안에 입력했기 때문에 ' '(홑따옴표)를 썼지만, 여기에서는 그렇지 않으므로 " "(곁따옴표)를 사용해도 됩니다.

```
16   function showList( ) {
…      ……
23      document.querySelector("#itemList").innerHTML = list;
24
25      var remove = document.querySelectorAll(".close");   // 삭제 버튼을 변수로 저장. 배열 형태가 됨
```

for문을 사용해 remove 배열의 요소를 차례로 훑어보면서 해당 요소에서 click 이벤트가 발생하면 그 요소를 삭제하는 기능을 가진 함수를 실행하도록 지정합니다. 함수 이름은 removeList( )로 하겠습니다.

```
16   function showList( ) {
…      ……
26      for (var i=0; i<remove.length; i++) {   // remove 배열의 모든 요소 확인
27         remove[i].addEventListener("click", removeList);   // 요소를 클릭하면 removeList( ) 실행
28      }
29   }
```

이제 removeList( ) 함수를 작성해 보겠습니다. removeList( ) 함수는 어떤 순서로 작동해야 할까요? 먼저 어떤 삭제 버튼이 눌러졌는지 알아내야 합니다. 그리고 그 버튼의 id 값을 가져옵니다. 버튼의 id 값은 그 버튼을 눌렀을 때 지워야 할 항목의 인덱스 값으로 설정한다고 했죠? 즉 눌린 버튼에서 가져온 id 값과 같은 인덱스 값을 가진 항목을 itemList( ) 배열에서 삭제하면 됩니다.

먼저 어떤 버튼이 눌러졌는지 알아내는 소스를 작성하겠습니다. 객체에서 이벤트가 발생했을 때 그 이벤트의 대상을 알아내려면 자바스크립트의 this 예약어를 사용합니다. this가 무엇을 가리키는지 확인해 볼까요? checklist.js 파일에 다음을 작성하고 저장하세요.

```
31      function removeList( ) {
32          console.log(this);    // this 값을 콘솔 창에 표시
33      }
```

웹 브라우저에서 index.html을 열고 2~3개의 항목을 입력해서 추가한 후 콘솔 창을 엽니다.

두 번째 삭제 버튼을 눌러 보세요. 콘솔 창에 id="1"인 <span> 태그가 나타납니다. 이건 방금 누른 삭제 버튼에 해당하는 소스입니다. 다른 항목의 삭제 버튼을 누르면 역시 그에 해당하는 <span> 태그 소스가 나타납니다. 이렇게 this 키워드를 사용하면 이벤트가 발생한 요소를 알아낼 수 있습니다.

ⓒ 자바스크립트의 this 키워드는 상황에 따라 다르게 사용되기 때문에 항상 이벤트 발생 요소를 가져오는 것은 아닙니다.

다시 비주얼 스튜디오 코드의 checklist.js 파일로 돌아오세요. this 예약어 기능을 알아봤으니 앞에서 입력한 console.log(this) 소스는 삭제하겠습니다. 그 대신 그 자리에 다음과 같은 소스를 넣으세요. 삭제 버튼을 눌렀을 때 그 버튼의 id 값을 가져오기 위해 getAttribute( ) 함수를 사용하겠습니다. getAttribute( ) 함수는 지정한 속성(Attribute)의 값을 가져오는 함수입니다.

ⓒ getAttribute( ) 함수에 대해서는 08장에서 자세히 설명합니다.

```
31   function removeList( ) {
32      var id = this.getAttribute("id");   //this(누른 삭제 버튼)의 id 값 가져와 id 변수에 저장
33   }
```

눌린 버튼의 id 값을 알아냈으니 이 값을 사용해 itemList 배열에서 해당 항목을 삭제하겠습니다. 예를 들어 id 변숫값이 1이라면 itemList 배열에서 인덱스가 1인 항목을 삭제하면 되겠죠? 배열에서 특정 위치의 내용을 삭제하기 위해 앞에서 배운 splice( ) 함수를 사용하겠습니다. 그리고 바뀐 내용을 화면에 보여 주기 위해 showList( ) 함수를 다시 실행합니다. 이렇게 removeList( ) 함수를 완성했습니다. 문서를 저장하세요.

```
31   function removeList( ) {
32      var id = this.getAttribute("id");
33      itemList.splice(id, 1);   //itemList 배열에서 인덱스 값이 id인 요소 1개 삭제
34      showList( );   //변경된 itemList 배열을 다시 화면에 표시
35   }
```

웹 브라우저로 돌아와 F5를 눌러 수정한 내용을 반영한 후 여러 내용을 추가해 보세요. 그리고 삭제하고 싶은 항목의 삭제 버튼을 클릭해 보세요. 삭제한 항목은 화면에서 사라지고 변경된 배열의 내용만 화면에 표시됩니다.

01 seasons 배열이 있을 때 배열의 모든 요소를 콘솔 창에 표시하려고 합니다. for문에서 괄호 안에 들어갈 값은 s   입니다.

```
> 	for (var i = 0; i < (        ); i++) {
	    console.log(seasons[i]);
	}
```

02 둘 이상의 배열을 연결하는 함수는 c   함수입니다.

03 배열 안에 있는 요소들을 연결하는 함수는 j   함수입니다.

04 배열의 맨 뒤에 새로운 요소를 추가하는 함수는 p   함수입니다.

05 배열의 맨 앞에 새로운 요소를 추가하는 함수는 u   함수입니다.

06 배열의 마지막 요소를 추출하는 함수는 p   함수입니다.

07 배열의 첫 번째 요소를 추출하는 함수는 s   함수입니다.

08 배열의 중간 부분에서 요소를 추출할 때 기존 배열을 수정하지 않으려면 s   함수를 사용합니다.

09 배열의 중간 부분에서 요소를 추출할 때 기존 배열이 바뀌어도 된다면 s   함수를 사용합니다.

10 s   함수는 시작 인덱스와 끝 인덱스 직전까지 요소를 추출합니다.

정답 **01** seasons.length **02** concat **03** join **04** push **05** unshift
06 pop **07** shift **08** slice **09** splice **10** slice

다음은 지금까지 배운 내용을 응용해 보는 문제입니다. 그동안 작성해 놓은 소스 코드를 활용해 프로그램을 만들어 보세요.

1. 07\quiz-1.html, 07\js\quiz-1.js 파일을 사용해 배열에 있는 모든 요소를 더한 후 배열의 끝에 결과를 추가하는 프로그램을 작성하세요.

| 2 | 4 | 6 | 8 | 10 | ◀── 원래 배열 |

| 2 | 4 | 6 | 8 | 10 | 30 | ◀── 모든 요소 더한 결과 추가 |

2. 07\quiz-2.html 파일을 사용해 좋은 글귀를 배열에 저장해 두고 배열에 있는 내용 중 하나를 무작위로 화면에 표시하는 프로그램을 작성하세요.

• 문서에 웹 폰트(나눔 펜 스크립트)를 사용하고 있어서 인터넷에 접속한 상태에서만 결과 화면처럼 글꼴이 제대로 표시됩니다.
• 글귀의 앞뒤에 따옴표(" ")를 표시할 때는 ASCII 코드를 참고하세요.

"자존심은 어리석은 자의 소유물이다"

"후회를 최대한 이용하라. 깊이 후회한다는 것은 새로운 삶을 산다는 것이다."

정답 1. 07\sol-1.html, 07\js\sol-1.js 2. 07\sol-2.html, 07\js\sol-2.js

08

웹 문서를 다루는 방법,
문서 객체 모델(DOM)

자바스크립트는 웹 문서 안의 텍스트나 이미지, 표 등 웹 문서 요소를 자유롭게 조작할 수 있는 프로그래밍 언어입니다. 그런데 자바스크립트가 웹 문서의 요소를 조작할 수 있는 이유는 무엇일까요? 바로 이들 요소가 자바스크립트를 사용하여 접근할 수 있는 객체 형태로 준비되어 있기 때문입니다. 그래서 이 객체를 특별히 문서 객체 모델이라고 구별하여 부릅니다. 이 장에서는 문서 객체 모델이 무엇인지 살펴보고, 문서 객체 모델을 활용해 웹 문서를 다루는 방법을 알아보겠습니다.

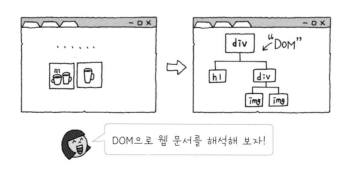

08-1 문서 객체 모델이란?

자바스크립트를 사용해 웹 문서의 텍스트나 이미지 등의 요소를 제어하기 위해서는 문서 객체 모델(Document Object Model)을 이해해야 합니다. 그러면 대체 문서 객체 모델이란 무엇일까요? 지금부터 문서 객체 모델이 무엇인지, 자바스크립트로 문서 객체 모델을 조작한다는 것은 무엇인지 자세히 알아보겠습니다.

문서 객체 모델의 정의

본격적으로 문서 객체 모델을 소개하기 전에 부르는 방법을 정리해 보죠. 문서 객체 모델은 보통 영어 Document Object Model을 줄여 DOM으로 표기합니다. 실무에서는 DOM을 그대로 읽어 '돔'이라고 부르죠. 지금부터 문서 객체 모델은 DOM이라고 표기하겠습니다. 이 용어에 익숙해지기 바랍니다. 다음은 DOM의 정의입니다.

> **DOM의 정의**
> 웹 문서의 모든 요소를 자바스크립트를 이용하여 조작할 수 있도록 객체를 사용해 문서를 해석하는 방법.

정의를 읽어 보니 DOM을 사용하면 웹 문서의 모든 요소를 객체로 해석할 수 있다고 합니다. 즉 웹 문서의 텍스트·이미지·표 등 모든 요소는 모두 객체라는 것이죠. 대체 이게 무슨 말일까요? 다음 실습을 통해 DOM이 무엇이고 어떤 역할을 하는지 알아보겠습니다.

Do it! 실습 ▶ DOM을 사용하지 않고 상세 설명 가리기

• 실습 파일 08\dom.html　• 완성 파일 08\dom-result.html

다음은 HTML로 작성한 커피 상품 정보입니다. 만약 여기에서 상세 설명을 보이지 않게 만들려면 어떻게 해야 할까요?

```
11  <body>
…     <div id="detail">
        <h2>상품 정보</h2>
        <ul>
          <li>원산지 : 에디오피아</li>
```

```
            <li>지 역 : 이르가체프 코체레</li>
            <li>농 장 : 게뎁</li>
            <li>고 도 : 1,950 ~ 2,000 m</li>
            <li>품 종 : 지역 토착종</li>
            <li>가공법 : 워시드</li>
        </ul>
        <h3>상세 설명 </h3>
        <p>2차 세계대전 이후 설립된 게뎁 농장은 유기농 인증 농장으로 여성의 고용 창출과 지역사회 발전에 기여
        하며 3대째 이어져 내려오는 오랜 역사를 가진 농장입니다. 게뎁 농장은 SCAA 인증을 받은 커피 품질관리
        실험실을 갖추고 있어 철저한 관리를 통해 스페셜티 커피를 생산합니다.</p>
        <h3>커피의 풍미 </h3>
        <p>은은하고 다채로운 꽃향, 망고, 다크 체리, 달달함이 입안 가득.</p>
    </div>
</body>
```

웹 문서를 비주얼 스튜디오 코드로 열어 상세 설명이 가려지도록 CSS를 작성하면 됩니다. 08
폴더에서 dom.html 문서를 여세요. 그리고 다음과 같이 소스를 수정한 다음 크롬 브라우저
로 열어 결과를 확인해 보세요.

```
22    <h3 style="visibility: hidden">상세 설명 </h3>
...         <p style="visibility: hidden">2차 세계대전 이후 설립된 게뎁 농장은 유기농 인증 농장으로 여성
        의 고용 창출과 지역사회 발전에 기여하며 3대째 이어져 내려오는 오랜 역사를 가진 농장입니다. 게뎁 농
        장은 SCAA 인증을 받은 커피 품질관리 실험실을 갖추고 있어 철저한 관리를 통해 스페셜티 커피를 생산합
        니다.</p>
```

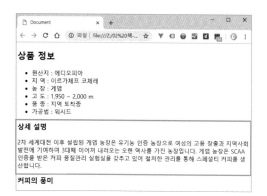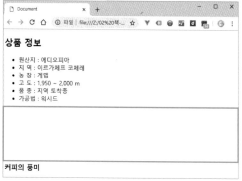

하지만 이런 기능을 추가하기 위해 매번 비주얼 스튜디오 코드로 웹 문서를 수정해야 한다면
매우 번거롭겠죠? 사용자가 버튼을 눌렀을 때 상세 설명을 가리는 등 더 복잡한 기능이라면
더욱 그럴 겁니다. 어떻게 하면 좀 더 편하게 이런 기능을 추가할 수 있을까요?

바로 이런 경우에 자바스크립트로 DOM을 제어하면 됩니다. 앞에서 dom.html 문서에 추가한 소스를 지워 실습 파일을 원래 상태로 만드세요. 그리고 크롬 브라우저에서 열어 콘솔 창에서 다음 소스를 입력해 보세요. 그러면 '상세 설명'이란 제목이 바로 사라집니다.

```
> document.querySelector('#detail h3').style.visibility = 'hidden'
```

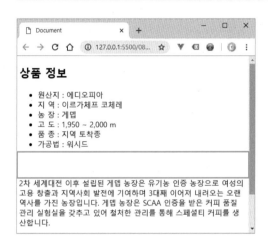

상세 설명의 내용도 사라지게 만들어 볼까요? 다음을 콘솔 창에 입력해 보세요. 그러면 상세 설명의 내용도 사라집니다.

```
> document.querySelector('#detail p').style.visibility = 'hidden'
```

어떤가요? 웹 문서를 직접 수정하는 대신 자바스크립트로 웹 문서를 수정했습니다. 어떻게 이런 일이 가능했을까요? document는 웹 문서 자체를 가리키는 DOM 요소 중 하나입니다. 콘솔 창에 document라고 입력한 다음 ▶을 눌러 결괏값을 살펴보세요.

> document

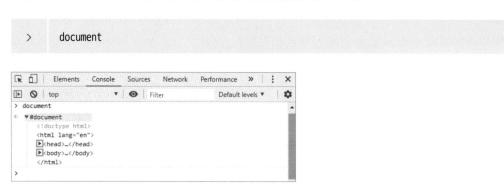

결괏값을 펼쳐 보면 웹 문서의 소스가 그대로 들어 있습니다! document를 사용하면 자바스크립트에서 웹 문서의 소스 전부를 인식할 수 있기 때문에 수정도 할 수 있는 것입니다. 이렇듯 document는 수많은 DOM 요소 중 하나입니다. 그러면 지금부터 본격적으로 DOM이 무엇인지 하나씩 알아보겠습니다.

DOM 트리 — DOM 구조는 나무처럼 생겼다

자바스크립트로 DOM을 조작하기 위해서는 실제 웹 문서가 DOM으로 어떻게 표현되는지 알아야 합니다. DOM은 웹 문서의 요소를 부모 요소와 자식 요소로 구분합니다. 다음은 아주 간단한 웹 문서입니다.

```
<body>
    <h1>제목</h1>
    <p>본문</p>
</body>
```

DOM은 body를 h1,p의 부모 요소로, h1,p를 body의 자식 요소로 이해하고 구조화합니다. 이때 DOM의 구조는 다음 그림으로 표현할 수 있습니다.

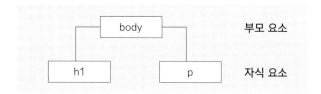

그림이 마치 나무를 거꾸로 뒤집어 놓은 것 같지요? 그래서 이것을 DOM 트리(Tree)라고 부릅니다. 이 용어는 실무에서 많이 사용하므로 익숙해지길 바랍니다.

DOM 트리는 가지와 노드로 표현합니다. 노드(Node)는 그림에서 네모 상자를 가리키고, 웹 문서에 있는 요소나 속성을 나타냅니다. 가지는 말 그대로 그림에서 보이는 얇은 선을 가리키는 것으로, 노드와 노드 사이의 연결 관계를 나타냅니다. 그런데 DOM 트리는 웹 문서의 HTML 요소만 표현하지 않습니다. HTML의 요소가 품고 있는 텍스트, 이미지도 자식으로 간주하여 DOM 트리에 표현합니다. 다음은 위의 웹 문서를 DOM 트리로 표현한 것입니다.

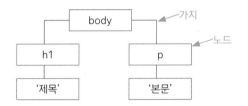

☺ 노드는 반드시 네모 상자로 표현하지 않아도 괜찮습니다. 모양은 쉽게 구별하는 역할만 합니다.

DOM 트리는 웹 문서 요소를 다음과 같이 표현합니다.

- 웹 문서의 태그는 요소(Element) 노드로 표현합니다.
- 태그가 품고 있는 텍스트는 해당 요소 노드(태그)의 자식 노드인 텍스트(Text) 노드로 표현합니다.
- 태그의 속성은 모두 해당 요소 노드(태그)의 자식 노드인 속성(Attribute) 노드로 표현합니다.
- 주석은 주석(Comment) 노드로 표현합니다.

 위에서 살펴본 예제 소스를 기준으로 맞는 답에 표시하세요.

1. h1은 (body, '제목')의 자식 노드입니다.
2. p는 (h1, '본문')의 부모 노드입니다.

정답 body, '본문'

DOM 트리 자세히 살펴보기

DOM 트리가 만들어지는 과정을 실시간으로 확인할 수 있는 사이트를 통해 DOM 트리를 확인해 보겠습니다. 다음 사이트에 접속하세요.

사이트에 접속하면 여러 창이 보입니다. 이번 실습에서는 1~3번째 창만 사용합니다.

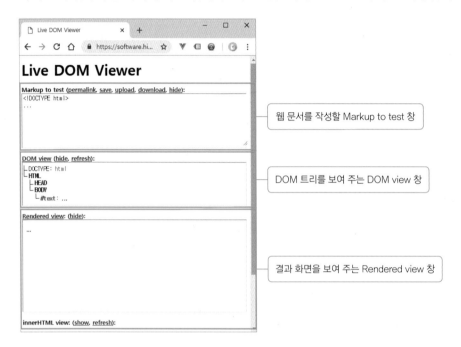

[Markup to test] 창에 다음 소스를 입력해 보세요. 소스를 입력할 때마다 바로 아래에 있는
[DOM view] 창에 DOM 트리가 실시간으로 추가되는 것을 확인할 수 있습니다.

```
<!DOCTYPE html>
<html lang="ko">
        <head>
                <title>DOM TREE 알아보기</title>
        </head>
        <body>
                <h1>DOM</h1>
                <p>DOM을 공부합시다.</p>
        </body>
</html>
```

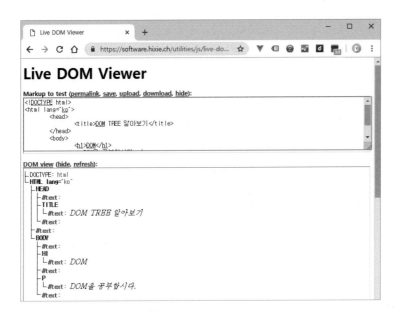

태그 요소는 보라색으로 표시됩니다. 그리고 #text:라고 표시된 것은 텍스트 노드입니다. 텍스트 노드에 값이 없는 것은 줄 바꿈을 의미합니다. 다음은 [DOM view] 창에 표현된 노드를 DOM 트리로 표현한 것입니다.

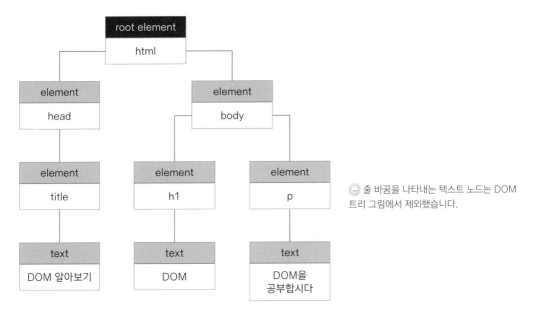

ⓒ 줄 바꿈을 나타내는 텍스트 노드는 DOM 트리 그림에서 제외했습니다.

이 DOM 트리를 놓고 DOM 트리의 구성 요소를 하나씩 설명해 보겠습니다. 그림을 보면 노드 위에 특별히 띠를 둘러 어떤 노드인지 적어 놓았습니다. 맨 위에 있는 html 노드는 요소 노드(Element Node)이면서 다른 요소 노드가 뻗어 나가기 시작하는 노드이기도 합니다. 이를 나무 뿌리에 비유하여 루트 노드(Root Node)라고 부릅니다. 그래서 html 노드의 띠에는 root element라고 적어 놓았습니다. 그리고 특정 노드를 기준으로 위에 붙어 있는 노드를 부모 노드, 아래에 있는 노드는 자식 노드라고 부릅니다. 예를 들어 head 노드의 부모 노드는 html 노드, 자식 노드는 title 노드입니다.

이렇게 웹 문서를 놓고 DOM 트리를 상상하면 자바스크립트로 원하는 요소에 어떻게 접근할지 쉽게 생각할 수 있습니다. 이제 웹 문서와 DOM 트리의 관계가 잘 이해되시나요? 지금부터 본격적으로 자바스크립트로 DOM 요소에 접근하는 방법을 알아보겠습니다.

08-2 DOM 요소에 접근하기

08-1에서 커피의 상세 설명을 보이지 않게 만든 것 기억하시나요? 이렇게 웹 문서의 요소를 보이지 않게 하려면 자바스크립트로 어떤 DOM 요소를 감춰야 하는지 알아야 합니다. 이렇게 자바스크립트로 프로그램에 사용할 요소에 접근하는 것을 'DOM 요소에 접근한다'고 이야기합니다. 여기에서는 이 방법에 대해 하나씩 알아보겠습니다. 프로그램을 빨리 만들고 싶겠지만 지금은 DOM 요소에 접근하는 방법에만 집중해 주세요.

> **Do it! 실습** ▶ DOM 요소에 접근하는 여러 가지 방법

• 실습 파일 08\accessDom.html

CSS에는 선택자(Selector) 개념이 있습니다. HTML 요소의 스타일을 선택하여 수정할 때 CSS 선택자를 사용하죠. 자바스크립트로 DOM 요소에 접근할 때도 주로 선택자를 사용합니다. 다음은 DOM에 접근하는 실습을 하기 위해 미리 준비한 웹 문서입니다. 먼저 accessDom.html 문서를 비주얼 스튜디오 코드에서 열어 다음을 확인해 보세요.

ⓒ CSS 선택자를 모른다면《Do it! HTML+CSS 웹 표준의 정석》을 공부해 보세요.

```
10   <body>
11     <div id="container">
12       <h1 id="heading">에디오피아 게뎁</h1>
13       <div id="prod-img">
14         <img src="images/coffee-pink.jpg" alt="에디오피아 게뎁">
15       </div>
16       <div id="desc">
17         <h2 class="bright">Information</h2>
18         <p>2차 세계대전 이후 설립된 <span class="accent">게뎁농장</span>은 유기농 인증 농장으로 …
             게뎁농장은 <span class="accent">SCAA 인증</span>을 … 생산합니다.</p>
19         <h2>Flavor Note</h2>
20         <p class="bright">은은하고 다채로운 꽃향, 망고, 다크 체리, 달달함이 입안 가득.</p>
21       </div>
22     </div>
23   </body>
```

이제 이 문서를 크롬 브라우저로 열어 보세요. 그러면 다음과 같은 화면이 나타납니다. 이 화면을 그대로 띄워 놓고 DOM 요소에 접근하는 실습을 진행해 보겠습니다.

DOM 요소를 id 선택자로 접근하는 함수 — getElementById( )

예를 들어 accessDom.html 문서에서 에디오피아 게뎁이라는 제목(h1)에 접근하려면 어떻게 해야 할까요? 바로 id 속성을 사용합니다.

```
10    <body>
11      <div id="container">
12        <h1 id="heading">에디오피아 게뎁</h1>
13        <div id="prod-img">
```

id 속성 값은 한 문서 안에서 유일하기 때문에 자주 사용합니다. CSS 선택자로 # 문자와 함께 id 속성을 선택한 것을 떠올려 보세요. DOM 요소에 접근할 때에도 마찬가지 방법을 사용합니다. 그리고 id 선택자를 사용하여 DOM 요소에 접근하는 함수가 바로 getElementById( ) 함수입니다. 이제 이 함수에 대해 알아 보겠습니다.

앞에서 띄워 놓은 크롬 브라우저 화면에서 콘솔 창을 열어 다음을 입력해 보세요. 그러면 콘솔 창에 id 값이 heading인 요소(id="heading")를 출력할 것입니다. 출력된 요소에 마우스를 올려 보세요. 그러면 결과 화면에 이 요소가 어느 부분을 가리키는지 표시됩니다.

```
>    document.getElementById("heading")
<    <h1 id="heading">에디오피아 게뎁</h1>
```

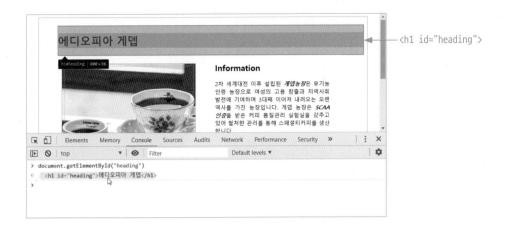

← <h1 id="heading">

지금은 제목 요소에 접근한 것입니다. 접근한 요소에 텍스트가 있다면 자바스크립트를 사용해 글자 색이나 크기 등 스타일을 수정할 수도 있습니다. 자바스크립트 함수를 사용해서 조금 전에 접근한 제목의 스타일을 바꿔 볼까요?

다음은 제목을 누르면 접근한 요소의 글자 크기가 커지도록 자바스크립트 함수를 만든 것입니다. getElementById( ) 함수를 사용해 DOM 요소에 접근하고, 이 요소를 누르면(onclick) 함수[function( ){ … }]가 작동합니다. 지금은 요소에 접근했다는 사실과 자바스크립트 함수가 적용되었다는 사실에 집중하세요.

```
> document.getElementById("heading").onclick = function( ) {
    this.style.fontSize = "5em"
}
```

accessDom.html 문서에서 그림 오른쪽의 텍스트 부분은 <div id="desc"> 태그로 감싸져 있습니다. 이 텍스트 부분에 접근하는 소스를 작성하세요.

정답 document.getElementById("desc")

DOM 요소를 class 값으로 찾아내는 함수 — getElementsByClassName( )

앞에서 살펴본 문서에서 두 번째 문단에 있는 '게뎁농장'과 'SCAA 인증' 텍스트를 찾아보세요. 이 단어들은 굵고 비스듬하게 표시되어 바로 찾을 수 있을 것입니다. 그런데 이 단어에 밑줄도 표시하려고 합니다. 그렇다면 두 텍스트 요소에 접근해야겠죠? 두 요소를 HTML 문서에서 찾아보면 class의 값이 모두 accent임을 알 수 있습니다.

```
18    <p>2차 세계대전 이후 설립된 <span class="accent">게뎁농장</span>은 … <span class="accent">SCAA
      인증</span>을 받은 … 스페셜티커피를 생산합니다.</p>
```

class 속성 값을 사용하여 DOM 요소에 접근하려면 getElementsByClassName( ) 함수를 사용합니다. 그런데 이 함수의 이름을 자세히 보면 By 단어 앞에 복수를 뜻하는 's'가 붙어 있습니다.

```
getElementsByClassName( )
```

CSS에서 class 선택자는 id 선택자와 다르게 웹 문서 안에서 여러 번 사용할 수 있습니다. 그래서 getElementsByClassName( ) 함수는 2개 이상의 웹 요소에 접근합니다. 콘솔 창에 다음 소스를 입력하고 Enter 를 눌러 보세요. id 속성 값으로 DOM 요소에 접근했던 것과 다르게 HTMLCollection 값을 출력할 것입니다. HTMLCollection은 여러 개의 HTML 요소를 담고 있는(Collection) 자료 형식으로, 배열과 비슷하다고 생각하면 됩니다.

```
>    document.getElementsByClassName("accent")
<    ▶ HTMLCollection(2) [span.accent, span.accent]
```

출력한 HTMLCollection 앞에 있는 ▶를 눌러서 배열을 펼쳐 보면 class 값이 accent인 span 요소가 저장되어 있음을 볼 수 있습니다. 이 값에 마우스를 올려 보세요. 그러면 해당 요소가 브라우저 화면에 표시됩니다.

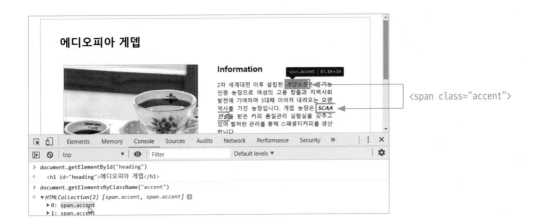

그런데 getElementsByClassName( ) 함수로 접근한 DOM 요소 중 1개의 요소에만 접근하고 싶을 수도 있습니다. 배열의 인덱스를 사용하면 원하는 요소를 가져올 수 있다는 것 기억하시죠? HTMLCollection을 펼치면 원하는 요소 왼쪽에 인덱스(번호)가 있습니다. 이것을 참고하여 원하는 요소에 접근합니다. 다음은 첫 번째 요소에 접근한 것입니다.

◎ 배열 요소에 접근하는 방법이 잘 생각나지 않으면 07장을 살펴보세요.

```
>    document.getElementsByClassName("accent")[0]
<    <span class="accent">게뎁농장</span>
```

이제 이 요소에 밑줄을 표시하겠습니다. 다음을 입력해 보세요. 그러면 '게뎁농장' 텍스트에 밑줄이 생깁니다.

```
>    document.getElementsByClassName("accent")[0].style.textDecoration ="underline"
<    "underline"
```

DOM 요소를 태그 이름으로 찾아내는 함수 — getElementsByTagName( )

id나 class 선택자가 있는 DOM 요소는 위의 두 방법으로 접근하면 됩니다. 하지만 id나 class 선택자가 없는 DOM 요소에는 어떻게 접근해야 할까요? 이 경우에는 getElementsByTag Name( ) 함수를 사용하여 태그 이름을 찾아 DOM 요소에 접근하면 됩니다. 이 함수의 이름에 도 's'가 붙어 있습니다. 즉 이 함수도 여러 DOM 요소를 모두 찾아 접근합니다.

> 함수 이름에 복수를 뜻하는 's'가 있으면 여러 DOM 요소에 접근한다고 생각하세요.

이번에는 상세 설명 안에 있는 제목(Information)에 배경색을 넣어 보겠습니다. HTML 문서를 보면 다음과 같이 상세 설명이 작성되어 있습니다.

```
16  <div id="desc">
17      <h2>Information</h2>
18      <p>2차 세계대전 이후 …… 생산합니다.</p>
19      <h2>Flavor Note</h2>
20      <p>은은하고 …… 향이 입안 가득.</p>
21  </div>
```

콘솔 창을 열어 다음을 입력해 보세요. 그런 다음 HTML Collection 앞에 있는 ▶를 눌러 배열 안에 어떤 요소가 들어 있는지 확인해 보세요.

> HTMLCollection 내용은 getElementsBy ClassName( ) 함수에서 설명했습니다.

```
>   document.getElementsByTagName("h2")
<   ▶ HTMLCollection(2) [h2, h2]
        ▶ 0: h2
        ▶ 1: h2
        length: 2
        ▶ __proto__: HTMLCollection
```

다음은 h2 태그 이름으로 접근한 DOM 요소 중 첫 번째 요소의 배경색을 바꾼 것입니다.

```
>   document.getElementsByTagName("h2")[0].style.backgroundColor = "#eee"
<   "#eee"
```

DOM 요소를 다양한 방법으로 찾아주는 함수 — querySelector( ), querySelectorAll( )

이번에는 id, class 값을 사용해도 되고 태그 이름을 사용해도 되는 querySelctor( ) 함수와 querySelectorAll( ) 함수에 대해 알아보겠습니다. 두 함수는 접근하는 DOM 요소 개수에만 차이가 있을 뿐 사용 방법은 같습니다.

두 함수는 id, class 값을 사용해도 되고 태그 이름을 사용해도 됩니다. 그러면 id나 class는 어떻게 입력해야 할까요? CSS 선택자를 사용한 방법을 그대로 사용하면 됩니다. 즉 class 값 앞에는 마침표(.)를, id 값 앞에는 샵(#)을 붙입니다. 태그 이름은 기호 없이 태그 이름만 사용하면 됩니다.

ⓒ querySelctor( ) 함수와 함께 class 선택자나 태그 이름을 사용할 때는 여러 요소 중 첫 번째 요소에만 접근할 수 있습니다.

다음은 getElementById( ) 함수와 querySelector( ) 함수로 id 값을 사용하여 DOM 요소에 접근하는 방법을 비교한 것입니다. # 기호 유무에 주의하여 코드를 눈으로 살펴보세요.

```
document.getElementById("container")        document.querySelector("#container")
```

id="heading"인 제목(에디오피아 게델) 요소를 querySelector( ) 함수로 접근해 볼까요? 콘솔 창에 다음을 입력하여 결과를 확인해 보세요.

```
> document.querySelector("#heading")
< <h1 id="heading">에디오피아 게델</h1>
```

이번에는 class 값이 accent인 DOM 요소에 접근해 보겠습니다. class 속성은 한 문서에서 여러 번 사용할 수 있기 때문에 querySelectorAll( ) 함수를 사용하겠습니다.

```
> document.querySelectorAll(".accent")
< ▶ NodeList(2) [span.accent, span.accent]
```

```
▶ 0: span.accent
▶ 1: span.accent
length: 2
▶ __proto__: NodeList
```

그런데 이번에 반환한 값은 HTMLCollection이 아니라 NodeList라고 표기됩니다. 당황할 필요 없습니다. NodeList는 HTMLCollection과 같은 방법으로 다룰 수 있습니다. 즉 NodeList는 여러 개의 노드를 모아 놓은 것으로 배열과 비슷하다고 생각하면 됩니다. 다음은 인덱스를 사용하여 NodeList의 두 번째 요소에 접근한 다음 요소의 배경색을 노란색으로 바꾸는 자바스크립트 소스입니다. 입력해서 결과를 확인해 보세요. ⓒ 노드 리스트에 대해서는 08-7을 참고하세요.

```
>   document.querySelectorAll(".accent")[1].style.backgroundColor="yellow"
<   "yellow"
```

getElementById( ) 함수와 querySelector( ) 함수의 차이

id 선택자가 있는 웹 요소에 접근할 때 getElementById( ) 함수를 사용할 수 있고 querySelector( ) 함수를 사용할 수도 있습니다. 그렇다면 이 두 가지 함수의 차이는 무엇일까요?
예를 들어 getElementById( ) 함수는 단순히 id 선택자를 사용해서 요소에 접근하지만 querySelector( )를 사용하면 id 선택자뿐만 아니라 querySelector(#container >ul)처럼 둘 이상의 선택자를 사용해서 요소에 접근할 수 있습니다.

08-3 웹 요소의 태그 속성 가져와서 수정하기

지금까지 DOM 요소에 접근하는 방법을 알아보았습니다. 이번에는 접근한 DOM 요소의 속성 노드에 접근하는 방법을 알아보겠습니다. 속성 노드에 접근하면 HTML 요소의 속성 값을 원하는 값으로 수정할 수 있습니다. 속성 값을 원하는 값으로 바꾸면 어떤 기능을 구현할 수 있을까요? 이제부터는 간단한 예제만 푸는 것이 아니라 커피 구매 사이트를 직접 만들면서 그 방법에 대해 알아보겠습니다. 여기에서 완성하는 프로그램의 기능은 선택한 이미지를 원하는 위치에 표시합니다.

[미리보기] 선택한 상품 이미지 표시하기

이번에 완성할 프로그램의 기능은 쇼핑몰에서 자주 볼 수 있습니다. 상품 소개 페이지에서 작은 상품 이미지를 누르면 바로 위에 해당 이미지가 크게 나타나는 기능입니다. 이 프로그램은 앞 장에서 만든 '계산기'나 '점검 목록'처럼 단독으로 실행하는 것이 아니라 웹 문서의 일부를 동적으로 변화시킵니다. 그러면 이제부터 그 과정을 하나씩 따라 해 보겠습니다.

HTML 태그 속성을 가져오거나 수정하는 함수 ─ getAttribute( ), setAttribute( )

이번에 완성할 프로그램의 기능은 선택한 상품 이미지를 특정 위치에 표시하는 것입니다. 다르게 말해 선택한 상품 이미지에 맞게 특정 위치의 이미지를 변경하면 됩니다. 이 기능을 어떻게 구현해야 할지 잠시 생각해 보겠습니다. 이미지를 바꾸려면 다음과 같은 순서로 진행하면 되겠죠?

1) 작은 이미지의 src 속성에 접근해서 값을 알아낸다.

2) 큰 이미지의 src 속성에 접근해서 작은 이미지의 src 값으로 변경한다.

이미지 요소에 접근하는 것은 앞에서 공부한 querySelector( ) 함수를 사용하면 되겠죠? 그리고 속성에 접근하려면 getAttribute( ) 함수를 사용하고, 접근한 속성의 값을 바꾸려면 setAttribute( ) 함수를 사용합니다.

08-2에서 살펴본 accessDom.html 문서를 다시 사용해서 getAttribute( ) 함수와 setAttribute( ) 함수를 연습해 보겠습니다. 웹 브라우저에서 accessDom.html 문서를 열면 왼쪽에 이미지가 표시되어 있는데, 그 이미지 파일의 경로를 확인해 보겠습니다. 문서에 있는 이미지에 접근하기 위해 먼저 이미지에 사용한 소스를 확인해 보죠.

```
13    <div id="prod-img">
14        <img src="images/coffee-pink.jpg" alt="에디오피아 게뎁">
15    </div>
```

이미지에 id나 class를 사용하지 않았기 때문에 `<img>` 태그를 사용해서 접근해야겠군요. 웹 문서 안에 이미지가 여러 개일 수 있기 때문에 `#prod-img > img` 선택자를 사용해서 접근해 보겠습니다.

ⓒ querySelectorAll("img")로 접근한 후 몇 번째 이미지인지 인덱스를 지정할 수도 있지만, 이미지가 많은 문서일 경우 자식 선택자(>)를 사용해서 어떤 이미지인지 정확하게 지정하는 것이 좋습니다.

웹 브라우저 창에 accessDom.html 문서를 표시한 후 콘솔 창에 다음과 같이 입력하면 이미지의 파일 경로를 콘솔 창에 표시합니다.

```
>    document.querySelector("#prod-img > img").getAttribute("src")
<    "images/coffee-pink.jpg"
```

이미지를 다른 이미지로 표시하고 싶다면 `<img>` 태그의 src 속성을 바꾸면 되겠죠? HTML 태그의 속성 값을 바꾸고 싶다면 setAttribute( ) 함수를 사용하고, 괄호 안에 속성 이름과 속성 값을 넣으면 됩니다. 이때 지정한 속성이 아직 없다면 새로 속성과 속성 값을 추가하고, 지정한 속성이 있다면 괄호 안에 넣은 속성 값으로 수정합니다.

콘솔 창에서 다음과 같이 입력해서 #prod-img > img의 파일 경로를 "images/coffee-blue.jpg"로 지정해 보세요. 화면에 표시되는 그림이 바뀌는 것을 볼 수 있습니다.

```
>  document.querySelector("#prod-img > img").setAttribute("src","images/coffee-blue.jpg")
```

Do it! 실습 선택한 상품 이미지 표시하기

• 실습 파일 08\showBig.html   • 완성 파일 08\showBig-result.html, 08\js\showBig-result.js

showBig.html 문서에는 큰 이미지 하나와 작은 이미지 세 개가 있습니다. 사용자가 누른 작은 이미지를 큰 이미지 위치에 표시하려고 합니다. 앞에서 공부한 getAttribute( ) 함수와 setAttribute( ) 함수를 사용해서 원하는 위치에 이미지를 표시하는 방법을 알아보겠습니다.

01단계 태그 속성을 사용해 상품 이미지 변경하기

웹 브라우저에서 showBig.html 문서를 열어 보세요. 화면 왼쪽에 큰 이미지 하나와 그 아래 세 개의 작은 이미지가 표시되어 있습니다.

소스를 확인해서 큰 이미지와 작은 이미지에 어떻게 접근할 것인지 결정할 것입니다. 비주얼 스튜디오 코드에서 showBig.html 문서를 불러옵니다. 소스를 보면 큰 이미지에서는 id="cup"을 사용하고, 작은 이미지에서는 모두 class="small"을 사용합니다. 그렇다면 큰 이미지는 id 값, 작은 이미지는 class 값을 사용해서 접근하면 되겠죠?

```
11    <div id="container">
12        <h1 id="heading">에디오피아 게뎁</h1>
13        <div id="prod-pic">
14            <img src="images/coffee-pink.jpg" alt="에디오피아 게뎁" id="cup" width="200"
    height="200">
15            <div id="small-pic">
16                <img src="images/coffee-pink.jpg" class="small">
17                <img src="images/coffee-blue.jpg" class="small">
18                <img src="images/coffee-gray.jpg" class="small">
19            </div>
20        </div>
21        <div id="desc">
...        ......
49    </div>
```

이미지 요소에 접근하는 방법까지 결정했습니다. 이미지를 바꾸기 위한 다음 순서는 뭐였죠? 접근한 이미지의 src 속성에 접근해서 그 값을 바꾸는 것이었죠? 여기에서 만들 기능은 작은 이미지 중 하나를 눌렀을 때 그 이미지가 큰 이미지로 표시되는 것입니다. 다르게 말해 큰 이미지 요소의 src 속성 값을 작은 이미지의 src 속성 값으로 바꾸면 되죠. 이를 위해 작은 이미지의 src 속성 값을 가져와 큰 이미지의 src 속성에 할당하도록 자바스크립트 소스를 작성할 것입니다.

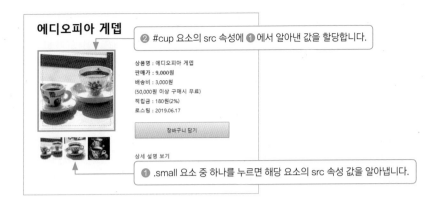

에디오피아 게덴

❷ #cup 요소의 src 속성에 ❶ 에서 알아낸 값을 할당합니다.

상품명 : 에디오피아 게뎁
판매가 : 9,000원
배송비 : 3,000원
(50,000원 이상 구매시 무료)
적립금 : 180원(2%)
로스팅 : 2019.06.17

장바구니 담기

상세 설명 보기

❶ .small 요소 중 하나를 누르면 해당 요소의 src 속성 값을 알아냅니다.

프로그램 작성 순서를 구체적으로 알아보았으니 이제 직접 자바스크립트 소스를 작성해 보겠습니다. 비주얼 스튜디오 코드에서 새 문서를 만들고 08\js 폴더에 showBig.js 파일로 저장합니다. 그리고 showBig.html 문서에 외부 스크립트로 연결한 후 저장합니다.

showBig.js 파일에 다음과 같은 소스를 작성합니다. querySelector( ) 함수를 사용해 큰 이미지 요소를 가져오고, querySelectorAll( ) 함수를 사용해 class 값이 small인 작은 이미지를 가져오는 소스입니다.

> 😊 작은 이미지에 접근할 때 var smallPics = document.querySelectorAll("#small-pic > img");처럼 #small-pic > img 선택자를 사용해 접근해도 됩니다.

```
1    var bigPic = document.querySelector("#cup");  //큰 이미지 가져옴
2    var smallPics = document.querySelectorAll(".small");   //작은 이미지를 가져옴(노드 리스트)
```

작은 이미지에서 click 이벤트가 발생했을 때 showBig( ) 함수를 실행하도록 소스를 작성하겠습니다. 작은 이미지는 노드 리스트에 저장되어 있기 때문에 for문을 사용해 smallPics 변수에 들어 있는 각 요소에 접근하겠습니다.

```
1    var bigPic = document.querySelector("#cup");
2    var smallPics = document.querySelectorAll(".small");
3
4    for(var i=0; i<smallPics.length; i++) {   //노드 리스트의 각 요소에 접근
5        smallPics[i].onclick = showBig;   //요소를 누르면 showBig( ) 함수 실행
6    }
```

이제 showBig( ) 함수를 만들어 보겠습니다. showBig( ) 함수는 작은 이미지를 눌렀을 때 실행할 함수이기 때문에 작은 이미지 중 어떤 이미지를 눌렀는지 알아야 합니다. 예약어 this는

click 이벤트가 발생한 요소, 즉 누른 작은 이미지를 가리킵니다. 그렇다면 `this.src`는 작은 이미지의 파일 경로를 가리키겠죠? 그 값을 가져와서 `bigPic` 요소의 src 속성에 지정합니다. 다음 소스를 추가하세요.

😊 큰 이미지에 src 값을 할당할 때 `bigPic.setAttribute("src", newPic);`을 `bigPic.src = newPic;`으로 작성할 수도 있습니다.

```
4    for(var i=0; i<smallPics.length; i++) {
5        smallPics[i].onclick = showBig;
6    }
7
8    function showBig( ) {
9        var newPic = this.src;                    //click 이벤트가 발생한 대상의 src 속성 값 가져옴
10       bigPic.setAttribute("src", newPic);       //newPic 값을 큰 이미지의 src 속성에 할당
11   }
```

여기까지 작성한 소스를 저장한 후 웹 브라우저 창에서 showBig.html 문서를 확인하세요. 작은 이미지 중 하나를 누르면 위쪽에 큰 이미지로 표시될 것입니다.

setAttribute( ) 함수 대신 속성 사용하기

웹 요소의 속성 값을 수정할 때 setAttribute( ) 함수를 사용하지 않고 속성을 사용해도 됩니다. 예를 들어 앞에서 작성한 소스를 다음과 같이 사용할 수도 있습니다.

```
for(i=0; i<smallPics.length; i++) {
    smallPics[i].onclick = function(event) {
        bigPic.src = this.src;
    });
}
```

08-4 DOM에서 이벤트 처리하기

앞의 05장에서 이벤트 처리 방법에 대해 알아보았죠. 여기에서는 앞에서 살펴본 두 가지 방법을 간단히 복습하고 addEventListener( ) 함수를 사용한 방법도 익혀 보겠습니다. 다양한 방법을 살펴보고 작성할 프로그램에 따라 효율적인 방법을 선택해 사용하세요.

이벤트 처리 방법 복습하기

05장에서는 두 가지 이벤트 처리 방법을 배운 것 기억하시요? 다시 한 번 간단히 정리해 보겠습니다.

HTML 태그 안에서 이벤트 처리기 연결하기

이벤트가 발생하는 HTML 태그 안에 직접 이벤트 처리기를 추가하는 방법입니다. 예를 들어 이미지를 눌렀을 때 다른 이미지로 바꿔 주는 changePic( ) 함수를 미리 선언했다면 <img> 태그 안에 다음과 같이 실행할 함수를 연결할 수 있습니다. 웹 브라우저에서 domEvent1.html 문서를 열고 표시된 이미지를 눌러 보세요. 다른 이미지로 바뀌는 것을 볼 수 있습니다.

```
11   <div id="container">
12     <img id="pic" src="images/girl.png" alt="" onclick="changePic( )">.  // 누르면 change-
     Pic( ) 함수 실행
13   </div>
14   <script>
15     var pic = document.querySelector('#pic');
16     function changePic( ) {
17       pic.src = "images/boy.png";
18     }
19   </script>
```

이 방법은 HTML 태그와 자바스크립트 소스가 섞여 있는 형태라서 중간에 이벤트를 바꾼다 거나 연결 함수를 바꾸려면 HTML 소스를 수정해야 합니다. HTML 소스가 길지 않아서 쉽게 확인이 가능할 때 사용할 수 있습니다. 이 방법은 하나의 요소에 하나의 이벤트 처리기만 사용할 수 있습니다.

DOM 요소에 이벤트 처리기 연결하기

이 방법은 이벤트가 발생한 웹 요소를 가져온 후 이벤트 처리기를 연결하는 방법입니다. 비주 얼 스튜디오 코드에서 domEvent2.html 문서를 열어 보세요. 먼저 살펴본 domEvent1. html 문서와 마찬가지로 이미지를 눌렀을 때 changePic( ) 함수를 실행하지만 그 과정에서 차이가 있습니다. 어떤 차이가 있는지 찾았나요? 네, 맞습니다. 이벤트 처리기를 자바스크립 트 소스에서 실행합니다. 이미지 요소를 가져와 pic 변수에 저장한 후 click 이벤트가 발생했 을 때 changePic( ) 함수를 실행합니다.

```
11  <div id="container">
12      <img id="pic" src="images/girl.png" alt="">
13  </div>
14  <script>
15      var pic = document.querySelector('#pic');
16      pic.onclick = changePic;    //pic 요소를 누르면 changePic( ) 함수 실행
17
18      function changePic( ) {
19          pic.src = "images/boy.png";
20      }
21  </script>
```

DOM 요소에 이벤트 처리기를 연결하는 방법은 HTML 태그와 뒤섞이지 않고 자바스크립트 소스를 사용한다는 점에서는 좋지만, 역시 하나의 요소에 하나의 이벤트 처리기만 사용할 수 있습니다.

• 실습 파일 08\domEvent.html　• 완성 파일 08\domEvent-result.html, 08\js\domevent-result.js

지금까지 살펴본 이벤트 처리기 연결 방법은 한 요소에 하나의 이벤트 처리기만 연결할 수 있었습니다. 한 요소에 여러 이벤트가 발생했을 때 이를 동시에 처리하려면 어떻게 해야 할까요? 바로 DOM의 addEventListener( ) 함수를 사용하면 됩니다. addEventListener( ) 함수는 이벤트가 발생한 요소에 이벤트 처리기를 연결해 주는 함수로, 웹 문서에서 이미지나 텍스트 등 특정 요소뿐만 아니라 Document 객체나 Window 객체 어디에서든 사용할 수 있습니다. addEventListener( ) 함수의 사용법을 알아볼까요?

비주얼 스튜디오 코드에서 domevent.js 문서를 열어 보세요. 문서에 있는 이미지 요소를 pic 변수에 지정했고, 미리 changePic( ) 함수와 originPic( ) 함수를 선언해 두었습니다. pic 변수에 지정된 요소에 마우스 커서를 올려 놓으면 changePic( ) 함수를 실행하도록 다음 소스를 추가해 보세요.

```
1   var pic = document.querySelector('#pic');
2   pic.addEventListener("mouseover", changePic, false);
                          ❶            ❷          ❸
3
4   function changePic( ) {
5      pic.src = "images/boy.png";
6   }
7   function originPic( ) {
8      pic.src = "images/girl.png";
9   }
```

❶ 이벤트 유형
처리할 이벤트 유형을 지정합니다. 단 이 함수에서 이벤트 유형을 지정할 때는 'on'을 붙이지 않고 'click'이나 'mouseover'처럼 이벤트 이름만 사용합니다.

❷ 함수
이벤트가 발생했을 때 실행할 명령을 나열하거나 따로 함수를 만들었다면 함수 이름을 지정합니다.

❸ 캡처 여부
이벤트를 캡처링하는지 여부를 지정하는데 생략할 수 있습니다. true이면 캡처링, false이면 버블링한다는 의미인데, 기본 값은 false입니다. 이벤트 캡처링은 DOM의 부모 노드에서 자식 노드로 이벤트가 전달되는 것이고, 이벤트 버블링은 DOM의 자식 노드에서 부모 노드로 이벤트가 전달되는 것입니다. 이벤트 캡처링과 버블링에 대해서는 이 책에서 알아보지 않으므로 캡처 값은 기본 값 false를 넣었습니다.

이제 웹 브라우저에서 domEvent.html 문서를 열어 소녀 이미지 위로 마우스 커서를 올리면 소년 이미지로 바뀝니다. 그런데 마우스를 치우더라도 원래 이미지로 돌아가지 않는군요. addEventListener( ) 함수를 사용하면 하나의 요소에 여러 개의 이벤트 처리기를 연결할 수 있다고 했으니 마우스를 치웠을 때의 이벤트 처리기도 작성해 보죠. domevent.js에 다음 소스를 추가하고 저장하세요.

```
1    var pic = document.querySelector('#pic');
2    pic.addEventListener("mouseover", changePic, false);
3    pic.addEventListener("mouseout", originPic, false);
```

웹 브라우저에서 다시 domEvent.html을 열어 보세요. 이미지 위로 마우스 커서를 올리면 이미지가 바뀌었다가 마우스를 치우면 원래 이미지로 돌아갈 것입니다. 이렇게 이미지 요소에서 mouseover 이벤트와 mouseout 이벤트를 함께 처리해 보았습니다.

지금까지 이벤트를 처리하는 여러 가지 방법을 알아보았습니다. 처음 나온 HTML 태그 안에 이벤트 처리기를 지정하는 방법은 잘 사용하지 않습니다. 웹 요소를 제어하는 소스가 많거나 규모가 큰 프로그램일 경우 addEventListener( ) 함수를 많이 사용합니다.

ⓒ addEventListener( ) 함수를 사용해 하나의 이벤트에 두 가지 이상의 함수를 실행하는 예제는 06\domEvent3.html 문서를 참고하세요.

 addEventListener( ) 함수를 사용해서 웹 문서의 어디를 누르든지 '안녕하세요?' 라는 알림 창이 나타나도록 소스를 작성하세요. 웹 문서 전체를 지정하려면 document 객체를 사용합니다.

```
정답 document.addEventListener('click', function( ) {
        alert("Hello");
    });
```

08-5 웹 요소의 스타일 가져와서 수정하기

자바스크립트를 사용하면 스타일 속성 값을 가져오거나 원하는 값으로 수정할 수도 있습니다. 스타일은 웹 요소의 디자인을 담당하기 때문에 자바스크립트로 각 요소의 스타일을 수정하면서 웹 문서에서 다양한 효과를 만들 수 있습니다.

[미리보기] 상세 설명 보기/닫기 버튼

DOM의 역할은 웹 문서 요소를 동적으로 변화시키는 것입니다. 여기에서는 자바스크립트를 사용해 웹 사이트의 기능을 동적으로 만드는 방법을 하나씩 살펴볼 것입니다.

product-result.html 문서를 웹 브라우저에서 열어 보면 상품 소개 페이지에 [상세 설명 보기] 링크가 보입니다. [상세 설명 보기]를 누르면 화면에 보이지 않던 상세 설명 내용이 표시됩니다.

[상세 설명 보기] 링크가 [상세 설명 닫기]로 바뀌어 있습니다. 이 링크를 눌러 보세요. 다시 화면에서 상세 설명 내용이 사라집니다.

DOM으로 CSS 속성에 접근하고 수정하기

자바스크립트로 특정 웹 요소에 접근하는 방법을 응용하면 웹 요소에서 사용한 CSS 속성에 접근할 수 있고 수정도 가능합니다. 이 방법으로 웹 사이트에서 여러 효과를 만들 수 있습니다. 먼저 간단한 예제를 통해 이 방법을 연습해 보죠.

텍스트 색상 바꾸기

웹 브라우저에서 domCss1.html 문서를 열어 보세요. 이 문서에 있는 제목 텍스트의 글자 색을 바꿔 보겠습니다. 웹 개발자 도구 창에서 [Elements] 탭을 눌러 보면 제목 텍스트의 id는 heading이라는 것을 알 수 있습니다.

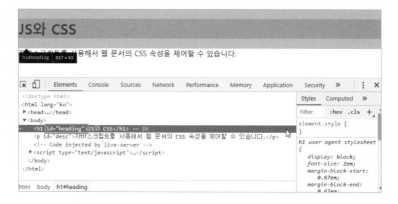

웹 요소의 스타일 속성에 접근할 때는 요소 다음에 .style 예약어를 쓰고 그다음에 CSS 속성을 적습니다. 그래서 제목 텍스트의 글자를 흰색("white")으로 바꾸려면 다음과 같은 소스를 사용합니다. 콘솔 창에 입력해 보세요.

```
> document.querySelector("#heading").style.color = "white"
< "white"
```

제목 텍스트의 글자가 바로 흰색으로 바뀌면서 눈에 보이지 않게 됩니다.

JS와 CSS 자바스크립트를 사용해서 웹 문서의 CSS 속성을 제어할 수 있습니다.	자바스크립트를 사용해서 웹 문서의 CSS 속성을 제어할 수 있습니다.

 콘솔 창에서 domCss1.html 문서에 있는 텍스트 단락(id="desc")의 글자를 빨간색으로 바꿔 보세요.

정답 document.querySelector("#desc").style.color = "red"

background-color나 border-radius처럼 가운데 하이픈(-)이 포함된 속성은 background Color나 borderRadius처럼 두 단어를 합치고 두 번째 단어의 첫 글자를 대문자로 쓰는 낙타 표기법으로 입력합니다. domCss1.html 문서가 열려 있는 상태에서 콘솔 창에 다음과 같이 입력해 보세요. 제목 텍스트의 배경색을 회색(gray)으로 지정할 수 있습니다.

```
> document.querySelector("#heading").style.backgroundColor = "gray"
< "gray"
```

JS와 CSS

자바스크립트를 사용해서 웹 문서의 CSS 속성을 제어할 수 있습니다.

다른 예제를 하나 더 살펴볼까요? domCss2.html 문서를 웹 브라우저에서 열어 보세요. 가운데에 나타난 사각형 위로 마우스 포인터를 올리면 초록색 원으로 바뀌고, 마우스 포인터를 치우면 원래 도형으로 되돌아갑니다.

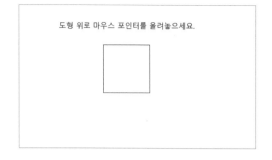

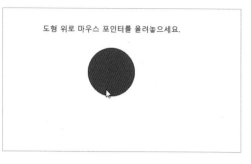

어떤 소스를 사용했는지 확인해 볼까요? 비주얼 스튜디오 코드에서 domcss.js를 열어 보세요. 그리고 mouseover 이벤트가 발생했을 때와 mouseout 이벤트가 발생했을 때 배경색과 도형 테두리가 어떻게 바뀌는지 확인해 보세요.

```
1   var myRect = document.querySelector("#rect");
2   myRect.addEventListener("mouseover", function( ) { //mouseover 이벤트 처리
3       myRect.style.backgroundColor = "green";   //myRect 요소의 배경색
4       myRect.style.borderRadius = "50%";   //myRect 요소의 테두리 둥글게 처리
5   });
6   myRect.addEventListener("mouseout", function( ) { //mouseout 이벤트 처리
7       myRect.style.backgroundColor = "";   //myRect 요소의 배경색 지우기
8       myRect.style.borderRadius = "";   //myRect 요소의 테두리 둥글게 처리 안 함
9   });
```

웹 요소를 화면에 표시하기/감추기

웹 문서에서 무엇인가를 화면에 표시하거나 감추려면 CSS 속성 중 display 속성이나 visibility 속성을 사용합니다. display: none을 사용해서 웹 요소를 화면에서 감추면 그 요소가 차지하던 공간도 사라지지만, visibility: hidden을 사용해서 웹 요소를 감추면 요소가 있던 공간은 빈 상태로 남아 있게 된다는 점이 큰 차이입니다. 여기에서는 display: block을 사용해 상세 정보를 화면에 표시하고, display: none을 사용해 다시 화면에서 감춰 보겠습니다.

☺ visibility: hidden을 사용한 결과는 08-1을 참고하세요.

웹 브라우저에서 product.html 문서를 열고 웹 개발자 도구 창을 열어 보세요. [Elements] 탭을 누르면 나오는 소스 중 `<div id="detail">` 부분이 상세 정보가 들어 있는 소스입니다. 그 부분을 선택하면 오른쪽의 [Styles] 탭 부분에 현재 #detail에 적용된 소스가 표시됩니다. 그 중에서 `display: none;` 속성이 보일 것입니다. 상세 정보 내용을 화면에서 감추는 CSS 속성 입니다.

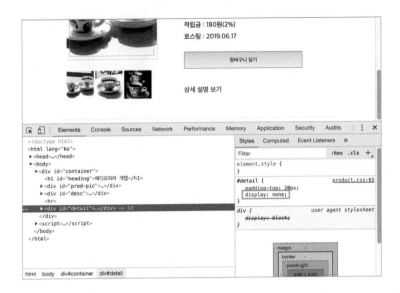

display:none;에서 none 부분을 누르면 값을 입력할 수 있는 상태가 됩니다. none을 block으로 수정해서 display: block;으로 만들어 보세요. 가려져 있던 상세 정보 내용이 화면에 표시될 것입니다. 화면에서 감추려면 display 속성 값을 none으로 지정하고, 화면에 표시하려면 block으로 지정하면 된다는 것을 기억해 두세요.

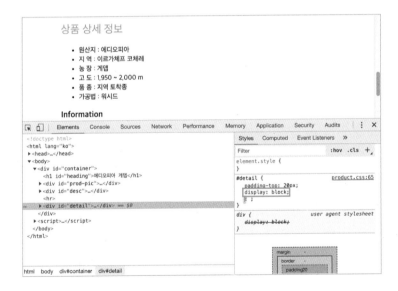

• 실습 파일 08\product.html, 08\js\product.jsl • 완성 파일 08\product-result.html, 08\js\product-result.js

앞에서 확인한 display 속성을 사용해서 웹 문서의 [상세 설명 보기] 링크의 기능을 완성해 보겠습니다. 상품 설명 페이지에서 사용자가 [상세 설명 보기] 링크를 누르면 상세 설명 내용이 표시되고, [상세 설명 닫기]를 누르면 표시된 내용이 사라지면 됩니다.

01단계 [상세 설명 보기] 버튼 만들기

웹 브라우저에서 product.html 문서를 불러 오세요. 상세 설명 내용 부분은 감춰져 있고 [상세 설명 보기] 링크를 눌러도 아직 화면에 표시되지 않습니다. [상세 설명 보기] 링크를 눌렀을 때 상세 설명 내용을 화면에 표시하는 소스를 작성할 것이므로, 링크 부분과 상세 설명 내용 부분의 선택자를 확인해야겠죠?

비주얼 스튜디오 코드에서 product.html 문서를 엽니다. [상세 설명 보기] 링크가 있는 소스를 찾아보세요. 그 부분의 id 값은 "view"군요. 그리고 [상세 설명 보기] 링크를 눌렀을 때 화면에 표시해야 할 부분의 id 값은 "detail"입니다. 즉 "#view" 요소를 누르면 "#detail" 요소가 화면에 나타나는 자바스크립트 소스를 작성하면 됩니다.

```
21    <div id="desc">
...        <ul> ...... </ul>
30        <a href="#" id="view">상세 설명 보기</a>
31    </div>
32    <hr>
33    <div id="detail">
34        <h2>상품 상세 정보</h2>

            ......
47    </div>
```

product.html 문서를 보면 이미 product.js 파일이 연결되어 있습니다. 비주얼 스튜디오 코드에서 product.js 파일을 불러와 다음 소스를 추가합니다. id="view"인 요소를 가져와 그 요소를 눌렀을 때 #detail 요소의 display 속성 값을 수정하는 소스입니다. Ctrl + S 를 눌러 작성한 스크립트 소스를 저장합니다.

💬 id="view" 요소는 [상세 설명 보기] 링크 요소이고, id="detail" 요소는 상세 설명 부분입니다.

```
11    var view = document.querySelector("#view");  //id="view"인 요소를 가져옴
12    view.addEventListener("click", function( ) { //view를 눌렀을 때 실행할 함수 선언
13        document.querySelector("#detail").style.display = "block";  //detail 요소의 display 속성
      값을 "block"으로 지정
14    });
```

저장한 파일을 웹 브라우저에서 확인해 보세요. [상세 설명 보기]를 누르면 화면에 보이지 않던 부분이 표시됩니다.

02단계 [상세 설명 닫기] 버튼 만들기

그런데 상세 설명이 표시된 뒤에도 [상세 설명 보기] 링크가 [상세 설명 닫기]로 바뀌지 않습니다. [상세 설명 닫기] 링크를 사용하기 위해 소스를 수정해 보겠습니다. 앞으로 만들려고 하는 소스의 흐름을 순서도로 그려 보면 다음과 같습니다. #detail 내용이 감춰져 있는지 표시되어 있는지에 따라 실행할 명령이 두 갈래로 나뉩니다. if…else문을 사용하면 되겠죠?

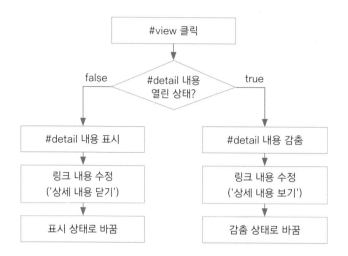

#detail 요소가 현재 화면에 표시된 상태인지 아니면 감춰진 상태인지를 저장할 새로운 변수 isOpen을 선언합니다. 그리고 이 변숫값은 '표시 상태'이거나 '감춰진 상태', 두 가지 값만 존재하므로 논리형으로 만들겠습니다. 기본적으로 #detail 요소는 감춰진 상태이므로 초깃값을 false로 지정하겠습니다.

비주얼 스튜디오 코드에서 product.js 파일을 열어 isOpen 변수를 선언하고 초깃값을 지정하는 소스를 문서의 맨 위에 추가합니다.

ⓒ 변수 선언 소스를 어디에 넣어도 상관없지만 변수 선언 소스끼리 모아 두는 것이 나중에 변수를 확인하기 쉽습니다.

```
1   var isOpen = false;
2   var cup = document.querySelector("#cup");
3   var smallPics = document.querySelectorAll(".small");
…   ……
```

앞에서 작성한 예제에서는 [상세 설명 보기] 링크를 눌렀을 때 #detail 요소가 표시되도록 간단한 명령을 추가했었지요? 여기에서는 그 소스를 삭제한 후 #view 요소를 눌렀을 때 isOpen 변숫값을 체크하도록 다음 소스를 추가합니다.

원래 소스

```
11   var view = document.querySelector("#view");
12   view.addEventListener("click", function( ) {
13       document.querySelector("#detail").style.display = "block";   //이 소스를 삭제
14   });
```

수정 소스

```
12  var view = document.querySelector("#view");   //#view 요소를 가져옴
13  view.addEventListener("click", function( ) {
14      if(isOpen == false) {
15          //상세 정보가 감춰져 있을 때 실행할 소스 위치
16      }
17      else {
18          //상세 정보가 표시되어 있을 때 실행할 소스 위치
19      }
20  });
```

#detail 영역이 감춰져 있을 때 실행해야 할 명령을 다음과 같이 if문 안에 작성합니다.

```
14  if(isOpen == false) {
15      document.querySelector("#detail").style.display = "block";   //상세 정보를 화면에 표시
16      view.innerText = "상세 설명 닫기";   //링크 내용 수정
17      isOpen = true;   //표시 상태로 지정
18  }
```

여기까지 수정한 소스를 저장한 후 웹 브라우저에서 product.html 문서를 확인해 보세요. [상세 설명 보기]를 누르면 아래쪽에 상세 설명 내용이 표시되면서 [상세 설명 보기] 링크가 [상세 설명 닫기]로 바뀔 것입니다. 그런데 [상세 설명 닫기] 링크를 눌렀을 때 상세 설명이 사라지지 않는군요. 이 동작이 가능하도록 소스를 더 추가해 보죠.

다시 비주얼 스튜디오 코드로 돌아와 **#detail** 요소가 표시되었을 때 실행할 명령을 다음과 같이 else문에 추가합니다.

```
19   else {
20       document.querySelector("#detail").style.display = "none";  // 상세 정보를 화면에서 감춤
21       view.innerText = "상세 설명 보기";  // 링크 내용 수정
22       isOpen = false;  // 감춰진 상태로 지정
23   }
```

지금까지 추가한 소스를 저장한 후 다시 웹 브라우저에서 확인해 보세요. [상세 설명 보기]를 누르면 상세 설명 내용이 표시되고, [상세 설명 닫기]를 누르면 표시된 상세 설명 내용이 사라질 것입니다. 그리고 [상세 설명 닫기] 링크가 다시 [상세 설명 보기]로 바뀔 것입니다.

08-6 DOM에 요소 추가하기

앞의 예제에서 display 속성을 사용해 내용을 감추거나 표시하는 방법을 알아보았습니다. 이 방법은 표시할 내용이 이미 웹 문서에 만들어져 있는 상태에서 display 속성으로 화면에 보이게 하거나 보이지 않게 하는 것이었죠? 이번에는 원래 없던 내용을 화면에 추가하는 방법에 대해 알아보겠습니다.

[미리보기] 참가 신청 명단 표시하기

여기에서 만들어 볼 예제는 웹 문서 상에 없던 요소를 추가해서 화면에 표시하는 것입니다. 참가 신청 칸에 이름을 입력하면 그 내용을 바로 화면에 표시할 것입니다. 이렇게 하려면 이름을 추가할 때마다 DOM 트리에 이름에 해당하는 새로운 노드를 추가해야 합니다.

ⓒ 07장에서 살펴본 '여행 준비물 점검 목록'과 같은 기능을 하는 예제인데, 07장에서는 배열을 사용해 추가 내용을 저장했다면 이 장에서는 DOM에서 노드를 추가하는 방법을 사용합니다.

DOM에 새로운 노드를 추가하는 방법

웹 문서에서 처음에는 화면에 보이지 않다가 버튼을 누르면 화면에 특정한 내용이 표시되는 경우를 많이 보았을 것입니다. 예를 들어 쇼핑몰 사이트의 상품 설명 화면에서 상품 옵션을 선택하면 상품 이름과 개수, 그리고 가격이 바로 아래에 표시되는 것을 흔히 볼 수 있죠.

옵션 선택 전

선택 내용 표시

이런 기능은 처음부터 만들어져 있던 내용을 화면에서 감췄다가 표시하는 것이 아니라, 사용자가 선택하는 옵션에 따라 새로운 내용을 웹 문서에 표시해야 합니다. 이를 위해 사용하는 방법이 DOM 트리에 새로운 노드를 추가하는 것입니다. 새로운 노드 추가 방법을 살펴보기 전에 앞에서 설명한 DOM 트리에 어떤 노드가 있었는지 다시 한 번 복습해 보겠습니다.

- 모든 HTML 태그는 '요소(Element) 노드'로 표현합니다.
- HTML 태그에서 사용하는 텍스트 내용은 '텍스트(Text) 노드'로 표현합니다.
- HTML 태그에 있는 속성은 모두 '속성(Attribute) 노드'로 표현합니다.
- 주석은 '주석(Comment) 노드'로 표현합니다.

웹 문서에 있는 요소는 단순히 태그만 있는 게 아니라 태그 속성과 내용을 함께 사용합니다. 그래서 〈h1〉이나 〈p〉 태그를 추가하고 싶다면 단순히 〈h1〉이나 〈p〉 태그에 해당하는 요소 노드뿐만 아니라 태그 안에 있는 텍스트 내용과 속성도 노드로 추가해야 합니다.

현재 문서의 DOM 트리에 새로운 노드를 추가하려면 웹 문서에 어떤 소스를 추가할지 먼저 생각해야 합니다. 그리고 나서 그 소스에 따라 요소 노드나 텍스트 노드, 속성 노드 등을 만들고 연결합니다. 예를 들어 웹 문서에 텍스트를 추가한다고 가정해 보겠습니다. 개발자마다 어떤 소스를 사용할지 달라지겠지만 여기에서는 다음과 같이 아주 간단한 소스를 사용해 보죠.

```
<p class="accent">주문이 완료되었습니다.</p>
```

이 소스를 DOM 트리에 추가하려면 p 요소 노드와 "accent" 속성 값을 넣을 class 속성 노드, '주문이 완료되었습니다.'라는 텍스트를 넣을 텍스트 노드가 필요합니다. 그리고 이렇게 만든 노드를 부모 노드에 연결해서 웹 문서에 추가합니다.

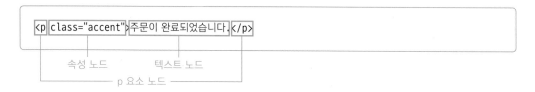

새로운 노드를 만들거나 부모 노드에 연결할 때는 다음 함수를 사용합니다.

	함수	설명
1	createElement( )	새 요소 노드를 만듭니다.
2-1	createTextNode( )	텍스트 내용이 있을 경우 텍스트 노드를 만듭니다.
	appendChild( )	텍스트 노드를 요소 노드에 자식 노드로 추가합니다.
2-2	createAttribute( )	요소에 속성이 있을 경우 속성 노드를 만듭니다.
	setAttributeNode( )	속성 노드를 요소 노드에 연결합니다.
3	appendChild( )	새로 만든 요소 노드를 부모 노드에 추가합니다.

이제부터 요소 노드와 텍스트 노드, 속성 노드 등을 만들고 부모 노드에 연결하는 방법을 배워 보겠습니다.

Do it! 실습 ▶ 웹 문서에 새로운 노드 추가하기

• 실습 파일 08\domNode.html

여기에서는 웹 문서에 텍스트 단락을 추가하는 예제를 통해 DOM 트리에 새로운 노드를 추가하는 과정을 알아 보겠습니다.

추가할 소스 생각해 보기

크롬 브라우저 주소 창에서 domNode.html 문서를 열고, 웹 개발자 도구 창의 [Elements] 탭을 열어 보면 <body> 태그와 </body> 태그 사이에 아무 소스도 없습니다. 이 소스에 텍스트 단락을 추가할 텐데, 여기에서는 간단히 <p> 태그와 class 속성, 그리고 '주문이 완료되었습니다.'라는 내용을 추가해 보겠습니다.

```
<p class="accent">주문이 완료되었습니다.</p>
```

요소 노드 만들기 — createElement( ) 함수

DOM에 새로운 요소를 추가할 때 가장 먼저 할 일은 요소 노드를 만드는 것입니다. 새로운 요소 노드를 만드는 함수는 createElement( )인데, 괄호 안의 요소에 해당하는 요소 노드를 적습니다. 여기에서는 <p> 태그에 해당하는 요소 노드를 만들어야겠죠? 콘솔 창에서 다음 소스를 입력해 새로운 p 요소를 만들고 newP 변수에 저장합니다.

```
>    var newP = document.createElement("p")
```

여기에 표시한 DOM 표시 그림은 이해를 돕기 위해 추가한 것입니다. 실제 화면에 보이지는 않습니다.

body
element
p

텍스트 노드 만들기 — createTextNode( ) 함수

새 요소 노드를 만든 후에는 요소에서 표시할 내용(주문이 완료되었습니다.)을 텍스트 노드로 만듭니다. 텍스트 노드를 만드는 함수는 createTextNode( )이고 괄호 안에 내용을 입력합니다. 콘솔 창에 다음 소스를 입력하세요. '주문이 완료되었습니다.'라는 내용을 담고 있는 텍스트 노드를 만들어 newText 변수에 저장합니다.

```
>    var newText = document.createTextNode("주문이 완료되었습니다.")
<    "주문이 완료되었습니다."
```

body
element
p

text
주문이 완료되었습니다

자식 노드로 추가하기 — appendChild( ) 함수

앞에서 새로운 <p> 노드와 거기에 사용할 텍스트 노드를 만들었습니다. 아직까지는 노드가 만들어지기만 하고 서로 부모 노드와 자식 노드로 연결되지 않은 상태입니다. appendChild( ) 함수는 텍스트 노드를 요소 노드의 자식 노드로 연결하거나 요소 노드를 다른 요소 노드의 자식 노드로 연결할 때 사용하는 함수입니다. 이 함수를 사용해 앞에서 만든 텍스트 노드 newText를 newP 노드의 자식 노드로 추가하는 소스를 콘솔 창에 작성합니다.

자식 노드가 여럿일 경우 appendChild( ) 함수를 사용해서 연결하는 노드는 자식 노드 중 맨 끝에 추가됩니다.

```
>  newP.appendChild(newText)
<  "주문이 완료되었습니다."
```

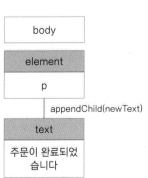

새로 만든 <p> 태그 소스는 웹 문서의 <body> 태그 안에 추가해야 하므로 newP 노드를 body 노드의 자식 노드로 추가합니다.

```
>  document.body.appendChild(newP)
<  <p>주문이 완료되었습니다.</p>
```

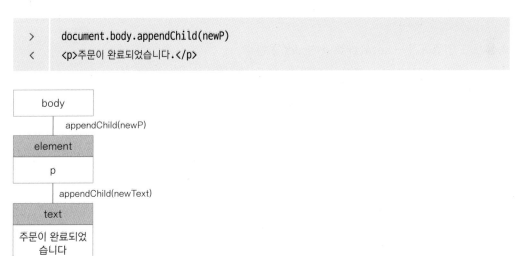

지금까지 소스를 모두 입력했다면 브라우저 창에 p 요소의 텍스트 내용이 표시됩니다. 웹 개발자 도구 창의 [Elements] 탭을 눌러 보세요. 처음에는 아무 소스도 없던 <body> 태그 안에 조금 전에 추가한 <p> 태그가 보일 것입니다.

속성 노드 만들기 — createAttribute( ) 함수

콘솔 창에서 추가한 `<p>` 태그에 class="accent" 속성을 추가해 보겠습니다. 먼저 추가할 속성 노드를 만들어야겠죠? 새로운 속성 노드를 만들 때는 createAttribute( ) 함수를 사용하며 함수의 괄호 안에 추가할 속성 이름을 지정합니다. 여기에서는 새로운 class 속성 노드를 만들어 변수 attr에 저장합니다. 그리고 attr.value를 사용해 attr 속성 값을 "accent"로 지정합니다. 이렇게 해서 attr 속성 노드가 만들어졌습니다.

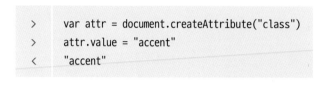
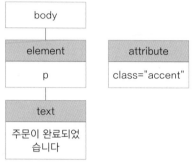

속성 노드 연결하기 — setAttributeNode( ) 함수

속성 노드를 만들었으면 앞에서 선언해 놓은 p 노드에 연결해야겠죠? 속성 노드를 요소 노드에 연결할 때는 setAtributeNode( ) 함수를 사용합니다. 콘솔 창에 다음과 같이 입력하세요. `<p>` 태그에 class="accent" 속성이 추가되면서 브라우저 창에 있는 텍스트 단락에 배경색과 테두리가 표시됩니다.

😊 setAttribute( ) 함수가 아니라 setAttributeNode( ) 함수입니다. 뒤에 Node를 꼭 붙이세요.

😊 콘솔 창에서 setAttributeNode( ) 함수를 실행하면 결과가 null이라고 표시되는데 이것은 속성 노드를 요소 노드에 연결하고 반환 값이 null이라는 의미입니다.

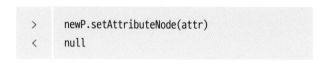
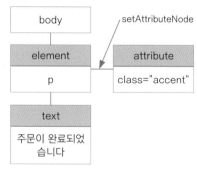

setAttribute( ) 함수를 사용할 수도 있어요!

앞에서 속성 노드를 추가할 때 먼저 createAttribute( ) 함수로 속성 노드를 만들고 "accent" 값을 넣은 뒤 setAttributeNode( ) 함수를 사용해 p 노드에 연결했습니다. 하지만 이렇게 텍스트 노드를 만들어 웹 문서에 추가해 놓은 경우 다음 소스와 같이 setAttribute( ) 함수를 사용해서 더 간단히 속성을 추가할 수도 있습니다.

```
> var newP = document.createElement("p")
> var newText = document.createTextNode("주문이 완료되었습니다.")
> newP.appendChild(newText)
< "주문이 완료되었습니다."
> document.body.appendChild(newP)
< <p>주문이 완료되었습니다.</p>
> newP.setAttribute("class", "accent")
```

id="doit_js" 속성을 추가하려고 합니다. 콘솔 창에서 easys라는 속성 노드를 만들고 속성 값을 지정해 보세요.

정답 > var easys = document.createAttribute("id")
        > easys.value = "doit_js"

Do it! 실습 ▶ **참가 신청 명단 프로그램 만들기**

• 실습 파일 08\register.html • 완성 파일 08\register-create.html, 08\js\register-create.js

앞에서 DOM 노드와 관련된 몇 가지 함수 사용법에 대해 알아보았으니 한 발 더 나가서 모임이나 세미나 등의 참가 신청을 받는 웹 문서를 만들어 보겠습니다. 이름을 입력하고 [신청] 버튼을 누르면 그 정보는 서버로 넘겨져 데이터베이스에 저장됩니다. 그리고 서버에 저장되는 것과 동시에 웹 브라우저 화면에 신청 명단을 표시합니다. 신청 명단은 원래 웹 문서에는 없던 것이기 때문에 DOM 트리에 새로운 요소를 만들어서 화면에 표시해야겠지요?

ⓒ 여기에서는 자바스크립트를 사용해 웹 브라우저 화면에 이름을 표시하거나 표시한 이름을 삭제하는 것까지만 작성합니다. 참석자 명단을 서버 컴퓨터의 데이터베이스에 저장하거나 수정하고 삭제하는 것은 서버 프로그램에서 처리합니다.

01단계 버튼에 이벤트 함수 지정하기

이 프로그램에서는 텍스트 필드에 이름을 입력한 후 [신청] 버튼을 누르면 가로줄 아래에 신청자 명단이 표시됩니다. 먼저 `<button>` 태그에 `click` 이벤트가 발생했을 때 실행할 `newRegister( )` 함수를 지정합니다. 이때 `return false`를 추가하는 것은 원래 버튼의 기능(입력 내용을 서버로 전송하는 기능)을 사용하지 않겠다는 뜻입니다.

ⓒ `<button>` 태그에 `return false`를 추가하지 않으면 버튼을 눌렀을 때 빈 페이지로 넘어갑니다.

```
10   <body>
11     <div id = "container">
12       <h1>참가 신청</h1>
13       <form action = "">
14         <input type = "text" id = "userName" placeholder = "이름" required>
15         <button onclick = "newRegister( );return false;">신청</button>
16       </form>
17       <hr>
18       <div id = "nameList"></div>   // 신청 명단이 표시될 영역
19     </div>
20   </body>
```

08\js 폴더에 register.js 문서를 하나 만들어 저장하세요. 그리고 register.html 문서에 외부 스크립트로 연결하세요.

이제부터 작성하는 소스는 register.js 문서에 추가할 자바스크립트 소스입니다. 먼저 [신청] 버튼을 눌렀을 때 실행하기로 지정한 `newRegister( )` 함수의 내용을 작성해 보겠습니다.

register.html 문서에서는 신청자 명단을 표시할 때 `<p>` 태그를 사용할 것입니다. 다음 소스를 사용해 새로운 p 요소를 만들고 `newP` 변수에 저장합니다. 머릿속으로는 DOM 트리에 어떤 노드가 어떻게 만들어지고 연결되는지를 계속 생각하고 있어야 합니다.

```
1    function newRegister( ) {
2        var newP = document.createElement("p");   //새 p 요소 만들기
3    }
```

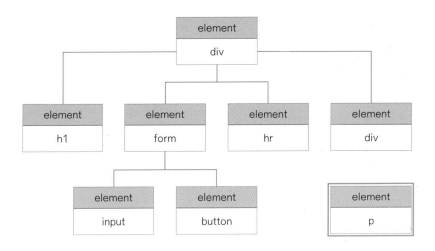

새로운 p 요소를 만들었으므로 `<p>` 태그의 내용에 해당하는 텍스트 노드를 만들어야겠군요. `<p>` 태그에서는 사용자가 입력한 이름(텍스트 필드의 내용)을 표시할 것이므로 우선 텍스트 필드에 입력한 이름을 가져와 `userName` 변수에 저장합니다. 그리고 `createTextNode( )` 함수로 텍스트 노드를 만들 때 `userName` 값을 사용합니다.

```
1    function newRegister( ) {
2        var newP = document.createElement("p");
3        var userName = document.querySelector("#userName");   //텍스트 필드 내용 가져오기
4        var newText = document.createTextNode(userName.value);   //새 텍스트 노드 만들기
5    }
```

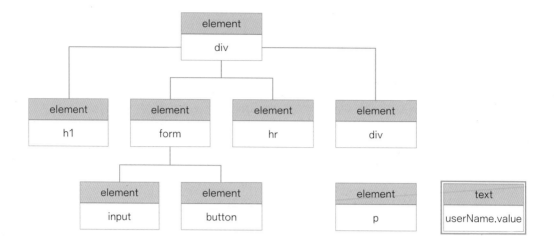

앞에서 새로운 p 요소 노드와 p 요소에서 사용할 텍스트 노드를 만들었습니다. 아직까지는 노드가 만들어지기만 하고 서로 부모 노드와 자식 노드로 연결되지 않은 상태입니다. appendChild( )함수를 사용해 텍스트 노드 newText를 요소 노드 newP의 자식 노드로 연결(추가)합니다.

```
1    function newRegister( ) {
2      var newP = document.createElement("p");
3      var userName = document.querySelector("#userName");
4      var newText = document.createTextNode(userName.value);
5      newP.appendChild(newText);   //newText 노드를 newP 노드의 자식 노드로 연결
6    }
```

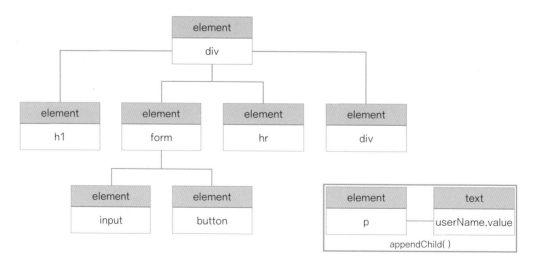

지금까지 만든 <p> 태그는 <div id="nameList"></div> 안에 들어가야겠죠? 다시 한 번 appendChild( ) 함수를 사용해 newP 요소를 nameList 요소의 자식 노드로 연결합니다.

```
1    function newRegister( ) {
        ......
7        var nameList = document.querySelector("#nameList");   // #nameList 가져옴
8        nameList.appendChild(newP);   // newP 노드를 nameList 노드의 자식 노드로 연결
9        userName.value = "";   // 다음 이름을 입력할 수 있도록 텍스트 필드 비우기
10   }
```

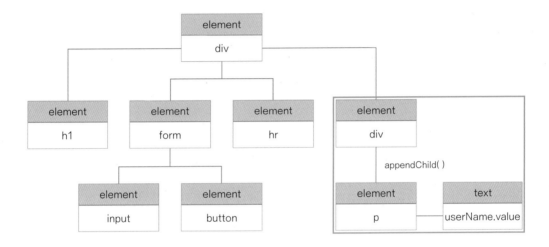

03단계   웹 브라우저에서 확인하기

수정한 소스를 저장한 후 웹 브라우저에서 확인해 보세요. 우선 웹 개발자 도구 창의 [Elements] 탭을 엽니다. [Elements] 탭의 소스를 보면 신청자 명단이 표시될 위치에 <div id="nameList"></div>라고 표시되어 있고 그 안에 내용은 없습니다. 텍스트 필드에 이름을 입력하고 [신청] 버튼을 눌러 보세요.

가로줄 바로 아래에 조금 전에 입력한 이름이 표시됩니다. [Elements] 탭을 보면 `<div id="nameList">` 왼쪽에 ▶가 표시될 것입니다. `<div>` 태그 안에 내용이 있다는 표시입니다. ▶ 를 누르세요.

`<div>` 태그 안에 `<p>` 태그가 만들어지고 그 안에 위에서 입력한 이름이 추가되어 있을 것입니다.

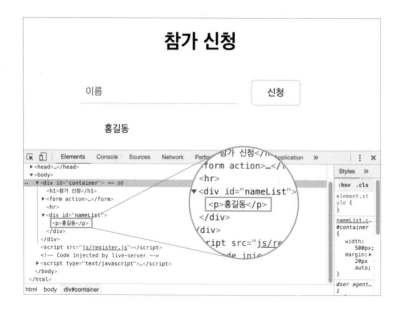

이름을 입력할 때마다 `<div>` 태그 안에 새로운 `<p>` 태그와 내용이 만들어집니다. append
Child( ) 함수는 자식 요소 중 맨 끝에 추가하는 것이기 ◎ 최근에 입력한 이름을 맨 앞에 오도록 추가하
때문에 최근에 입력한 이름이 아래쪽에 표시됩니다. 는 방법은 08-7에서 살펴보겠습니다.

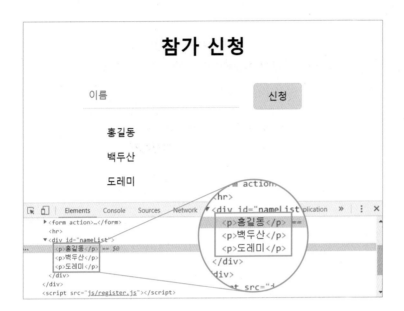

08-7 추가한 노드 순서 바꾸거나 삭제하기

앞에서 새로운 노드를 만들어서 신청자 명단을 화면에 추가하는 방법에 대해 살펴보았습니다. 여기에서는 추가한 명단의 순서를 바꾸고 삭제하는 방법을 알아보죠. 이 기능을 추가하기 위해서는 DOM에서 노드를 다루기 위한 몇 가지 함수를 더 사용해야 합니다. 함수를 알아본 뒤 예제 만들기에 도전해 보세요.

[미리보기] 참가 신청 명단의 순서 변경 및 삭제하기

참가 신청 명단에 이름을 추가하면 가장 최근에 추가한 이름을 화면 맨 위에 표시하고, 추가한 이름을 삭제할 수 있는 예제를 만들어 보겠습니다. DOM 트리에 새로운 노드를 추가하면서 만들어지는 노드 리스트를 이용해 노드의 위치를 수정하거나, 추가한 노드를 삭제하는 방법을 알아봅시다.

Do it! 실습 ▶ 여러 노드를 한꺼번에 저장하는 노드 리스트

• 실습 파일 08\nodeList.html

우리가 연습해 볼 nodeList.html 문서의 소스는 다음과 같습니다. 이 소스에서 참석자 명단 전체를 가져오려면 querySelectorAll("p") 처럼 p 노드로 접근하면 되겠죠?

```
11    <div id="container">
12        <h1>참석자 명단</h1>
```

```
13        <div id="nameList">
14            <p>홍길동 <span class="del">X</span></p>
15            <p>백두산 <span class="del">X</span></p>     ── 참석자 명단
16            <p>도레미 <span class="del">X</span></p>
17        </div>
18    </div>
```

querySelectorAll( ) 함수를 사용해 여러 개의 노드를 한꺼번에 가져오면 3개의 p 노드가 한
꺼번에 저장되는데, 이것을 '노드 리스트'라고 합니다. 배열 형식에 여러 값을 저장하듯 여러
노드가 하나의 변수에 저장된 것을 가리키죠.

웹 브라우저에서 nodeList.html를 열고 콘솔 창에 다음과 같이 입력한 다음 NodeList 왼쪽의
▶를 눌러 노드 리스트의 내용을 확인해 보세요.

```
>     document.querySelectorAll("p")
<     ▶ NodeList(3) [p, p, p]
```

3개의 p 노드가 배열 형식처럼 들어가 있습니다. 인덱스와 함께 값이 저장되고 length 속성을
사용해 몇 개의 노드가 저장되었는지 표시됩니다. 배열은 아니지만 배열과 아주 비슷한 형태
인 것을 알 수 있습니다.

노드 리스트에서 특정 위치의 노드에 접근할 때는 인덱스를 사용합니다. 예를 들어 p 노드를 저
장한 노드 리스트 중에서 첫 번째 노드를 가져오고 싶다면 다음과 같이 입력하면 됩니다. 콘솔
창에 p 노드가 표시되면 왼쪽의 ▶를 눌러 보세요.   Ⓖ 노드 리스트의 인덱스도 0부터 시작합니다.

```
>    document.querySelectorAll("p")[0]
<    ▶ <p>…</p>
```

첫 번째 텍스트인 "홍길동"을 가져와서 보여 줍니다.

```
>    document.querySelectorAll("p")[0]
<    ▼ <p>
       "홍길동 "
       <span class="del">X</span>
     </p>
```

nodeList.html에서 두 번째 참석자 명단을 가져오려면 어떤 소스를 사용해야 할까요?

정답 document.querySelectorAll("p")[1]

DOM 트리를 활용해 원하는 노드 다루기

DOM 트리는 여러 노드가 부모 노드와 자식 노드 혹은 형제 노드라는 관계를 유지하며 구성
되어 있습니다. 이제부터 이 관계를 사용해 원하는 노드에 접근하는 것부터 내용을 수정·삭
제하는 방법까지 알아보겠습니다.

자식 노드 확인하기 — hasChildNodes( ) 함수

hasChildNodes( ) 함수는 특정 노드에 자식 노드가 있는지를 확인하는 함수입니다. 자식 노드
가 있다면 true를, 그렇지 않다면 false를 반환합니다.

웹 브라우저 창에 nodeList.html 문서가 열려 있는 상태에서 콘솔 창에 다음과 같이 입력해
보세요. 여러 p 노드 중 첫 번째 p 노드에 자식 노드가 있는지 확인하는 것입니다. 결과가 true
로 표시되었으니 첫 번째 p 노드에는 자식 노드가 있겠군요.

```
>    document.querySelectorAll("p")[0].hasChildNodes( )
<    true
```

자식 노드에 접근하기 — childNodes 속성

자식 노드가 있다면 childNodes 속성을 사용해서 현재 노드의 자식 노드에 접근할 수 있습니다. 이때 요소 노드뿐만 아니라 태그와 태그 사이의 줄 바꿈도 빈 텍스트 노드인 자식 노드로 인식합니다.

> 💬 자식 노드는 한 개일 수도 있고 여러 개일 수도 있기 때문에 속성 이름이 복수형인 점을 기억해 두세요.

계속해서 nodeList.html 문서로 연습해 보겠습니다. nodeList.html 문서에서 #nameList 요소 부분의 소스는 다음과 같습니다. childNodes 속성을 사용해서 #nameList 요소의 자식 요소에 접근해 보죠.

```
13    <div id="nameList">
14        <p>홍길동 <span class="del">X</span></p>
15        <p>백두산 <span class="del">X</span></p>
16        <p>도레미 <span class="del">X</span></p>
17    </div>
```

콘솔 창에 다음과 같이 입력해 보세요. 7개 요소가 있는 노드 리스트가 나타나는군요. NodeList(7) 왼쪽에 있는 ▶를 눌러 보세요.

```
>    document.querySelector("#nameList").childNodes
<    ▶ NodeList(7) [text, p, text, p, text, p, text]
```

#nameList 요소의 자식 노드가 표시되는데 모두 7개의 노드가 있습니다. 이것은 <div> 태그 다음의 줄 바꿈, <p> 태그 사이의 줄 바꿈, 그리고 </div> 태그 앞의 줄 바꿈을 빈 텍스트 노드로 인식하기 때문입니다.

```
>    document.querySelector("#nameList").childNodes
<    ▼ NodeList(7) [text, p, text, p, text, p, text]
         ▶ 0: text
         ▶ 1: p
         ▶ 2: text
         ▶ 3: p
         ▶ 4: text
         ▶ 5: p
         ▶ 6: text
           length: 7
         ▶ __proto__: NodeList
```

요소에만 접근하려면 children 속성을 사용하세요.

DOM에서 childNodes 속성을 사용하면 요소 노드뿐만 아니라 텍스트 노드나 주석 노드까지 모두 접근할 수 있습니다. 만약 자식 노드 중에서 텍스트 노드와 주석 노드는 필요하지 않고 요소 노드에만 접근한다면 children 속성을 사용하면 됩니다.

nodeList.html 문서가 웹 브라우저 창에 열려 있는 상태에서 콘솔 창에 다음과 같이 입력하면 3개의 p 요소만 가져옵니다. 이때 요소만 가져와 저장된 자료형을 HTMLCollection이라 하고, 사용법은 배열과 같습니다.

```
> document.querySelector("#nameList").children
< ▶ HTMLCollection(3) [p, p, p]
```

HTMLCollection 앞에 있는 ▶ 를 누르면 3개의 p 요소를 볼 수 있습니다.

```
> document.querySelector("#nameList").children
< ▼ HTMLCollection(3) [p, p, p]
      ▶ 0: p
      ▶ 1: p
      ▶ 2: p
        length: 3
      ▶ __proto__: HTMLCollection
```

원하는 위치에 노드 삽입하기 — insertBefore( ) 함수

자식 노드를 추가하는 appendChild( ) 함수는 부모 노드에 자식 노드가 있을 경우 마지막 자식 노드로 추가됩니다. 하지만 insertBefore( ) 함수를 사용하면 부모 노드에 자식 노드를 추가할 때 기준이 되는 노드를 지정하고 그 앞에 자식 노드를 추가할 수 있습니다.

웹 브라우저에 nodeList.html 문서가 아직 열려 있지요? 열려 있지 않다면 nodeList.html 문서를 열어 주세요. 화면에 3개의 이름이 나열되어 있는데, insertBefore( ) 함수를 사용해서 3번째 이름을 맨 앞으로 옮겨 보겠습니다.

우선 부모 노드를 가져와 nameList 변수에 저장하세요.

```
> var nameList = document.querySelector("#nameList")
```

콘솔 창에서 insertBefore( ) 함수를 사용해 다음과 같이 입력합니다. insertBefore( ) 함수
에서는 2개의 인수를 사용하는데, 첫 번째 인수는 추가하는 노드, 두 번째 인수는 기준이 되는
노드입니다. 다음 소스에서 기준이 되는 노드는 nameList의 첫 번째 자식 노드이고, 삽입할 노
드는 nameList의 세 번째 자식 노드입니다. 즉 세 번째 자식 노드를 첫 번째 자식 노드 앞에 추
가하는 것입니다.

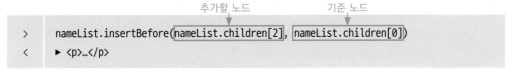

웹 브라우저 창을 확인해 보세요. 세 번째 노드 '도레미'가 맨 앞으로 옮겨졌지요?

특정 노드 삭제하기 — removeChild( ) 함수와 parentNode 속성

앞에서 노드를 추가하는 방법에 대해 살펴보았습니다. 추가할 수 있다면 삭제할 수도 있겠지
요? DOM 트리에 있는 노드를 삭제할 때는 removeChild( ) 함수를 사용합니다. 함수 이름에
서 알 수 있듯이 부모 노드에서 자식 노드를 삭제하는 함수이고, 괄호 안에는 삭제하려는 자
식 노드가 들어갑니다.

노드는 스스로 자신을 삭제할 수 없기 때문에 부모 노드에 접근한 후 부모 노드에서 삭제해야
합니다. 그래서 특정 노드를 삭제하려고 할 때 그 노드의 부모 노드를 먼저 찾아야 하는데, 부
모 노드 정보를 가지고 있는 속성이 parentNode 속성 ⓒ childNodes는 끝에 -s가 붙는 복수형이지만
입니다. parentNode 속성은 현재 노드의 부모 요소 노 부모 노드는 하나뿐이므로 parentNode는 단수
드를 반환합니다. 형으로 사용합니다.

웹 브라우저에 nodeList.html 문서가 열려 있는 상태에서 노드를 삭제해 보겠습니다. 몇 번 연습을 했으니 소스가 어느 정도 기억나겠지만 한 번만 더 살펴보죠.

```
11  <div id="container">
12      <h1>참석자 명단</h1>
13      <div id="nameList">
14          <p>홍길동 <span class="del">X</span></p>
15          <p>백두산 <span class="del">X</span></p>
16          <p>도레미 <span class="del">X</span></p>
17      </div>
18  </div>
```

이 문서에서 첫 번째 <span class="del">X</span> 요소의 부모 노드는 무엇일까요? 콘솔 창에서 확인해 보겠습니다. 콘솔 창에 다음과 같이 입력해 보세요. 결과 내용 <p> 앞의 ▶를 눌러 보면 "홍길동"이라는 텍스트가 있는 p 요소가 부모 요소인 것을 알 수 있습니다.

```
>   document.querySelectorAll(".del")[0].parentNode
<   ▼ <p>
        "홍길동"
        <span class="del">X</span>
      </p>
```

1분 복습
nodeList.html 문서에서 "홍길동"이라는 텍스트의 부모 노드는 어떤 노드일까요? 콘솔 창에 소스를 입력해서 "홍길동"이라는 텍스트의 부모 노드를 찾아보세요.

정답 document.querySelectorAll("p")[0].parentNode

따라서 첫 번째 <span class="del">X</span> 요소를 삭제하려면 첫 번째 p 요소에서 removeChild( ) 함수를 실행해야 합니다.

ⓒ 여기에서는 소스가 너무 길어지지 않게 2개의 변수에 각 요소를 저장한 후 removeChild( ) 함수 실행 소스를 작성했습니다. 모두 연결해서 1줄짜리 소스로 사용해도 됩니다.

```
>   var firstDel = document.querySelectorAll(".del")[0]   //첫 번째 X
>   var firstP = document.querySelectorAll("p")[0]   // 첫 번째 p 요소
>   firstP.removeChild(firstDel)   //첫 번째 p 요소에 있는 첫번째 X 삭제
<   <span class="del">X</span>   //삭제된 노드 반환
```

콘솔 창에서 소스를 실행하고 나면 세 개의 X 중에서 첫 번째 X가 삭제될 것입니다.

Do it! 실습 ▶ 참가 신청 명단 프로그램 개선하기

　　　　　• 실습 파일 앞에서 저장한 register.js　　• 완성 파일 08\register-result.html, 08\js\register-result.js

참가 신청 문서에서 명단을 추가할 때는 appendChild( ) 함수를 사용했는데, 이 경우 최근에 입력한 이름이 명단의 아래쪽에 표시되었던 것 기억하시나요? 이번에는 최근에 입력한 이름을 명단 맨 위에 표시해 보겠습니다.

01단계　맨 위에 이름 추가하기

08-6에서 작성한 register.js를 비주얼 스튜디오 코드에서 다시 열어 보세요. 사용자가 이름을 입력하고 [신청] 버튼을 누르면 appendChild( ) 함수를 사용해서 #nameList 요소에 p 노드를 추가하도록 작성한 소스입니다.

ⓒ appendChild( ) 함수를 사용해서 p 요소를 추가한 것이 잘 기억나지 않는다면 08-6을 참고하세요.

```
7    var nameList = document.querySelector("#nameList");
8    nameList.appendChild(newP);  //p 요소를 #nameList의 자식 요소로 만들기
```

08 • 웹 문서를 다루는 방법, 문서 객체 모델(DOM)　**281**

appendChild( ) 함수를 사용하면 새로 추가하는 자식 노드가 맨 뒤에 추가되죠? 여기에서는
새로 추가하는 자식 노드를 기존 자식 노드보다 앞에 추가하기 위해 appendChild( ) 함수 대
신 insertBefore( ) 함수를 사용해 보겠습니다. 먼저 기존 소스 8번 줄 앞에 '//'를 붙여 주석
으로 처리합니다. 그리고 주석으로 처리한 줄 앞에 다음 소스를 추가하세요. newP 노드를
nameList 노드의 맨 앞에 추가하는 소스입니다.

```
7    var nameList = document.querySelector("#nameList");
          부모 노드        새로 추가할 자식 노드      기준 노드 위치
8    nameList.insertBefore(newP, nameList.childNodes[0]);   // p 요소를 #nameList 맨 앞에 추가하기
9    //nameList.appendChild(newP); // p 요소를 #nameList의 자식 요소로 만들기
```

수정한 소스를 저장한 후 웹 브라우저에서 register.html을 불러오세요. 텍스트 필드에 이름
을 입력하고 [신청] 버튼을 누르세요. 계속 이름을 입력할 때마다 최근에 입력한 이름이 위에
표시되는 것을 볼 수 있습니다.

02단계 이름 삭제하기

앞에서 childNodes 속성과 appendChild( ) 함수, insertBefore( ) 등을 사용해 명단 목록의
원하는 위치에 새 이름을 추가해 보았습니다. 이제 마지막으로 DOM 트리에서 특정 노드를
삭제하는 방법을 사용해 명단에서 원하는 이름을 삭제해 보겠습니다.

참가자 명단을 표시할 때 각 이름 오른쪽에 삭제 버튼을 함께 추가하려고 합니다. 이 버튼을 웹 문서에 추가한다면 HTML 태그 소스가 어떻게 될까요? 먼저 웹 문서에 추가할 소스를 생각해 보세요. 여기에서는 영어 대문자 엑스(X)를 삭제 버튼으로 사용할 것입니다.

😊 class = "del"은 현재 문서에 연결된 외부 스타일 시트인 'css/nameList.css' 파일에 미리 정의되어 있습니다.

```
<span class = "del">X</span>
```

비주얼 스튜디오 코드에서 register.js 문서를 열고 기존 소스 중 텍스트 노드를 추가하는 소스 아래 다음 소스를 추가하세요.

😊 setAttribute( ) 함수는 지정한 속성이 있다면 수정하고 속성이 없다면 새로 추가합니다. setAttribute( ) 함수에 대해서는 08-3을 참고하세요.

```
4    var newText = document.createTextNode(userName.value);   // 새 텍스트 노드 만들기
5    newP.appendChild(newText);   // 텍스트 노드를 p 요소의 자식 요소로 연결하기
6
7    var delBttn = document.createElement("span");   // 새 span 요소 만들기
8    var delText = document.createTextNode("X");   // 새 텍스트 노드 만들기
9    delBttn.setAttribute("class", "del");   // 버튼에 class 속성 설정하기
10   delBttn.appendChild(delText);   // 텍스트 노드를 button 요소의 자식 요소로 추가하기
11   newP.appendChild(delBttn);   // del 버튼을 p 요소의 자식 요소로 추가하기
12
13   var nameList = document.querySelector("#nameList");
```

수정한 소스를 저장한 후 웹 브라우저에서 확인해 보겠습니다. 텍스트 필드에 이름을 입력한 후 [신청] 버튼을 누르면 참가자 명단이 표시되고 각 이름 오른쪽에 희미하게 X 버튼이 표시될 것입니다. 그리고 X 버튼 위로 마우스 포인터를 가져가면 좀 더 진하게 표시되죠.

참가자 이름 옆에 추가된 X 버튼을 마우스 오른쪽 버튼으로 누르고 [검사]를 선택해 보세요. 추가한 삭제 버튼이 우리가 처음에 생각한 소스를 사용하고 있다는 것을 확인할 수 있습니다.

```
<span class = "del">X</span>
```

이제 삭제 버튼을 눌렀을 때 해당 이름을 삭제하는 함수를 작성해 보겠습니다. 우선 이름 옆에 표시된 X 버튼에 어떻게 접근해야 할까요? X 버튼을 추가할 때 class = "del" 속성을 함께 사용했죠? 그렇다면 class 값을 식별자로 사용해 X 버튼에 접근할 수 있습니다.

ⓒ newRegister( ) 함수 안에서 X 버튼이 있는 span 요소를 추가했기 때문에 이 함수 안에 노드 삭제 기능을 함께 작성하고 있습니다.

```
16    userName.value="";
17
18    var removeBttns = document.querySelectorAll(".del");
```

X 버튼을 눌렀을 때 어떤 노드를 삭제할 것인지 결정해야 합니다. X 버튼이 있는 소스 부분의 DOM 트리를 생각해 봅시다. span 노드에서 click 이벤트가 발생했을 때 삭제할 노드는 p 노드입니다. 그런데 노드 삭제는 부모 노드에서 해야 하기 때문에 p 노드를 삭제하려면 id = "nameList"인 div 노드에서 처리해야 합니다. 즉 이벤트가 span 노드에서 발생하면 removeChild( ) 함수는 span 노드의 '부모 노드의 부모 노드'에서 실행해야 합니다. 간단하게 그림으로 그리면 다음과 같겠죠?

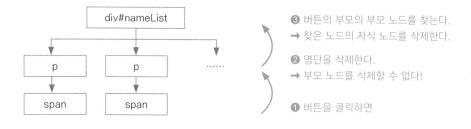

❸ 버튼의 부모의 부모 노드를 찾는다.
→ 찾은 노드의 자식 노드를 삭제한다.

❷ 명단을 삭제한다.
→ 부모 노드를 삭제할 수 없다!

❶ 버튼을 클릭하면

이제 addEventListener( ) 함수를 사용해 X 버튼을 누르는 이벤트와 해당 이름을 삭제하는 함수를 연결하겠습니다. 앞에서 X 버튼에 접근한 값을 removeBttns 변수에 저장해 놓았죠? 여러 노드를 저장해야 하므로 X 버튼은 노드리스트 형태로 저장됩니다. for문으로 removeBttns에 있는 노드리스트 요소 전체를 반복해서 사용자가 i번째 버튼에 click 이벤트를 발생시켰을 때 실행할 함수를 연결합니다.

```
20    for (var i=0; i<removeBttns.length; i++) {   // removeBttns에 있는 요소 전체를 반복
21        removeBttns[i].addEventListener("click", function( ) {
22
23        // i번째 버튼을 눌렀을 때 실행할 함수 선언
24        });
25    }
```

X 버튼을 눌렀을 때 실행할 함수를 addEventListener( ) 함수로 연결해 작성하겠습니다. click 이벤트가 발생한 요소는 span 노드인데 #nameList 요소에서 p 노드를 삭제해야 하므로, span 노드에서 parentNode.parentNode로 접근합니다. 다음 소스에서 this는 누른 삭제 버튼을 가리킵니다.

```
20    for (var i=0; i<removeBttns.length; i++) {
21        removeBttns[i].addEventListener("click", function( ){
22            if (this.parentNode.parentNode) // 현재 노드(this)의 부모 노드의 부모 노드가 있을 경우 실행
23                this.parentNode.parentNode.removeChild(this.parentNode);   // '현재 노드(this)의
                   부모 노드의 부모 노드'를 찾아 '현재 노드(this)의 부모 노드(p 노드)' 삭제
24        });
25    }
```

작성한 소스를 저장한 후 웹 브라우저에서 확인해 보세요. 우선 텍스트 필드에 이름을 입력하고 [신청] 버튼을 누르는 과정을 여러 번 반복해서 신청자 명단을 만듭니다. 그리고 신청자 명단의 이름 오른쪽에 있는 X 버튼을 누르면 해당 이름이 명단에서 삭제될 것입니다.

DOM을 더 연습하고 싶다면

DOM을 더 연습하고 싶다면 이지스퍼블리싱 홈페이지 자료실에서 실전 프로젝트 파일을 내려받은 뒤 '[실전]3_온도 변환기.pdf' 파일을 참고해 변환기 프로그램을 만들어 보세요.

01 DOM 트리는 HTML 요소 외에 텍스트 내용과 주석도 노드로 구성합니다. (O / X)

012 자바스크립트를 이용하여 조작할 수 있도록 객체를 사용해 문서를 해석하는 방법을 ＿＿＿＿＿＿＿＿＿ 이라고 합니다.

03 ＿＿＿＿＿＿＿＿＿ 는 웹 문서 요소 간의 관계를 가지와 노드로 표현한 것입니다.

04 class 값이 small인 모든 요소에 접근하려면 document 객체의 `q` ＿＿＿＿＿＿＿＿＿ 을 사용합니다.

05 DOM에서 이벤트를 처리하기 위해 사용하는 함수는 `a` ＿＿＿＿＿＿＿ 입니다.

06 DOM에서 문서의 배경색을 바꾸려면 document.body.style.`b` ＿＿＿＿＿＿＿ = "black"라고 작성합니다.

07 웹 문서에서 무엇인가를 화면에 표시하거나 감출 때 `d` ＿＿＿＿＿＿ 속성을 사용해서 감추면 그 요소가 차지하던 공간도 사라지지만, `v` ＿＿＿＿＿＿ 속성을 사용해서 감추면 요소가 있던 공간이 빈 상태로 남아 있게 됩니다.

08 하나의 변수에 여러 개의 노드가 저장된 것을 ＿＿＿＿＿＿＿＿＿ 이라고 합니다.

정답 **01** O **02** 문서 객체 모델 **03** DOM 트리 **04** querySelectorAll(".small")
05 addEventListener **06** backgroundColor **07** display, visibility **08** 노드리스트

다음은 지금까지 배운 내용을 응용해 보는 문제입니다. 그동안 작성해 놓은 소스 코드를 활용해 프로그램을 만들어 보세요.

1. 08\quiz-1.html 문서를 열어 보면 제목과 텍스트 단락이 있습니다. 텍스트 단락을 누르면 글자 크기를 20px로, 글자색을 blue로 바꾸고 배경색은 #ccc로 지정하는 소스를 작성하세요.

Ipsum quis consectetur sint ullamco.	**Ipsum quis consectetur sint ullamco.**
Labore do officia velit mollit eu pariatur. Do aute sunt aute dolore labore incididunt Lorem mollit laborum adipisicing. Ipsum adipisicing amet ut in. Lorem incididunt sunt et excepteur amet occaecat culpa incididunt exercitation. Labore excepteur Lorem voluptate ipsum magna consequat eiusmod ex anim labore pariatur eiusmod. Excepteur amet non magna est.	Labore do officia velit mollit eu pariatur. Do aute sunt aute dolore labore incididunt Lorem mollit laborum adipisicing. Ipsum adipisicing amet ut in. Lorem incididunt sunt et excepteur amet occaecat culpa incididunt exercitation. Labore excepteur Lorem voluptate ipsum magna consequat eiusmod ex anim labore pariatur eiusmod. Excepteur amet non magna est.

2. 09\quiz-2.html 문서를 열어 보면 다섯 개의 항목이 나열되어 있습니다. 각 항목 앞에 있는 체크 표시를 누르면 항목 텍스트의 글자 색이 회색(#ccc)으로 바뀌도록 소스를 작성하세요.

할 일 목록
- ✓ 할 일 1
- ✓ 할 일 2
- ✓ 할 일 3
- ✓ 할 일 4
- ✓ 할 일 5

할 일 목록
- ✓ 할 일 1
- ✓ 할 일 2
- ✓ 할 일 3
- ✓ 할 일 4
- ✓ 할 일 5

정답 1. 08\sol-1.html, 08\js\sol-1.js 2. 08\sol-2.html, 08\js\sol-2.js

09

폼과 자바스크립트

어떤 웹 사이트의 경우 회원 가입을 해야 이용할 수 있습니다. 사용자는 회원 가입을 하는 과정에서 아이디와 비밀번호 등의 정보를 입력해야 하지요. 또 쇼핑몰 사이트에서 물건을 주문할 때도 주소지와 전화 번호 같은 배송 정보를 사용자가 입력해야 합니다. 이렇게 사용자가 정보를 입력할 수 있게 만들어 놓은 웹 요소를 '폼(Form)' 이라고 합니다. 그리고 사용자가 폼 요소에 내용을 입력했을 때 그 내용을 가져오거나 수정하는 일, 입력한 내용이 미리 정한 형식에 맞는지를 확인하는 일을 자바스크립트로 처리하지요. 이 장에서는 회원 가입을 하거나 주문 정보를 입력하는 웹 문서를 만들면서 폼 요소를 다루는 자바스크립트 기능을 알아보겠습니다.

09-1 **폼 요소에 접근하는 여러 가지 방법**

09-2 **폼 요소에서 입력값 검증하기**

09-3 **다양한 폼 요소 다루기**

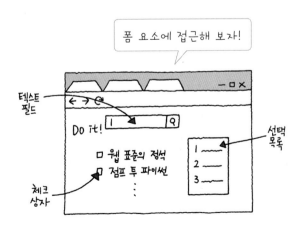

09-1 폼 요소에 접근하는 여러 가지 방법

웹 사이트의 폼 요소에는 사용자가 내용을 입력하는 텍스트 필드를 비롯해 라디오 버튼이나 체크 상자처럼 누를 수 있는 요소도 있고, 선택(Select) 목록처럼 여러 항목에서 원하는 것을 선택해서 사용하는 요소도 있습니다. 이런 요소를 자바스크립트 프로그램으로 제어하려면 먼저 요소에 접근해야겠죠? 폼 요소에 접근하기 위해 사용할 수 있는 여러 가지 방법을 알아보겠습니다.

ⓒ 선택(select) 목록은 '팝업 목록', '선택 목록', 'select 목록' 등 여러 이름으로 부릅니다.

[미리보기] 배송 정보 자동 입력기

온라인 쇼핑몰에서 상품을 주문해 본 적이 있나요? 물건을 배송받으려면 '주문 정보'와 '배송 정보'를 입력해야 합니다. 이때 주문한 사람의 정보와 배송을 받는 사람의 정보가 같을 경우, 체크 상자만 누르면 주문한 사람의 정보를 그대로 배송 정보에 입력해 주는 것을 자주 보았을 것입니다.

order-result.html 문서를 연 다음 주문 정보에 내용을 입력하세요. 그리고 '주문 정보와 배송 정보가 같습니다' 문장 왼쪽에 있는 체크 상자를 눌러 보세요. 위에서 입력한 주문 정보의 내용이 배송 정보에 그대로 옮겨집니다.

이제부터 위와 같이 폼 요소에 입력한 내용을 가져와 다른 폼 요소로 복사하는 기능을 가진 자바스크립트 프로그램을 만들어 보겠습니다. 우선 폼 요소에 접근하는 방법과 폼 요소의 값을 가져오는 방법부터 알아볼까요?

id 값이나 class 값을 사용해 폼 요소에 접근하기

id 값이나 class 값을 사용해 폼 요소에 접근하는 방법은 DOM의 다른 요소에 접근하는 것과 같습니다. querySelector( ) 함수나 querySelectorAll( ) 함수를 사용해서 특정 id 값이나 class 값을 가진 요소에 접근할 수 있습니다. id 값을 사용할 때는 폼 요소 하나에만 접근하고, class 값을 사용할 때는 여러 요소를 가져와 배열 형태로 저장합니다.

웹 브라우저에서 09 폴더의 order.html 문서를 열고 콘솔 창도 함께 열어 보세요. 또한 비주얼 스튜디오 코드를 열어 order.html 문서의 소스를 확인해 보세요. 다음과 같은 텍스트 필드가 있습니다. 이제 콘솔 창에서 이 텍스트 필드에 접근해 볼까요?

```
17    <label class="field" for="billingName">이름 : </label>
18    <input type="text" class="input-box" id="billingName" name="billingName">
```

콘솔 창에 다음과 같이 입력해 보세요. id 값이 `billingName`인 요소를 찾아 그 소스를 표시할 것입니다. id 값을 이용해 접근할 때는 id 값 앞에 샵(#)을 붙이고, class 값을 사용해 접근할 때는 class 값 앞에 마침표(.)를 붙이는 것 기억하시죠?

```
>    document.querySelector("#billingName")
<    <input type="text" class="input-box" id="billingName" name="billingName">
```

텍스트 필드에 있는 값을 가져오기 위해서는 텍스트 필드에 접근하는 소스 뒤에 `value` 속성을 붙입니다. 웹 브라우저 창의 [이름 :] 항목에 아무 이름이나 입력한 뒤 콘솔 창에 다음과 같이 입력해 보세요. [이름 :] 항목에 입력한 값을 가져와 표시합니다.

```
>    document.querySelector("#billingName").value
<    "한라산"    //텍스트 필드에 입력한 값
```

 09\order.html 문서에서 [연락처:] 필드의 id 값을 확인한 후 그 필드에 전화번호를 입력했을 때 그 내용을 가져오는 소스를 콘솔 창에 작성하세요.

정답 `document.querySelector("#billingTel").value`

name 값을 사용해 폼 요소에 접근하기

폼 요소에 id나 class 속성이 없고 name 속성만 있다면 name 식별자를 사용해 폼 요소에 접근할 수도 있습니다. id나 class 속성은 웹 개발에 CSS를 사용하기 시작하면서부터 등장했지만, name 속성은 자바스크립트에서 폼 요소를 구별하고 접근할 수 있도록 HTML 초기부터 사용하던 방법입니다. 직접 폼을 작성한다면 id나 class 선택자를 사용하는 것이 낫지만, 다른 사람이 작성해 놓은 폼 소스에 name 속성만 있다면 이 방법을 사용해야 합니다.

이 방법을 사용하려면 <form> 태그에 name 속성이 지정되어 있어야 하고, <form> 태그 안에 포함된 폼 요소에도 name 속성이 있어야 합니다. name 속성을 사용해 폼 요소에 접근하려면 form의 name 값부터 폼 요소의 name 값까지 계층을 따라 하나씩 지정해 줍니다.

이제 실습을 해 볼까요? 먼저 접근할 폼 요소의 name 값을 알기 위해 아까 열어 본 order.html 문서의 소스를 다시 한 번 보세요. 다음과 같이 <form> 태그의 name 값이 ship이고, 텍스트 필드의 name 값이 shippingName인 폼 요소가 있는 것을 확인할 수 있습니다.

ⓒ [이름:] 필드에는 id 값이 있기 때문에 query Selector( ) 함수를 사용하는 것이 낫지만, 여기에서는 name 속성 사용법을 익히기 위해 name 속성을 사용합니다. 폼 요소에서 사용하는 name 값은 주로 id 값과 같게 지정합니다.

```
31    <form name="ship">
       ......
40    <label class="field" for="shippingName">이름 : </label>
41    <input type="text" class="input-box" id="shippingName" name="shippingName">
       ......
54    </form>
```

폼 안에 있는 텍스트 필드에 접근하려면 `<form>`의 name 값과 텍스트 필드의 name 값을 사용하면 됩니다. 콘솔 창에 다음과 같이 입력해 보세요. 이 소스는 '배송 정보' 중 [이름 :] 항목의 텍스트 필드에 접근하는 소스입니다.

```
>   document.ship.shippingName
<   <input type="text" class="input-box" id="shippingName" name="shippingName">
```

또는 다음과 같이 접근할 수도 있습니다.

```
>   document.forms["ship"].elements["shippingName"]
<   <input type="text" class="input-box" id="shippingName" name="shippingName">
```

name = "shippingName"인 요소의 소스를 보여 주지요? 이제 이 텍스트 필드의 내용을 가져와 보겠습니다. '배송 정보' 중 [이름 :] 항목에 아무 이름이나 입력해 보세요. 그리고 콘솔 창에서 앞에서 사용한 소스 뒤에 `.value`를 붙여 다시 입력해 보세요. 배송 정보의 [이름 :] 항목에 입력한 값을 가져 옵니다.

ⓒ 이 프로그램은 사용자가 배송 정보 입력 중에 `Enter`를 누르면 [결제하기]를 실행하면서 입력한 정보를 전부 초기화합니다. 실습을 진행하는 과정에서 `Enter`를 누르지 않도록 주의하세요.

```
>   document.ship.shippingName.value
<   "도레미"
```

order.html에서 '배송 정보' 중 [주소] 항목에 내용을 입력했을 때, name 속성을 사용해 그 내용
에 접근하는 소스를 작성하세요.

정답 document.ship.shippingAddr.value 또는
document.forms["ship"].elements["shippingAddr"].value

앞에서 살펴본 id 식별자를 통해 접근하는 방법은 접근할 요소에 id 속성이 지정되어 있다면
쉽게 접근할 수 있지만, name 속성을 사용해 접근하려면 〈form〉 태그뿐만 아니라 접근하려
는 폼 요소에 모두 name 속성이 지정되어 있는지 확인해야 합니다.

폼 배열을 사용해 폼 요소에 접근하기

이번에는 폼 배열을 사용해 폼 요소에 접근해 보겠습니다. document의 속성 중 forms 속성
은 문서 안에 있는 〈form〉 태그를 모두 가져와 배열 형태로 반환합니다. 이 방법은 폼 요소에
id나 class 속성도 없고 name 속성도 없을 때 사용합니다.

이제 폼 배열을 사용해 폼에 접근하는 방법을 알아보겠습니다. 웹 브라우저에서 reg.html 문
서를 열어 보세요. 이 문서에서는 1개의 〈form〉 태그를
사용하고 있는데, 〈form〉 태그와 그 안에 있는 다른 폼
요소에도 id나 class 선택자가 없고 name 속성도 없습
니다. 이런 경우에 폼 배열을 사용하면 됩니다.

ⓘ 폼 배열을 사용하는 방법은 웹 문서에 〈form〉
태그가 몇 개나 사용되었는지 알고 있어야 하고,
〈form〉 태그 안에 폼 요소가 많을 경우 원하는
요소에 접근하기 쉽지 않기 때문에 실무에서 자
주 사용하지는 않습니다.

```
11    <div id="container">
12        <h3>로그인</h3>
13        <form>
14            <div id="login_input">
15                <input type="text" autofocus placeholder="아이디">
16                <input type="password" placeholder="비밀번호">
17            </div>
18            <div id="login_bttn">
19                <button type="submit" class="order">로그인</button>
20            </div>
21        </form>
22    </div>
```

콘솔 창에 다음과 같이 입력하면 숫자 없이 HTMLCollection이라고 표시됩니다. 이 문서에는
form 요소가 하나뿐이기 때문이죠. 〈form〉 태그가 두 개라면 HTMLCollection(2)처럼 괄호 안
에 form 요소의 개수가 표시됩니다.

```
>    document.forms
<    ▶ HTMLCollection [form]
```

<form> 태그 안에 포함된 요소에 접근하려면 elements 속성을 사용합니다. 해당 폼 안에 있는 폼 요소를 모두 가져오는 속성입니다. 콘솔 창에 다음과 같이 입력하세요. 문서에 폼이 하나 밖에 없으므로 forms[0]이라고 입력해 forms 배열의 첫 번째 요소를 지정합니다. forms[0] 안에 있는 요소를 모두 가져오면 HTMLFormControlsCollection 배열 형태로 저장됩니다. ▶를 누르면, 인덱스 0부터 2까지 어떤 요소가 저장되었는지 확인할 수 있습니다.

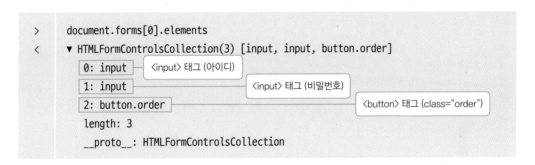

웹 브라우저 창에서 첫 번째 텍스트 필드에 간단한 아이디를 입력합니다. 아직 Enter 를 누르지 마세요. 그리고 콘솔 창에서 다음과 같이 폼 배열을 사용한 소스를 입력하면 첫 번째 폼의 첫 번째 요소, 즉 입력한 아이디 값을 가져올 수 있습니다.

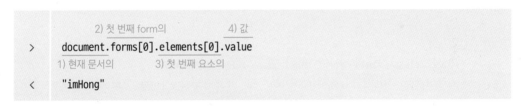

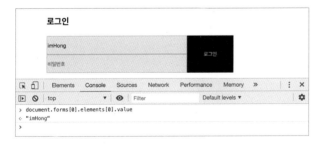

09\reg.html 문서에서 폼 배열을 사용해 '비밀번호' 필드에 입력한 값을 가져오려면 어떤 소스를 사용해야 할까요?

정답 document.forms[0].elements[1].value

• 실습 파일 09\order.html   • 완성 파일 09\order-result.html, 09\js\order-result.js

지금까지 폼 요소에 접근하는 여러 가지 방법을 알아보았습니다. 이제 이 방법을 사용해 웹 문서의 '주문 정보' 폼 요소에 입력되어 있는 내용을 복사해 '배송 정보' 폼 요소에 입력하는 프로그램을 만들어 보겠습니다.

'주문 정보'에 있는 폼 항목과 '배송 정보'에 있는 폼 항목이 모두 같지 않아도 되지만, 어느 항목을 어느 항목으로 복사할지는 알고 있어야 합니다. 이 예제에서는 사용자가 '주문 정보와 배송 정보가 같습니다' 체크 상자를 누르면 '주문 정보' 내용을 '배송 정보'로 복사합니다.

```
16   <li>
17     <label class="field" for="billingName">이름 : </label>
18     <input type="text" class="input-box" id="billingName" name="billingName">
19   </li>                                              ❶
20   <li>
21     <label class="field" for="billingTel">연락처 : </label>
22     <input type="text" class="input-box" id="billingTel" name="billingTel">
23   </li>                                              ❷
24   <li>
25     <label class="field" for="billingAddr">주소 : </label>
26     <input type="text" class="input-box" id="billingAddr" name="billingAddr">
27   </li>                                              ❸
......  ......
39   <li>
40     <label class="field" for="shippingName">이름 : </label>
41     <input type="text" class="input-box" id="shippingName" name="shippingName">
42   </li>                                              ❶ 복사
43   <li>
44     <label class="field" for="shippingTel">연락처 : </label>
45     <input type="text" class="input-box" id="shippingTel" name="shippingTel">
46   </li>                                              ❷ 복사
47   <li>
48     <label class="field" for="shippingAddr">주소 : </label>
49     <input type="text" class="input-box" id="shippingAddr" name="shippingAddr">
50   </li>                                              ❸ 복사
```

비주얼 스튜디오 코드에서 새 문서를 만든 후 09\js 폴더에 order.js라는 이름으로 저장합니다. 그리고 order.html 문서에 외부 스크립트로 연결합니다.

이제부터 order.js 파일에 자바스크립트 소스를 작성하겠습니다. 가장 먼저 체크 상자를 눌렀는지 확인해야겠죠? 체크 상자를 가져와 check 변수에 저장합니다. 그리고 check 객체에 click 이벤트가 발생했을 때, 즉 체크 상자를 눌렀을 때 처리할 함수를 정의해 보겠습니다.

```
1    var check = document.querySelector("#shippingInfo");    //체크 상자의 id는 shippingInfo
2
3    check.addEventListener("click", function( ) {    //check 요소에 click 이벤트가 발생했을 때 실행
     할 함수
4
5    });
```

체크 상자를 눌렀을 때 비어 있던 체크 상자가 체크될 수도 있고, 원래 있던 체크가 해제될 수도 있습니다. 이 차이를 어떻게 확인할까요? check 객체의 checked 속성은 체크 상자가 체크되면 그 값이 true가 됩니다. 이때 주문 정보의 내용을 배송 정보로 가져오면 됩니다.

check 객체의 checked 속성 값을 확인해서 그 값이 true일 경우, 주문 정보에 있는 요소의 내용을 가져와서 배송 정보에 있는 요소에 하나씩 대입하도록 함수를 작성해 보죠.

```
3    check.addEventListener("click", function( ) {
4      if (check.checked == true) {    //체크된다면
5        document.querySelector("#shippingName").value
         = document.querySelector("#billingName").value;    //주문 정보(이름)을 배송 정보(이름)에 복사
6        document.querySelector("#shippingTel").value
         = document.querySelector("#billingTel").value;    //주문 정보(전화번호)를 배송 정보(전화번호)에 복사
7        document.querySelector("#shippingAddr").value
         = document.querySelector("#billingAddr").value;    //주문 정보(주소)를 배송 정보(주소)에 복사
8      }
9    });
```

체크가 해제되었을 때, 즉 check.checked 값이 true가 아닐 경우 사용자가 직접 내용을 입력할 수 있도록 배송 정보에 있는 폼 요소를 비워 두면 되겠지요? 앞에서 입력한 if문에 이어 다음 소스를 추가합니다.

```
3    check.addEventListener("click", function() {
4        if (check.checked == true) {

              ......

8        }
9        else {    //체크가 해제된다면 배송 정보 필드를 지움.
10            document.querySelector("#shippingName").value = "";
11            document.querySelector("#shippingTel").value = "";
12            document.querySelector("#shippingAddr").value = "";
13        }
14   });
```

지금까지 작성한 소스를 저장한 후 웹 브라우저에서 확인해 보세요. 먼저 주문 정보에 내용을
입력한 후 체크 상자를 체크하면 그 내용이 배송 정보의 텍스트 필드에도 채워집니다. 체크
상자를 한 번 더 눌러서 체크 표시를 없애면 배송 정보에 입력한 내용이 지워지고, 배송 정보
를 직접 입력할 수 있는 상태가 됩니다.

09-2 폼 요소에서 입력값 검증하기

자바스크립트를 여러 분야에 사용하기 전에는 주로 폼에 입력한 값의 유효성을 검사할 때 사용했습니다. 값이 입력되었는지, 입력된 값이 정해진 조건에 맞는지 등을 검사하는 이 작업은 흔히 폼 밸리데이션(Form Validation, 입력값 검증)이라고 불립니다. 여기에서는 회원 가입 페이지를 예로 들어 입력한 글자 수를 확인하는 방법과 두 개 필드의 내용이 서로 같은지 확인하는 방법을 알아보겠습니다.

[미리보기] 회원 가입 페이지 입력값 검증하기

웹 브라우저에서 09\register-result.html을 열어 보세요. 웹 사이트에서 흔히 볼 수 있는 회원 가입 페이지가 나타납니다. [아이디] 필드와 [비밀번호] 필드에는 입력 조건이 제시되어 있습니다.

[아이디] 필드에 조건과 다른 아이디(eee)를 입력해 보세요. 그리고 다른 값을 입력하기 위해 [아이디] 필드 밖을 눌러 보세요. '4~15자리의 영문과 숫자를 사용하세요.' 알림 창이 뜹니다.

[비밀번호] 필드에는 8가지 미만의 비밀번호를 입력해 보겠습니다. [비밀번호] 필드를 벗어나려 하면 조건을 지키라는 메시지를 담은 알림 창이 뜨고 [비밀번호] 필드가 초기화됩니다. 또 8자리 이상의 비밀번호를 입력했더라도 [비밀번호 확인] 필드와 [비밀번호] 필드에 입력한 값이 다르면 '암호가 다릅니다. 다시 입력하세요.' 알림 창이 뜨고 [비밀번호 확인] 필드가 초기화됩니다.

Do it! 실습 입력값 검증 프로그램 만들기

• 실습 파일 09\register.html • 완성 파일 09\register-result.html, 09\js\register-result.js

먼저 [아이디] 필드에 입력한 글자 수를 확인하는 기능을 만들어 보겠습니다. 일단 [아이디]
필드에 접근한 다음, 필드에 값이 입력되면 그 값의 글자 수를 확인하는 자바스크립트 소스를
작성할 것입니다.

01단계 아이디 글자 수 확인하기

비주얼 스튜디오 코드에서 새 문서를 만든 후 09\js 폴더에 register.js 파일로 저장합니다. 그
리고 register.html 문서에 외부 스크립트로 연결합니다.

register.js 파일에서 스크립트 소스를 작성해 보겠습니다. [아이디] 필드에 입력한 글자 수가
4~15자리인지 확인하려면 먼저 [아이디] 필드에 접근해야겠죠? [아이디] 필드를 가져와 변수
에 저장하는 소스를 추가하세요.

```
1    var userId = document.querySelector("#user-id");   //[아이디] 필드를 가져와 변수에 저장
```

사용자가 [아이디] 필드에 내용을 입력하면 바로 입력한 글자 수를 확인하도록 소스를 작성
하겠습니다. 먼저 userId 요소에서 change 이벤트가 발생하면 checkId( ) 함수를 실행하도
록 지정합니다. 그리고 실행할 checkId( ) 함수도 선언
합니다. 여기에서 change 이벤트는 텍스트 필드 안의
내용이 바뀔 때, 즉 [아이디] 필드에 입력을 마치고 그
필드를 빠져나올 때 발생하는 이벤트입니다. 여기까지
입력한 후 소스를 저장하세요.

ⓒ checkId( ) 함수 선언 소스에 들어 있는
select( ) 함수는 자바스크립트에 내장되어 있
습니다. select( ) 함수를 사용하면 텍스트 필드
에 입력한 내용을 선택합니다.

ⓒ [아이드] 필드에 영문과 숫자만 사용됐는지
확인하려면 자바스크립트 정규 표현식을 사용해
야 합니다. 이 책은 아주 기본적인 문법만 설명하
고 있기 때문에 정규 표현식은 다루지 않습니다.

300 **Do it!** 자바스크립트 입문

```
3    userId.onchange = checkId;

4

5    function checkId( ) {
6        if (userId.value.length < 4 || userId.value.length > 15) {   //userId 필드 내용의 길이가
         4 이하이거나 15 이상일 경우 실행
7            alert("4~15자리의 영문과 숫자를 사용하세요.");   //오류 메시지 출력
8            userId.select( );   //다시 입력할 수 있도록 userId 필드 선택
9        }
10   }
```

제대로 동작하는지 확인해 볼까요? 웹 브라우저에서 register.html을 열어 보세요. 그리고
[아이디] 필드에 2자리나 3자리 정도를 입력한 뒤 다른 필드로 커서를 옮겨 보세요. 지정한 오
류 메시지가 알림 창에 표시됩니다. [확인]을 눌러 알림 창을 닫으면 입력한 내용이 선택되어
다시 아이디를 작성할 수 있게 해 줍니다.

02단계   비밀번호 확인하기

이번에는 비밀번호를 확인해 보겠습니다. 먼저 아이디 값의 글자 수를 확인할 때와 같은 방법
으로 [비밀번호] 필드에 입력한 내용의 글자 수가 8자리 이상인지 확인합니다. 그리고 [비밀
번호 확인] 필드에 입력한 값이 [비밀번호] 필드 값과 같은지 확인하겠습니다. 또한 두 과정에
서 조건을 만족하지 못했을 때 오류 메시지를 알림 창에 표시합니다.

먼저 [비밀번호] 필드와 [비밀번호 확인] 필드 요소를 가져와 변수에 저장하겠습니다. 위의
register.js 파일에 다음 소스를 추가합니다.

```
1    var userId = document.querySelector("#user-id");
2    var pw1 = document.querySelector("#user-pw1");   // '비밀번호' 필드를 가져와 변수에 저장
3    var pw2 = document.querySelector("#user-pw2");   // '비밀번호 확인' 필드를 가져와 변수에 저장
```

pw1 요소에 change 이벤트가 발생했을 때 checkPw( ) 함수를 실행하도록 소스를 추가합니다.

```
5    userId.onchange = checkId;
6    pw1.onchange = checkPw;
```

앞에서 작성한 checkId( ) 함수 다음에 checkPw( ) 함수 소스를 작성합니다.

ⓖ focus( ) 함수는 해당 요소에 포커스를 맞추는 자바스크립트 내장 함수입니다. 텍스트 필드에서 사용할 경우 해당 텍스트 필드 안에 커서를 갖다 놓습니다.

```
8    function checkId( ) {
...      ......
13   }
14
15   function checkPw( ) {
16       if (pw1.value.length < 8) {
17           alert("비밀번호는 8자리 이상이어야 합니다.");   // 오류 메시지 표시
18           pw1.value = "";   // '비밀번호' 필드 지움
19           pw1.focus( );   // 비밀번호를 다시 입력할 수 있게 포커싱
20       }
21   }
```

select( ) 함수와 focus( ) 함수

텍스트 필드를 검증해서 오류가 발생했을 때 사용자가 입력한 값을 어떻게 처리할지에 따라 select( ) 함수와 focus( ) 함수를 사용할 수 있습니다. checkId( ) 함수에 사용한 select( ) 함수는 사용자가 기존에 입력한 값을 선택하고, checkPw( ) 함수에 사용된 focus( ) 함수는 기존에 입력한 값이 지워진 자리에 새로운 값을 입력하도록 텍스트 필드에 커서를 가져다 놓습니다.

이제 [비밀번호 확인] 필드로 넘어가 보겠습니다. 사용자는 [비밀번호] 필드에 입력한 내용과 같은 내용을 [비밀번호 확인] 필드에 입력해야 하기 때문에 여기에서는 글자 수를 체크하지 않을 것입니다. 그 대신 [비밀번호 확인] 필드에 입력한 내용이 [비밀번호] 필드에 입력한 내용과 같은지 확인합니다. pw2 요소에 change 이벤트가 발생했을 때 comparePw( ) 함수를 실행하도록 지정합니다.

```
5    userId.onchange = checkId;
6    pw1.onchange = checkPw;
7    pw2.onchange = comparePw;
```

[비밀번호] 필드와 [비밀번호 확인] 필드의 내용을 비교하는 comparePw( ) 함수를 작성하겠습니다. 앞에서 작성한 checkPw( ) 함수 다음에 추가하세요.

```
16    function checkPw( ) {
          ......
22    }
23
24    function comparePw( ) {
25        if(pw1.value != pw2.value) {
26            alert("암호가 다릅니다. 다시 입력하세요.");    //오류 메시지 표시
27            pw2.value = "";    // '비밀번호 확인' 필드 지움
28            pw2.focus( );    //비밀번호를 다시 입력할 수 있게 포커싱
29        }
30    }
```

지금까지 작성한 소스를 저장한 후 register.html 문서를 웹 브라우저에서 확인해 보겠습니다. [비밀번호] 필드에 8자 미만의 값을 입력한 후 필드 바깥 부분을 눌러 필드를 빠져나와 보세요. 8자 이상을 입력하라는 오류 메시지가 표시될 것입니다. 오류 메시지 창을 닫고 나면 기존에 입력한 비밀번호가 지워지고, [비밀번호] 필드 안에 커서가 놓여 있을 것입니다.

이제 [비밀번호] 필드에 조건에 맞게 8자리 이상의 비밀번호를 입력하세요. 그리고 [비밀번호 확인] 필드에는 일부러 [비밀번호] 필드에 입력한 내용과 다르게 입력한 후 필드를 빠져나와 보겠습니다. 그러면 비밀번호가 일치하지 않는다는 오류 메시지가 표시됩니다. 메시지 창을 닫으면 [비밀번호 확인] 필드에 입력한 값은 지워지고, 다시 내용을 입력할 수 있도록 커서가 놓일 것입니다.

태그 자체에서 폼 검증하기

HTML5의 〈input〉 태그에 폼 검증을 위한 여러 속성이 추가되면서 자바스크립트 대신 type 속성 값을 사용해서 필드 값을 체크할 수 있습니다. HTML5에서 〈input〉 태그의 유형과 속성을 통해 검증할 수 있는 것은 다음과 같습니다.

〈input〉 태그의 새로운 유형

유형	설명
〈input type = "email"〉	이메일 주소 필드입니다. 이메일 주소 형식에 맞지 않으면 오류 메시지를 표시합니다.
〈input type = "tel"〉	전화번호 필드입니다. 전화번호 숫자가 아닌 내용을 입력하면 오류 메시지를 표시합니다.
〈input type = "url"〉	사이트 주소 필드입니다. http:로 시작하지 않으면 오류 메시지를 표시합니다.

〈input〉 태그의 새로운 속성

속성	설명
autocomplete	자동 완성 기능을 켜고 끄는 속성입니다.
autofocus	해당 필드에 마우스 커서를 자동으로 표시합니다.
placeholder	필드 안에 힌트가 표시되어 사용자에게 어떤 내용을 입력해야 하는지 알려 줍니다. 필드 내부를 누르면 표시된 힌트가 사라집니다.
required	필수 입력 항목으로 지정합니다. 필드가 작성하지 않으면 오류 메시지를 표시하며 다음 단계로 넘어갈 수 없습니다.

required 속성을 사용해 필수 필드로 지정했는데 값을 입력하지 않으면 오류 메시지를 표시하는데, 오류 메시지는 브라우저에서 처리한 것이기 때문에 브라우저마다 나타나는 오류 내용이 다릅니다.

크롬 브라우저

파이어폭스 브라우저

이메일 필드에 메일 주소 형식에 어긋나는 내용을 입력했을 경우에도 브라우저에서 오류를 표시합니다.

크롬 브라우저

파이어폭스 브라우저

09-3 다양한 폼 요소 다루기

지금까지는 텍스트 필드를 중심으로 폼 요소를 다루는 방법을 살펴보았습니다. 이제부터는 그 외의 폼 요소에 대해 알아보겠습니다. 자바스크립트에서는 용도에 따라 사용하는 폼 요소가 다르며, 폼 요소마다 사용하는 속성과 함수도 조금씩 다릅니다.

예를 들어 볼까요? 09 폴더의 getForm.html 문서를 웹 브라우저에서 실행해 보세요. 수강 신청 페이지가 나타납니다. 선택 목록에서 학과를 선택하고, 라디오 버튼과 체크 상자를 사용해 원하는 항목을 선택할 수 있습니다. 이렇게 사용자가 선택할 수 있게 만든 요소는 전부 폼 요소로 만든 것입니다.

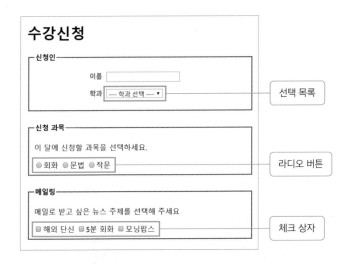

자바스크립트를 사용하면 사용자가 폼에서 어떤 항목을 선택했는지 알아낼 수 있습니다. 이렇게 알아낸 값을 프로그램에 응용할 수도 있겠죠? 여기에서는 이 수강 신청 페이지를 통해 라디오 버튼과 체크 상자, 선택 목록에 접근하는 방법을 살펴보겠습니다.

선택 목록 및 옵션 항목에 접근하기

세 가지 폼 요소 중 먼저 선택 목록(<select>)에 접근해 보겠습니다. 선택 목록은 <option> 태그를 사용해 여러 항목을 한꺼번에 지정한 뒤 목록을 펼쳐 원하는 항목을 선택할 수 있는 요소입니다.

ⓒ 선택 목록은 '팝업 메뉴', 'select 메뉴', 'select 목록' 등 여러 이름으로 부릅니다.

예를 들어 getForm.html 문서에는 다음과 같이 name="major"인 선택 목록이 포함되어 있습니다.

```
13   <form name="testForm">
...     ......
22   <label class="reg" for="class">학과</label>
23   <select name="major" onchange="displaySelect( )">
24       <option>---- 학과 선택 ----</option>
...     ......
31   </select>
...     ......
49   </form>
```

선택 목록이 들어 있는 〈form〉 태그의 name 값이 "testForm"이고, 선택 목록의 name 값이 "major"이므로 콘솔 창에 다음과 같이 입력하면 name=major인 요소, 즉 선택 목록에 접근할 수 있습니다.

```
>   document.testForm.major
<   ▶ <select name="major" onchange="displaySelect( )">...</select>
```

선택 목록의 항목은 〈option〉 태그와 함께 사용하기 때문에, 자바스크립트에서 선택 목록에 접근하면 선택 목록에 있는 옵션 항목은 배열 형태로 저장됩니다. 그리고 옵션 항목에 접근하려면 options 속성을 사용합니다.

콘솔 창에 다음과 같이 입력하면 **HTMLOptionsCollection(7)**이라고 표시되죠? 이것은 선택 목록에는 7개의 **option**이 있고 배열 형식으로 저장되어 있다는 의미입니다.

ⓒ options에서 맨 뒤에 s를 붙이는 것 잊지 마세요.

```
>   document.testForm.major.options
<   ▼ HTMLOptionsCollection(7) [option, option, option, option, option, option, op-
    tion, selectedIndex: 0]
      ▶ 0: option
      ▶ 1: option
      ▶ 2: option
      ▶ 3: option
      ▶ 4: option
      ▶ 5: option
      ▶ 6: option
        length: 7
        selectedIndex: 0
      ▶ __proto__: HTMLOptionsCollection
```

HTMLOptionsCollection(7) 앞에 있는 ▶를 눌러 배열을 열어 보면 인덱스 0부터 6까지의 배열에 선택 목록의 항목(option 항목)이 들어 있고, length 속성에는 옵션 항목의 개수가 저장되어 있습니다. 그리고 selectedIndex에는 여러 옵션 중 사용자가 선택한 옵션의 인덱스 값이 저장됩니다. 아직 아무것도 선택하지 않았으므로 기본 값 0이 출력됩니다.

콘솔 창에 다음과 같이 입력하면 선택 목록 중 다섯 번째 옵션 항목에 접근할 수 있습니다.

```
>   document.testForm.major.options[4]   //다섯 번째 옵션 항목에 접근
<   <option value="elec">전기전자공학과</option>
```

그리고 다섯 번째 옵션이 화면에 표시하는 내용에 접근하려면 innerText 속성을 사용해서 다음과 같이 작성합니다.

```
>   document.testForm.major.options[4].innerText   //다섯 번째 옵션 항목의 화면 표시 내용
<   "전기전자공학과"
```

다섯 번째 옵션 항목을 선택했을 때 어떤 값을 서버로 넘겨주는지 알고 싶다면 다음과 같이 작성합니다.

```
>   document.testForm.major.options[4].value   //다섯 번째 옵션의 서버 전달 값
<   "elec"
```

getForm.html 문서에 있는 선택 목록에서 세 번째 항목이 화면에 표시하는 내용을 가져오는 소스를 작성하세요.

정답 document.testForm.major.options[2].innerText;

선택 목록에서 사용자가 선택한 옵션 항목 찾아내기

자바스크립트로 선택 목록에 접근하면 배열 형태가 반환되는데, 배열 안에 selectedIndex 속성이 있는 것을 위에서 확인했습니다. 이 속성에는 사용자가 선택 목록에서 선택한 항목의 인덱스 값이 저장된다고 했는데 기억하시나요? 그래서 이 속성 값을 살펴보면 사용자가 어떤 항목을 선택했는지 알 수 있습니다.

실습을 통해 확인해 볼까요? 웹 브라우저 창에 getForm.html 문서가 열려 있는 상태에서 선택 목록을 펼친 후 아무 항목이나 선택해 보세요. 여기에서는 '산업공학과' 항목을 선택해 보겠습니다.

이제 콘솔 창에 다음과 같이 입력해 보세요. '산업공학과'의 경우 네 번째 옵션 항목이기 때문에 selectedIndex 속성에는 인덱스 값 3이 들어 있습니다.

```
>  document.testForm.major.options.selectedIndex
<  3
```

선택 목록에서 아무 항목이나 선택하면 어떤 항목을 선택했는지를 알려 주는 알림 창도 뜹니다. 이 기능은 어떻게 만들었을까요? 비주얼 스튜디오 코드에서 getForm.html 문서를 열어 보면 `<select>` 태그에 change 이벤트가 발생했을 때 displaySelect( ) 함수를 실행합니다. 이 함수에 알림 창을 표시하는 기능이 들어 있습니다.

```
22    <label class="reg" for="class">학과</label>
23    <select name="major" onchange="displaySelect( )">
24        <option>---- 학과 선택 ----</option>
...        ......
31    </select>
```

getForm.html 문서에서 사용하는 스크립트 소스 파일의 경로는 09\js\getForm.js입니다. 비주얼 스튜디오 코드에서 이 파일을 열어 displaySelect( ) 함수는 어떻게 작성되어 있는지 확인해 보겠습니다.

```
1    var selectMenu = document.testForm.major;   //선택 목록을 가져와 selectMenu로 저장
2
3    function displaySelect( ) {
4        var selectedText = selectMenu.options[selectMenu.selectedIndex].innerText;
         //선택한 옵션의 innerText를 가져와 selectedText에 저장
5        alert("[" + selectedText + "]를 선택했습니다.");   //selectedText 내용을 알림 창에 표시
6    }
```

먼저 문서에 있는 선택 목록을 가져와 selectMenu 변수에 저장합니다. 사용자가 선택한 항목의 인덱스는 selectMenu.selectedIndex를 통해 알아냅니다. 그리고 innerText 속성을 사용해 해당 항목에서 화면에 표시할 내용을 selectedText에 저장합니다. 마지막으로 selectedText에 저장한 내용을 알림 창에 표시합니다.

라디오 버튼과 체크 상자에 접근하기

여러 항목 중에서 원하는 항목을 선택하는 폼 요소 중에는 라디오 버튼과 체크 상자도 있습니다. 라디오 버튼은 여러 개의 항목 중에서 하나의 항목만 선택할 수 있고, 체크 상자는 여러 개 항목을 선택할 수 있다는 차이가 있죠.

getForm.html 문서에는 3개의 라디오 버튼과 3개의 체크 상자가 있는데, 라디오 버튼의 name 값은 subject로 모두 같고, 체크 상자의 name 값은 서로 다릅니다.

Ⓖ 체크 상자의 name을 다르게 지정하는 것이 번거롭다면, mailing[ ]처럼 배열로 지정할 수도 있습니다. 이렇게 하면 mailing[0], mailing[1], … 식으로 name이 할당됩니다.

```
13    <form name="testForm">
      ......
36      <legend>신청 과목</legend>
37      <p>이 달에 신청할 과목을 선택하세요.</p>
38      <label><input type="radio" name="subject" value="speaking">회화</label>
39      <label><input type="radio" name="subject" value="grammar">문법</label>
40      <label><input type="radio" name="subject" value="writing">작문</label>

43      <legend>메일링</legend>
44      <p>메일로 받고 싶은 뉴스 주제를 선택해 주세요</p>
45      <label><input type="checkbox" name="mailing1" value="news">해외 단신</label>
46      <label><input type="checkbox" name="mailing2" value="dialog">5분 회화</label>
47      <label><input type="checkbox" name="mailing3" value="pops">모닝팝스</label>
```

웹 브라우저에 getForm.html 문서를 연 후 콘솔 창에 다음과 같이 입력해 보세요. 라디오 버튼의 name 값을 사용해 라디오 버튼에 접근하는 소스인데, 라디오 버튼은 같은 name 값을 가진 요소가 여러 개이기 때문에 RadioNodeList라는 이름의 노드 리스트 형태로 저장됩니다.

```
>    document.testForm.subject
<    ▶ RadioNodeList(3) [input, input, input, value: ""]
```

RadioNodeList 앞에 있는 ▶를 눌러 보면 각 인덱스에는 라디오 버튼 요소가 들어 있고, value에는 라디오 버튼 중 선택한 버튼의 value 값이 저장됩니다. 아직 아무것도 선택하지 않았기 때문에 빈 값이 들어 있네요.

```
>    document.testForm.subject
<    ▼ RadioNodeList(3) [input, input, input, value: ""]
       ▶ 0: input
       ▶ 1: input
       ▶ 2: input
         length: 3
         value: ""
       ▶ __proto__: RadioNodeList
```

이번에는 체크 상자를 살펴볼까요? 체크 상자는 각각 서로 다른 name 값을 가지고 있기 때문에 폼 이름 뒤에 체크 상자의 이름을 연결해서 접근할 수 있습니다. 예를 들어 name = "mailing1" 체크 상자에 접근하겠다면 콘솔 창에 다음과 같이 입력합니다.

```
>   document.testForm.mailing1
<   <input type="checkbox" name="mailing1" value="news">
```

라디오 버튼 요소나 체크 상자 요소에는 checked 속성이 있는데 기본 값은 false입니다. 그리고 해당 항목을 선택하면 값이 true로 바뀝니다.

웹 브라우저 창에서 3개의 라디오 버튼 중 [문법] 항목을 누른 후 콘솔 창에 다음 소스를 입력해 보세요. 첫 번째 항목은 선택되지 않았기 때문에 false로 표시되고, 두 번째 항목은 선택되었기 때문에 true라고 표시됩니다.

```
>   document.testForm.subject[0].checked
<   false
>   document.testForm.subject[1].checked
<   true
>   document.testForm.subject[2].checked
<   false
```

체크 상자도 확인해 볼까요? 3개의 체크 상자 중 [해외 단신] 항목을 누른 후 다음을 입력해 보세요. 체크한 항목은 true, 나머지는 false가 표시됩니다.

```
>   document.testForm.mailing1.checked
<   true
>   document.testForm.mailing2.checked
<   false
>   document.testForm.mailing3.checked
<   false
```

필수 개념 & 문법 퀴즈!

01 querySelector() 함수는 여러 요소를 한꺼번에 가져와 배열 형태로 저장합니다. (O / X)

02 doucment.querySelector ("#b　　　　　　　는 id 값이 billingName인 요소에 접근하는 소스입니다.

03 폼에서 n　　　　　　 속성을 사용해 접근하려면 〈form〉 태그뿐만 아니라 접근하려는 폼 요소에 모두 n　　　　　　 속성이 지정되어 있는지 확인해야 합니다.

04 폼 요소에 id나 class, name 같은 속성이 없을 경우 배열을 사용해 접근하는데, 폼에 접근하려면 f　　　　　　 속성을 사용하고, 폼 요소에 접근하려면 e　　　　　　 를 사용합니다.

05 사용자가 [아이디] 필드에 내용을 입력했을 때 바로 입력한 글자 수를 확인하도록 소스를 작성하려면 [아이디] 필드에서 c　　　　　　 이벤트를 처리해야 합니다.

06 선택 목록에 있는 항목에서 어떤 항목이 선택되었는지 확인하려면 s　　　　　　 속성을 살펴봅니다.

07 라디오 버튼 요소나 체크 상자 요소에는 checked 속성이 있는데 기본 값은　　　　　 입니다. 그리고 해당 항목을 선택하면 값이　　　　　　 로 바뀝니다.

정답 01 X　02 ("#billingName")　03 name, name　04 forms, elements
05 change　06 selectedIndex　07 false, true

다음은 지금까지 배운 내용을 응용해 보는 문제입니다. 그동안 작성해 놓은 소스 코드를 활용해 프로그램을 만들어 보세요.

1. 09\quiz-1.html 문서를 활용해 피자를 주문할 때 추가 주문 항목에서 체크 상자를 누르면 피자 값에 체크한 항목의 금액만큼 더해서 '합계' 항목에 표시하고, 체크 상자의 체크를 해제하면 합계에서 그 금액만큼 빼서 표시하는 자바스크립트 소스를 작성하세요.

2. 09\quiz-2.html 문서를 활용해 [반지름] 텍스트 필드에 원의 반지름 값을 입력한 후 [계산]을 누르면 원의 둘레와 원의 넓이를 계산해서 [원둘레] 필드와 [원넓이] 필드에 계산한 값을 표시하도록 자바스크립트 소스를 작성하세요.

정답 1. 09\sol-1.html, 09\js\sol-1.js 2. 09\sol-2.html, 09\js\sol-2.js

웹 브라우저를 다루는 방법, 브라우저 객체 모델

자바스크립트를 사용하면 웹 브라우저에서 특정한 사이트로 이동하거나 새로운 웹 브라우저 창을 여는 등 웹 브라우저 창과 관련된 여러 가지 효과를 만들 수 있습니다. 이런 작업이 가능한 것은 자바스크립트 내에 웹 브라우저와 관련된 여러 객체가 미리 정의되어 있기 때문입니다. 이 장에서는 웹 브라우저와 관련된 객체를 살펴보고, 그 객체의 속성과 함수를 사용해 팝업 창을 여는 방법도 함께 알아보겠습니다.

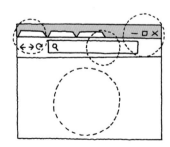

10-1 브라우저 객체 모델이란?

브라우저 객체 모델 소개

웹 '문서'에 삽입된 각 요소를 객체로 인식하고 조작하는 것을 '문서 객체 모델(DOM)'이라고 했죠? 마찬가지로 웹 '브라우저' 전체를 객체로 관리하는 것을 '브라우저 객체 모델(Browser Object Model)'이라고 합니다. 브라우저 객체 모델은 자바스크립트 프로그램을 통해 브라우저 창을 관리할 수 있도록 브라우저 요소를 객체화해 놓은 것을 가리킵니다.

브라우저 창이 열리면 가장 먼저 Window 객체가 만들어지고, 그 하위에 브라우저 각 요소에 해당하는 객체가 만들어집니다. 이들 하위 객체는 웹 문서와 주소 표시줄처럼 브라우저의 각 요소에 해당하는 객체이며 각각 또 다른 하위 객체를 가지고 있습니다.

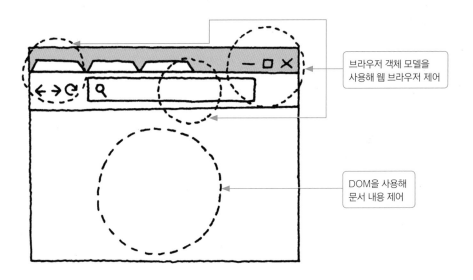

다음은 최상위에 있는 Window 객체를 시작으로 하는 객체 모델 계층도입니다. 웹 문서에 해당하는 Document 객체는 웹 문서를 관리하고 수정할 때 '문서 객체 모델'을 사용합니다.

ⓒ 잘 기억이 나지 않는다면 08장을 복습해 보세요.

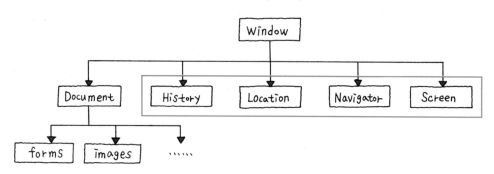

브라우저 객체 모델

다음 표는 자주 사용하는 브라우저 내장 객체를 간단히 정리한 것입니다. 이들 객체에 대해 하나씩 살펴보겠습니다.

자주 사용하는 브라우저 내장 객체

객체	설명
Window	브라우저 창이 열릴 때마다 하나씩 만들어지는 객체입니다. 브라우저 창 안에 존재하는 모든 요소의 최상위 객체입니다.
Document	웹 문서에서 〈body〉 태그를 만나면 만들어지는 객체입니다. HTML 문서 정보를 가지고 있습니다.
History	현재 창에서 사용자의 방문 기록을 저장하고 있는 객체입니다.
Location	현재 페이지에 대한 URL 정보를 가지고 있는 객체입니다.
Navigator	현재 사용 중인 웹 브라우저 정보를 가지고 있는 객체입니다.
Screen	현재 사용 중인 화면 정보를 다루는 객체입니다.

10-2 웹 브라우저를 제어하는 Window 객체

자바스크립트의 Window 객체는 웹 브라우저 창의 상태를 제어하는 객체로, 자바스크립트 객체 중 최상위이자 기본이 되는 객체입니다. 즉 자바스크립트의 모든 객체는 Window 객체에 포함되죠. 여기에서는 Window 객체의 속성과 함수를 사용한 예제를 살펴보겠습니다.

[미리보기] 팝업 창 표시하기

웹 문서를 불러오자마자 새 웹 브라우저 창을 열고 그 창의 크기를 조절하는 소스를 작성해 볼 것입니다. 이벤트나 공지사항 같은 알림 창을 열 때 응용할 수 있죠. 그러면 Window 객체에 대해 공부해 보고 알림 창을 표시하는 예제를 연습해 보겠습니다.

Window 객체의 속성 알아보기

Window 객체에는 웹 브라우저 창과 관련된 여러 가지 속성이 있습니다. 이 속성에 접근해 브라우저 창의 정보를 가져올 수도 있고, 필요하면 값을 바꿀 수도 있습니다. 속성에 접근하는 방법은 다른 객체와 마찬가지로 객체 이름 뒤에 마침표(.)와 속성 이름을 붙이면 됩니다. 다음 표는 자주 사용하는 속성이며 모든 브라우저에서 호환됩니다.

☻ Window 객체의 모든 속성과 브라우저 호환 여부에 대해서는 developer.mozilla.org/ko/docs/Web/API/Window를 참고하세요.

속성	설명
document	브라우저 창에 표시된 웹 문서에 접근할 수 있습니다.
frameElement	현재 창이 다른 요소 안에 포함되어 있으면 그 요소를 반환합니다. 포함되어 있지 않으면 null을 반환합니다.
innerHeight	내용 영역의 높이를 나타냅니다.
innerWidth	내용 영역의 너비를 나타냅니다.
localStorage	웹 브라우저에서 데이터를 저장하는 로컬 스토리지를 반환합니다.
location	Window 객체의 위치/현재 URL을 나타냅니다.
name	브라우저 창의 이름을 가져오거나 수정합니다.
outerHeight	브라우저 창의 바깥 높이를 나타냅니다.
outerWidth	브라우저 창의 바깥 너비를 나타냅니다.
pageXOffset	스크롤했을 때 화면이 수평으로 이동하는 픽셀 수. scrollX와 같습니다.
pageYOffset	스크롤했을 때 화면이 수직으로 이동하는 픽셀 수. scrollY와 같습니다.
parent	현재 창이나 서브 프레임의 부모 프레임입니다.
screenX	브라우저 창의 왼쪽 테두리가 모니터 왼쪽 테두리에서부터 떨어져 있는 거리를 나타냅니다.
screenY	브라우저 창의 위쪽 테두리가 모니터 위쪽 테두리에서부터 떨어져 있는 거리를 나타냅니다.
scrollX	스크롤했을 때 수평으로 이동하는 픽셀 수를 나타냅니다.
scrollY	스크롤했을 때 수직으로 이동하는 픽셀 수를 나타냅니다.
sessionStorage	웹 브라우저에서 데이터를 저장하는 세션 스토리지를 반환합니다.

Window 객체의 몇 가지 속성을 확인해 볼까요? 웹 브라우저를 실행한 후 주소 표시줄에 about:blank를 입력해서 빈 문서로 들어간 다음 콘솔 창을 엽니다. 그리고 다음과 같이 입력해 보세요. innerWidth와 innerHeight는 웹 사이트 내용 부분의 너비와 높이를 나타내고, outerWidth와 outerHeight는 웹 브라우저의 메뉴나 도구 모음 등까지 포함된 너비와 높이를 나타냅니다. 콘솔 창에 표시되는 너비나 높이 값은 열려 있는 브라우저 창의 크기에 따라 달라집니다.

```
>   window.innerHeight
<   352
>   window.innerWidth
<   1132
```

```
>   window.outerHeight
<   757
>   window.outerWidth
<   1132
```

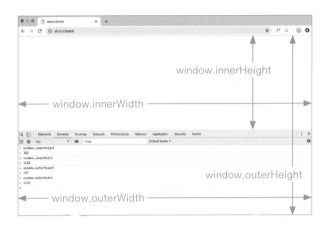

Window 객체의 함수 알아보기

Window 객체에서 사용할 수 있는 함수는 대화 창을 표시하거나 브라우저 창의 크기나 위치를 알아내고 지정하는 등 웹 브라우저 창 자체와 관련된 것이 대부분입니다.

이 책의 시작 부분에서 대화 창을 여는 alert( ) 함수나 prompt( ) 함수를 사용한 것 기억하시지요? alert( ) 함수나 prompt( ) 함수는 사실 Window 객체의 함수였습니다. 객체의 함수 표기법에 따르면 `window.alert( )`라고 입력해야 사용할 수 있지만, Window 객체는 기본 객체이기 때문에 `window.`를 생략하고 `alert( )`만 입력해도 사용할 수 있습니다. Window 객체의 다른 함수도 똑같이 `window.`를 생략한 채 함수 이름만으로 사용할 수 있습니다.

다음은 Window 객체에서 자주 사용하는 함수를 간단히 정리한 것입니다.

Window 객체에서 자주 사용하는 함수

함수	설명
alert( )	알림 창(Alert Dialog)을 표시합니다.
blur( )	창에서 포커스를 제거합니다.
close( )	현재 열려 있는 창을 닫습니다.

confirm( )	[확인], [취소]가 있는 확인 창을 표시합니다.
focus( )	현재 창에 포커스를 부여합니다.
moveBy( )	현재 창을 지정한 크기만큼 이동합니다.
moveTo( )	현재 창을 지정한 좌표로 이동합니다.
open( )	새로운 창을 엽니다.
postMessage( )	다른 창으로 메시지를 전달합니다.
print( )	현재 문서를 인쇄합니다.
prompt( )	프롬프트 창에 입력한 텍스트를 반환합니다.
resizeBy( )	지정한 크기만큼 현재 창 크기를 조절합니다.
resizeTo( )	동적으로 브라우저 창의 크기를 조절합니다.
scroll( )	문서에서 특정 위치로 스크롤합니다.
scrollBy( )	지정한 크기만큼씩 스크롤합니다.
scrollTo( )	지정한 위치까지 스크롤합니다.
setCursor( )	현재 창의 커서를 변경합니다.
showModalDialog( )	모달 창을 표시합니다.
sizeToContent( )	내용에 맞게 창 크기를 맞춥니다.
stop( )	로딩을 중지합니다.

모달 창이 무엇인가요?

모달 창(Modal Window)이란 이벤트 정보나 공지 내용 등을 표시하기 위해 현재 브라우저 창 위에 띄우는 새로운 창을 말합니다. 일반적인 알림 창이 웹 브라우저 창을 새로 여는 것이라면 모달 창은 문서 소스 안에 〈div〉 태그를 사용해 삽입하고 레이어로 표시한 창입니다. 따라서 웹 브라우저에서 알림 창을 차단하더라도 모달 창은 화면에 표시할 수 있습니다.

Window 객체의 모든 함수를 이 책에서 다 설명하기에는 너무 많습니다. 그래서 주요 함수의 기능을 살펴본 뒤 예제를 따라 하며 Window 함수 사용 방법을 익혀 보겠습니다.

새 창을 여는 open( ) 함수

링크를 누르거나 웹 문서를 불러오자마자 자동으로 새 창이 뜨는 동작은 Window 객체의 open( ) 함수를 사용합니다. open( ) 함수를 사용하면 현재 창이나 새 탭, 새로운 알림 창 등 다양한 형태로 새 창을 열 수 있습니다.

웹 브라우저에 빈 문서를 열고 콘솔 창을 열어 보세요. 그리고 open( ) 함수에 열고 싶은 문서나 사이트 주소를 입력해 보세요. 여기에서는 Daum(www.daum.net) 사이트에 연결해 보겠습니다. 웹 브라우저 창에 새 탭이 열리면서 연결된 문서나 사이트가 표시됩니다. 만일 첫 번째 매개변수에 빈 따옴표만 넣는다면 빈 문서가 열립니다.

```
>    window.open("https://www.daum.net")
```

open( ) 함수의 두 번째 매개변수는 새 창의 타깃(Target)이나 윈도우 이름을 지정하는 부분입니다. 두 번째 매개변수에 아무 값도 없이 빈 따옴표만 넣을 경우에도 역시 새 탭에 Daum 사이트가 표시됩니다.

```
>    window.open("https://www.daum.net", "")
```

두 번째 매개변수 값을 "_self"로 지정하면 현재 창에 새 창이 표시됩니다.

```
>    window.open("https://www.daum.net", "_self")
```

open( ) 함수의 세 번째 매개변수는 알림 창으로 표시할 때의 너비나 높이, 위치 등을 지정하는 옵션입니다. 콘솔 창에 다음과 같이 입력하면 알림 창에 Daum(www.daum.net) 사이트를 표시하는데, 화면 왼쪽 위(left=0, top=0)에 너비 300px, 높이 300px 크기로 열립니다.

```
>    window.open("https://www.daum.net", "", "left=0, top=0, width=300, height=300"
```

다음은 마지막 매개변수에 전달한 height, width, left, top 정보를 정리한 것입니다.

height	px 값	알림 창의 높이를 지정합니다. 최솟값은 100입니다.
width	px 값	알림 창의 너비를 지정합니다. 최솟값은 100입니다.
left	px 값	알림 창이 나타날 x 좌표의 위치를 지정합니다. 화면의 왼쪽 가장자리를 기준으로 나타나기 때문에 이름이 left입니다.
top	px 값	알림 창이 나타날 y 좌표의 위치를 지정합니다. 화면의 위쪽 가장자리를 기준으로 나타나기 때문에 이름이 top입니다.

크기를 조절하는 resizeBy( ), resizeTo( ) 함수

open( ) 함수로 열린 알림 창의 크기를 조절할 때는 resizeBy( ) 함수와 resizeTo( ) 함수를 사용합니다. 먼저 resizeBy( ) 함수를 알아볼까요? resizeBy( )는 현재 브라우저 창의 크기를 기준으로 너비와 높이에 값을 더해 줍니다. 즉 기존 창의 너비 값과 높이 값에 입력한 값을 각각 더해 브라우저 창의 크기를 새로 지정하는 것이죠.

콘솔 창에서 간단히 연습해 볼까요? 웹 브라우저 창을 열고 빈 문서를 만듭니다. 그리고 콘솔 창에 다음과 같이 입력하세요. 아무 내용도 없는 가로 300픽셀, 세로 300픽셀 크기의 알림 창을 newWin 변수에 저장했습니다.

```
>   var newWin = window.open(" ", " ", "width=300, height=300")
```

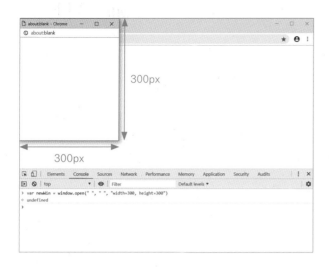

알림 창의 크기를 가로로 100픽셀, 세로로 100픽셀씩 늘리려면 다음과 같이 **resizeBy( )** 함수를 사용합니다. 또한 **resizeBy(-100, -100)**처럼 음수를 사용하면 가로와 세로 길이가 100픽셀씩 줄어 원래 크기로 돌아옵니다. 괄호 안에 여러 가지 값을 넣으면서 콘솔 창의 크기를 조절해 보세요.

```
>   newWin.resizeBy(100, 100)
>   newWin.resizeBy(-100, -100)
```

resizeTo( ) 함수는 최종 크기를 지정합니다. 즉 알림 창의 크기를 가로와 세로 각각 200픽셀로 지정하려면 콘솔 창에 다음과 같이 입력하면 됩니다. resizeBy( ) 함수에서는 음수 값을 사용할 수 있지만 resieTo( ) 함수에서는 음수 값을 사용할 수 없습니다.

```
>   newWin.resizeTo(200, 200)
```

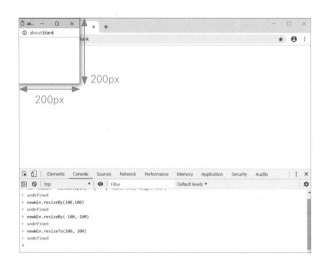

위치를 조절하는 moveBy( ), moveTo( ) 함수

열려 있는 알림 창의 위치를 조절하고 싶다면 moveBy( ) 함수나 moveTo( ) 함수를 사용할 수 있습니다. moveBy( ) 함수와 moveTo( ) 함수는 모두 x 크기와 y 크기를 매개변수로 사용하는데, moveBy( ) 함수는 현재 위치를 기준으로 가로로 x픽셀만큼, 세로로 y픽셀만큼 옮기지만, moveTo( ) 함수는 화면의 왼쪽 위 모서리를 기준으로 가로로 x픽셀만큼, 세로로 y픽셀만큼 옮깁니다.

ⓒ moveTo( ) 함수는 현재 브라우저 위치와 상관없이 괄호 안에 지정한 x 좌표, y 좌표로 브라우저 창을 옮긴다고 생각하면 쉽습니다.

알림 창이 열려 있는 상태에서 콘솔 창에 다음과 같이 입력해 보세요. moveBy( ) 함수를 사용했으므로 현재 위치에서 가로로 500픽셀만큼, 세로로 500픽셀만큼 이동합니다.

> ```
> newWin.moveBy(500, 500)
> ```

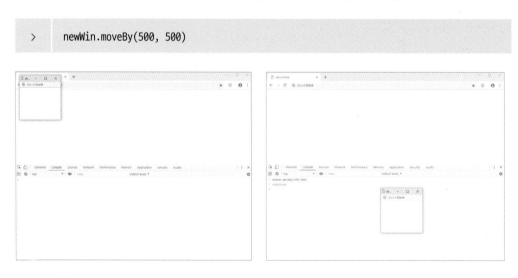

알림 창을 화면 왼쪽 위로 옮기고 싶다면 다음과 같이 moveTo( ) 함수를 사용해서 좌푯값 (0, 0)으로 옮깁니다.

```
> newWin.moveTo(0, 0)
```

함수 문법 살펴보기

각 객체에는 여러 가지 함수가 있고 함수마다 사용하는 매개변수가 다릅니다. 그래서 자주 사용하지 않는 함수의 사용 방법까지 전부 기억하기는 어렵습니다. 처음 사용하는 함수의 기능이 궁금하거나 좀 더 자세한 사용법을 알고 싶다면 함수 문법(Syntax)을 확인하면 됩니다. 예를 들어 Window 객체의 함수는 developer.mozilla.org/ko/docs/Web/API/Window#Methods 에서 찾을 수 있습니다. 이 사이트에 접속한 후 window.open( ) 함수를 찾아 이름을 눌러 보세요. 함수 이름이 알파벳순으로 되어 있으니 함수 이름만 알면 찾기 어렵지 않습니다.

문법(Syntanx) 항목을 보면 window.open( ) 함수에서 사용하는 매개변수를 볼 수 있습니다. 매개변수 중 대괄호([ ])로 묶인 부분은 사용할 수도 있고 사용하지 않을 수도 있는 변수입니다.

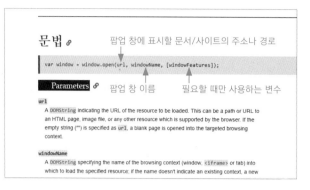

화면을 아래로 내리면 해당 함수를 사용한 예제 소스가 있습니다. 이 소스를 참고해서 직접 예제 소스를 작성하며 함수 사용법을 익힐 수도 있습니다.

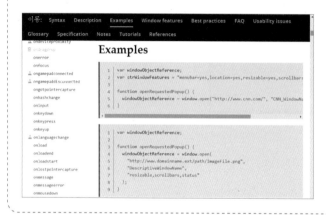

Do it! 실습 팝업 창 표시 프로그램 만들기

• 완성 파일 10\main-result.html, 10\popup-result.html, 10\js\popup-result.js

앞에서 살펴본 Window 객체의 함수를 사용해서 팝업 창을 표시하고 원하는 위치로 옮기는 방법을 실습해 보겠습니다. 팝업 창에 표시할 내용은 따로 웹 문서로 만들어야 하는데, 여기에서는 10 폴더에 popup.html 파일을 미리 만들어 두었습니다.

웹 브라우저에서 main.html 문서를 열어 보면 텍스트만 한 줄 입력되어 있습니다. 이제 자바스크립트를 사용해서 이 문서를 불러오자마자 popup.html 문서의 내용이 팝업 창에 표시되도록 소스를 작성해 보겠습니다.

main.html.

popup.html

비주얼 스튜디오 코드에서 새 문서를 만든 후 10\js 폴더에 popup.js라는 이름으로 저장합니다. 그리고 main.html 문서를 열어 연결합니다.

이제 popup.js 파일에 다음과 같이 팝업 창을 여는 소스를 삽입해 보겠습니다. window.open()을 사용해 팝업 창에 열 파일을 popup.html, 팝업 창의 너비와 높이를 400픽셀로 지정합니다.

```
1    function openPop( ) {
2        var newWin = window.open("popup.html", " ", "width=400, height=400");
3    }
```

팝업 창을 사용할 때 한 가지 고려해야 할 것은 크롬 웹 브라우저가 기본으로 팝업을 차단하기 때문에 팝업 차단 상태인지 확인해야 한다는 점입니다. 웹 브라우저에서 팝업을 차단하면 window.open()은 null을 반환하기 때문에 반환 값을 확인해서 팝업이 차단되었는지 알아낼 수 있습니다. 팝업 창을 여는 openPop( ) 함수 안에 다음 소스를 추가합니다.

```
1    function openPop( ) {
2        var newWin = window.open("popup.html", " ", "width=400, height=400");
3        if(newWin == null) {   //팝업이 차단되어 있다면 if문 실행
4            alert("팝업이 차단되어 있습니다.  팝업 차단을 해제하고 새로고침해 주세요.");
5        }
6    }
```

이렇게 만든 openPop( ) 함수는 문서를 불러오자마자 실행해야 하므로 onload 이벤트 처리기를 사용해 openPop( ) 함수를 실행합니다. 이어서 popup.js 파일에 다음과 같이 작성하세요.

ⓒ main.html에서 `<body onload="openPop( )">`라고 작성해도 됩니다.

```
8    window.onload = openPop;
```

두 문서에서 수정한 소스를 저장한 후 main.html 문서를 웹 브라우저로 확인해 보세요. 팝업 창이 기본으로 차단된 웹 브라우저라면 팝업이 차단되었다고 알려 주는 팝업 창이 표시됩니다. [확인]을 눌러 팝업 창을 닫습니다.

주소 표시줄에 있는 팝업 차단 표시 아이콘을 누른 후 [⋯의 팝업 및 리디렉션을 항상 허용]을 선택하고 [완료]를 누른 후 F5 를 눌러 문서를 새로 고침해 보세요.

웹 브라우저의 팝업 차단이 해제되었다면 웹 문서가 열리자마자 팝업 창이 나타나면서 그 안에 popup.html 문서 내용이 표시됩니다. 팝업 창의 크기는 window.open( ) 함수에서 지정한 대로 표시됩니다.

팝업 창 아래쪽에 [창닫기]를 눌러 보면 창이 닫히지 않습니다. 팝업 창이 닫히도록 비주얼 스튜디오 코드에서 popup.html 문서를 열고 [창닫기] 버튼의 소스에 다음을 추가하세요. <a> 태그 안에서 자바스크립트 소스를 사용한 것인데, 단순한 동작을 한 번만 실행할 때 이렇게 <a> 태그 안에서 사용할 수도 있습니다. 수정한 소스를 저장하세요.

😊 <a href="#" onclick="javascript:window.close( );">창닫기</a>처럼 사용할 수도 있습니다. 하지만 태그 안에 자바스크립트 소스를 사용하는 것은 소스 관리를 어렵게 하므로 자주 사용하지 않는 것이 좋습니다.

```
18    <p id="close"><a href="javascript:window.close( );">창닫기</a></p>
```

main.html 문서를 다시 열면 동시에 팝업 창이 표시되고, 팝업 창에 있는 [창닫기] 버튼을 누르면 팝업 창을 닫을 수 있습니다.

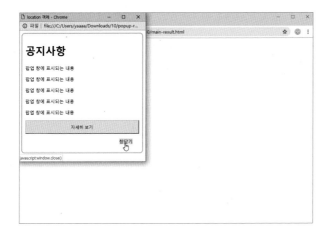

10-3 브라우저 정보가 담긴 Navigator 객체

Navigator 객체에는 웹 브라우저와 관련된 정보가 담겨 있습니다. 웹 브라우저 버전을 비롯해 웹 브라우저에 어떤 플러그인이 설치되어 있는지, 웹 브라우저가 온라인 상태인지 오프라인 상태인지 등 다양한 정보가 있죠. 그래서 Navigator 객체를 사용하면 현재 웹 문서에 접속한 사용자가 크롬 브라우저를 사용했는지, 익스플로러를 사용했는지, 혹은 모바일로 접속했는지 등의 정보를 알 수 있습니다. 이런 정보를 알게 되면 프로그램을 만들 때 방문자의 접속 브라우저에 맞춘 자바스크립트를 적용할 수 있겠죠?

렌더링 엔진이란?

Navigator 객체는 렌더링 엔진의 이름을 보고 웹 브라우저 종류를 구별합니다. 렌더링 엔진이란 무엇일까요? 렌더링 엔진(Rendering Engine)이란 브라우저에서 웹 문서를 화면에 표시하기 위해 웹 문서의 태그와 스타일을 해석하는 프로그램입니다. 웹 브라우저마다 내장된 렌더링 엔진이 다르기 때문에 HTML이나 CSS를 해석하는 방법이 다릅니다. 그래서 표준화되지 않은 CSS3 속성 앞에 -webkit- 또는 -oz- 같은 접두어(Prefix)를 붙여서 사용자가 접속한 브라우저에 맞게 렌더링합니다.

ⓒ 렌더링 엔진은 레이아웃 엔진(Layout Engine)이라고도 합니다.

웹 브라우저에는 자바스크립트 소스를 해석하는 자바스크립트 엔진도 내장되어 있는데, 이것역시 웹 브라우저마다 다릅니다. 사용하는 자바스크립트 엔진에 따라 웹 브라우저의 자바스크립트 처리 성능이 달라지기 때문에 해당 웹 브라우저가 어떤 자바스크립트 엔진을 사용하는지는 기본으로 알아 두는 게 좋습니다. 다음은 각 브라우저에 내장된 렌더링 엔진과 자바스크립트 엔진입니다.

ⓒ Webkit 엔진은 Apple이 오픈 소스로 개발하는 렌더링 엔진이라서 AppleWebkit으로 표시됩니다.

브라우저별 렌더링 및 자바스크립트 엔진

브라우저	렌더링 엔진	자바스크립트 엔진
크롬(Chrome)	블링크(Blink)	V8
파이어폭스(Firefox)	게코(Gecko)	스파이더몽키(SpiderMonkey)

인터넷 익스플로러(Internet Explorer)	트라이덴트(Trident)	차크라(Chakra)
사파리(Safari)	웹킷(Webkit)	자바스크립트코어(JavascriptCore)
오페라(Opera)	블링크(Blink)	V8

어떤 엔진을 사용하고 있는지 직접 확인해 볼 수도 있습니다. 크롬 브라우저에서 확인해 보겠습니다. 주소 표시줄에 chrome://version/을 입력해 보세요. 다음과 같은 창이 표시되고, 사용하는 엔진 정보를 알 수 있습니다. 크롬 브라우저는 웹킷(Webkit) 렌더링 엔진을 사용하고 있었지만 버전 28 이후에 블링크(Blink)라는 렌더링 엔진으로 바꿨고, 자바스크립트 엔진은 구글에서 자체 개발한 V8 엔진을 사용합니다. 블링크 엔진도 기존의 웹킷 엔진을 기반으로 하고 있기 때문에 크롬의 렌더링 엔진은 'AppleWebkit'으로 표시됩니다.

Navigator 객체의 속성 알아보기

Navigator 객체는 브라우저 버전이나 플랫폼(OS) 정보를 가지고 있다고 했지요? 이 정보는 사용자가 수정할 수 없고 볼 수만 있습니다. 그러면 브라우저 정보를 확인해 볼까요?

크롬 브라우저에서 콘솔 창을 열고 navigator라고 입력해 보세요. 그리고 Navigator 왼쪽의 ▶를 누르면 Navigator 객체의 모든 정보가 한눈에 표시됩니다.

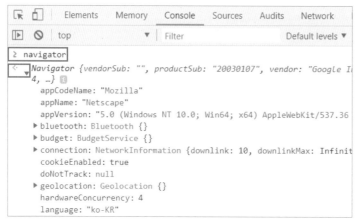

Navigator 객체 정보

Navigator 객체의 여러 가지 속성

사용할 수 있는 브라우저가 많아지고 웹 애플리케이션이 등장하면서 Navigator 객체에는 진동 감지 속성이나 배터리 상태를 체크하는 속성 등 새로운 속성이 계속 추가되고 있습니다. 다음 목록에서 🧪 아이콘이 표시된 항목은 일부 브라우저에서만 지원 중이라는 뜻입니다.

◎ Navigator 객체의 모든 속성 목록을 보려면 developer.mozilla.org/ko/docs/Web/API/Navigator를 참고하세요.

Navigator 객체의 속성 목록

다음은 Navigator 객체의 주요 속성입니다. 일부 브라우저에서만 지원하는 속성은 제외했습니다.

속성	설명
appCodeName	브라우저 이름(코드 이름)을 문자열로 반환합니다.
appName	브라우저 공식 이름을 문자열로 반환합니다.
appVersion	브라우저 버전을 문자열로 반환합니다.
battery	배터리 충전 상태를 알려 주는 정보가 담긴 객체를 반환합니다.
connection	브라우저 장치의 네트워크 정보가 담긴 객체를 반환합니다.
cookieEnabled	쿠키 정보를 무시한다면 false, 그렇지 않다면 true를 반환합니다.
geolocation	모바일 기기를 사용한 위치 정보가 담긴 객체를 반환합니다.
maxTouchPoints	장치에서 동시에 터치 가능한 포인트가 몇 개인지 반환합니다.
platform	브라우저 플랫폼 정보를 가지고 있는 문자열을 반환합니다.
userAgent	현재 브라우저 정보가 있는 사용자 에이전트(User Agent) 문자열을 반환합니다.

10 폴더에 있는 browser.html 문서를 다양한 브라우저에서 열어 보세요. Navigator 객체 중 브라우저 정보를 담고 있는 일부 속성을 화면에 표시합니다.

```
11  document.write("<table>");
12  document.write("<tr><td class='title'>브라우저 코드명</td><td>" + navigator.appCodeName
    + "</td></tr>");
13  document.write("<tr><td class='title'>브라우저 종류</td><td>" + navigator.appName +
    "</td></tr>")
14  document.write("<tr><td class='title'>브라우저 버전</td><td>" + navigator.appVersion
    + "</td></tr>")
15  document.write("<tr><td class='title'>브라우저 플랫폼</td><td>" + navigator.platform +
    "</td></tr>")
16  document.write("<tr><td class='title'>브라우저 에이전트</td><td>" + navigator.userAgent
    + "</td></tr>");
17  document.write("</table>");
```

크롬 브라우저

파이어폭스 브라우저

사파리 브라우저(맥)

사용자 에이전트 문자열로 자바스크립트 엔진 확인하기

Navigator 객체 정보 중 **userAgent** 속성을 보면 사용자의 웹 브라우저 버전은 물론 어떤 자바스크립트 엔진을 사용하는지 등의 정보도 알 수 있습니다.

userAgent 속성 정보

사용자 에이전트(User Agent) 문자열은 클라이언트에서 서버로 정보를 보낼 때 클라이언트에서 함께 보내는 정보로, 서버에서는 이 정보를 보고 브라우저 종류를 확인한 후 그 브라우저에 맞게 웹 페이지를 표시합니다. 이 정보는 `navigator.userAgent`에 포함되어 있습니다.

예를 들어 웹 사이트를 제작하는 경우에 인터넷 익스플로러 11 사용자가 웹 사이트에 접속했을 때 사용자에게 크롬 브라우저로 접속하라고 사이트에서 알려 줘야 한다면, 인터넷 익스플로러 11의 사용자 에이전트 문자열이 어떤 것인지 알고 있어야 합니다. 접속한 사용자 웹 브라우저 `navigator.userAgent` 값을 확인한 후 인터넷 익스플로러 11 값과 같은지 확인해야 하니까요. 이렇게 `navigator.userAgent`에 들어 있는 정보는 웹 브라우저마다 다르고, 같은 웹 브라우저라도 버전마다 다를 수 있습니다. 그러면 웹 사이트를 제작할 때 자주 확인하는 웹 브라우저의 사용자 에이전트 문자열을 살펴보겠습니다.

인터넷 익스플로러

인터넷 초창기에는 '넷스케이프 내비게이터' 웹 브라우저를 많이 사용했기 때문에, 후발 주자인 인터넷 익스플로러는 넷스케이프 사용자 에이전트 문자열과 호환되도록 넷스케이프 내비게이터에서 사용하는 Mozilla 키워드를 함께 사용했습니다. 그리고 인터넷 익스플로러 11에서는 트라이덴트(Trident) 엔진을 사용하기 때문에 문자열에 그 내용도 포함되어 있습니다.

최종 버전인 인터넷 익스플로러 11의 사용자 에이전트 문자열은 다음과 같습니다.

```
Mozilla/5.0 (Windows NT 6.1; WOW64; Trident/7.0; rv:11.0) like Gecko
```

엣지

윈도우용 마이크로소프트 엣지 버전 12.246의 사용자 에이전트 문자열은 다음과 같습니다. 사용자 에이전트 문자열에 Chrome과 Safari, Edge가 모두 있습니다. 그래서 크롬 브라우저나 사파리 브라우저보다 먼저 엣지 브라우저를 체크해야 합니다. 엣지 브라우저를 체크할 때는 사용자 에이전트 문자열에 Edge가 있는지 확인하면 됩니다.

```
Mozilla/5.0 (Windows NT 10.0; Win64; x64) AppleWebKit/537.36 (KHTML, like Gecko)
Chrome/94.0.4606.61 Safari/537.36 Edge/94.0.992.31
```

엣지나 크롬, 사파리 브라우저에서 사용하는 웹킷(Webkit) 엔진은 오픈 소스 렌더링 엔진인 KHTML에서 시작되었기 때문에 사용자 에이전트 문자열에 KHTML 엔진 이름이 함께 표시됩니다. 그리고 문자열에 있는 like Gecko는 게코 엔진을 사용하는 예전 웹 브라우저와 호환이 된다고 알려 주는 것입니다.

크롬

윈도우용 크롬 브라우저 버전 6의 사용자 에이전트 문자열은 다음과 같습니다. 따라서 크롬 브라우저는 사파리 브라우저보다 먼저 체크해야 합니다. 크롬 브라우저인지 체크하려면 사용자 에이전트 문자열에 Chrome 문자열이 있는지 확인합니다.

```
Mozilla/5.0 (Windows NT 10.0; Win64; x64) AppleWebKit /537.36 (KHTML, like Gecko)
Chrome/94.0.4606.61 Safari/537.36
```

사파리, 오페라

맥용 사파리 브라우저 9.1의 사용자 에이전트 문자열은 다음과 같습니다. 맥용 사파리 브라우저인지 확인하려면 Safari 문자열이 있는지 확인하면 됩니다. ⓒ 윈도우용 사파리 브라우저는 더는 지원되지 않기 때문에 제외했습니다.

```
Mozilla/5.0 (Macintosh; Intel Mac OS X 10_11_6) AppleWebKit/601.7.7 (KHTML, like Gecko)
Version/9.1.2 Safari/601.7.7
```

위에서 설명한 브라우저 외의 브라우저나, 한 브라우저에서도 여러 버전의 사용자 문자열을 알고 싶다면 www.useragentstring.com/pages/useragentstring.php에 접속한 후

[Browsers] 열에서 원하는 브라우저 이름을 선택합니다. 예를 들어 [Internet Explorer]를 선택하면 인터넷 익스플로러 브라우저 버전에 따라 다양한 사용자 에이전트 문자열을 확인할 수 있고, 사용자 에이전트 문자열을 누르면 각 항목에 대한 설명도 볼 수 있습니다.

10 폴더 안에 있는 browserCheck.html 문서에는 사용자 에이전트 문자열을 사용해 웹 브라우저 종류를 확인하는 소스가 들어 있습니다. 다음 소스에는 처음 보는 함수가 몇 개 있죠? 사용자 에이전트 문자열에는 영문 대 · 소문자가 섞여 있는데 toLowerCase( ) 함수를 사용해서 모두 소문자로 바꿉니다. 그리고 indexOf( ) 함수를 사용해 브라우저의 사용자 에이전트 문자열을 확인합니다. indexOf( ) 함수는 문자열에서 괄호 안에 지정한 내용이 있는지 확인하는 함수로, 해당 내용이 있다면 그 내용의 인덱스 값을 반환하고 없다면 숫자 −1을 반환합니다. indexOf( ) 함수로 반환되는 값이 −1보다 큰지 알아보면 그 문자열 안에 지정한 내용이 있는지 확인할 수 있겠죠?

```javascript
12  var agent = navigator.userAgent.toLowerCase( );   //사용자 에이전트 문자열을 소문자로 변환
13  var name = navigator.appName;
14
15  if(name == "Internet Explorer" || agent.indexOf("trident") > -1 || agent.
    indexOf("edge") > -1) {   //ie 이거나 엣지
16      if(name == "Internet Explorer") document.write("IE 10 이하 버전입니다.");
17      else {
18          if (agent.indexOf("trident") > -1) document.write("IE 11 브라우저입니다.");
19          else if (agent.indexOf("edge") > -1) document.write("MS Edge 브라우저입니다.");
20      }
21  }
22  else if (agent.indexOf("safari") > -1) {   //크롬이거나 사파리
23      if(agent.indexOf("chrome") > -1) document.write("Chrome 브라우저입니다.");
24      else if(agent.indexOf("safari") > -1) document.write("Safari 브라우저입니다.");
25  }
26  else if(agent.indexOf("firefox") > -1) document.write("Firefox 브라우저입니다.");
27  else if(agent.indexOf("opera") > -1) document.write("Opera 브라우저입니다.");
```

사용자 에이전트 문자열의 의미

사용자 에이전트 문자열에는 여러 가지 내용이 있는데 그 의미는 다음과 같습니다. 아래 내용 중 x로 표시된 것은 문자열별로 다르게 사용하는 버전이나 빌드 번호(제조 번호)를 의미합니다.

Mozilla/x.x	모질라 버전을 의미합니다.
Windows NT x.x	브라우저를 실행하는 컴퓨터 운영체제를 의미합니다.
Win64; x64	컴퓨터 운영체제가 윈도우 64비트 시스템이라는 의미입니다.
WOW64	Windows 32-bit on Windows 64-bit의 줄임말로, 64비트 시스템에서 32비트 응용 프로그램을 실행할 수 있는 환경을 의미합니다.
Trident/x.x	Trident 엔진 버전을 의미합니다.
rv: x.x	브라우저 버전을 의미합니다.
AppleWebKit/x.x	웹킷 엔진의 빌드 번호를 말합니다.
KHTML	HTML 레이아웃 엔진으로서 오픈 소스 렌더링 엔진입니다.
like Gecko	게코 기반의 다른 브라우저와 호환된다는 의미입니다.
Firefox/x.x	파이어폭스 브라우저 버전을 의미합니다.
Chrome/x.x	크롬 버전을 의미합니다.
Safari/x.x	사파리 브라우저 빌드 번호를 의미합니다.

10-4 그 밖의 브라우저 객체들

Window 객체나 Navigator 객체 말고도 브라우저와 관련된 여러 가지 객체가 있습니다. 하지만 Window 객체만큼 자주 사용하지는 않으므로 각 객체의 용도와 속성, 함수만 간단히 훑어보고 넘어가겠습니다.

History 객체 간단히 살펴보기

History 객체에는 브라우저에서 '뒤로', '앞으로' 또는 주소 표시줄에 입력해서 돌아다녔던 사이트 주소가 저장되어 있습니다. 보안 문제 때문에 브라우저에 있는 브라우저 히스토리는 읽기 전용입니다. 이 객체에서 사용할 수 있는 함수는 방문하면서 History 객체에 저장된 URL을 앞뒤로 이동하는 것입니다. History 객체의 속성과 함수는 다음과 같습니다.

History 객체의 속성과 함수

속성	설명
length	현재 브라우저 창의 History 목록에 있는 항목의 개수, 즉 방문한 사이트 개수를 반환합니다.

함수	설명
back( )	History 목록에서 이전 페이지를 현재 화면에 불러옵니다.
forward( )	History 목록에서 다음 페이지를 현재 화면에 불러옵니다.
go( )	History 목록에서 현재 페이지를 기준으로 상대 위치에 있는 페이지를 현재 화면에 불러옵니다. 예를 들어 history.go(1)은 다음 페이지를 가져오고, history.go(-1)은 이전 페이지를 불러옵니다.

Location 객체 간단히 살펴보기

Location 객체는 이름에서도 알 수 있듯이 브라우저의 주소 표시줄과 관련되어 있습니다. 즉 현재 문서의 URL 주소 정보를 가지고 있는데, 이 정보를 편집하면 현재 브라우저 창에 열릴 사이트나 문서를 지정할 수 있습니다. 다음은 Location 객체의 속성과 함수입니다.

Location 객체의 속성과 함수

속성	설명
hash	URL 중 #로 시작하는 해시 부분을 나타냅니다.
host	URL의 호스트 이름과 포트 번호를 나타냅니다.
hostname	URL의 호스트 이름을 나타냅니다.
href	전체 URL입니다. 이 값을 변경하면 해당 주소로 이동할 수 있습니다.
pathname	URL 경로를 나타냅니다.
port	URL의 포트 번호를 나타냅니다.
protocol	http://나 ftp:// 같은 URL의 프로토콜을 나타냅니다.
password	도메인 이름 앞에 username과 password를 함께 입력해서 접속하는 URL일 경우 password 정보를 저장합니다.
search	URL 중 ?(물음표)로 시작하는 검색 내용 부분을 나타냅니다.
username	도메인 이름 앞에 username을 함께 입력해서 접속하는 사이트 URL일 경우 username 정보를 저장합니다.

함수	설명
assign( )	현재 문서에 새 문서 주소를 할당해 새 문서를 가져옵니다.
reload( )	현재 문서를 다시 불러옵니다. 브라우저의 [새로 고침]과 같은 역할을 합니다.
replace( )	현재 문서의 URL을 지우고 다른 URL의 문서로 교체합니다.
toString( )	현재 문서의 URL을 문자열로 반환합니다.

10 폴더의 locationObject.html 문서를 열거나 funnycom.github.io/js/locationObject.
html에 접속해 보세요. Navigator 객체의 일부 속성을 가져와 보여 줍니다.

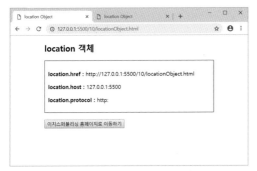

비주얼 스튜디오 코드 Live Server

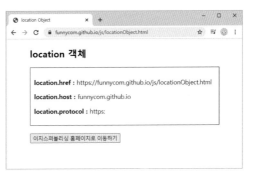

funnycom.github.io/js/locationObject.html

첫 번째 결과 화면은 비주얼 스튜디오 코드에서 Live Server로 확인한 것이고, 두 번째 결과 화면은 웹 서버에 올려놓은 funnycom.github.io/js/locationObject.html에서 확인한 것입니다. 같은 문서라도 문서가 놓인 서버에 따라 다른 값을 가지게 됩니다.

[이지스퍼블리싱 홈페이지로 이동하기]를 누르면 replace( ) 함수가 실행되어 주소 창에 현재 문서의 주소 대신 이지스퍼블리싱 사이트 주소가 들어가면서 이지스퍼블리싱 사이트가 표시됩니다. replace( ) 함수를 사용하면 현재 문서의 주소를 새로운 주소로 대체하기 때문에 [이전] 버튼을 눌러도 이전 문서로 이동할 수 없습니다.

ⓒ replace( ) 함수를 어떻게 사용했는지는 비주얼 스튜디오 코드에서 확인해 보세요.

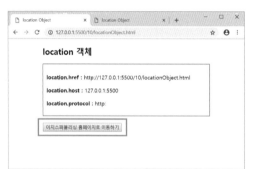

Screen 객체 간단히 살펴보기

웹 사이트에 접속하는 사용자의 화면 크기는 모두 다른데, 화면 크기나 정보를 알고 싶다면 Screen 객체를 사용하면 됩니다. Screen 객체는 주로 화면 정보를 알아낼 때 많이 사용하는 객체입니다. 여기에서 '화면'은 PC 모니터나 모바일 기기의 화면 자체를 말합니다. 다음 표는 Screen 객체의 속성입니다.

ⓒ 기존에 사용하던 screen.top이나 screen.left, screen.availTop, screen.availLeft 속성은 표준에서 제외되었습니다.

Screen 객체의 속성과 함수

속성	설명
availHeight	화면에서 윈도우의 작업 표시줄이나 맥의 메뉴/독 같은 UI 영역을 제외한 부분의 높이를 나타냅니다.
availWidth	UI 영역을 제외한 부분의 너비를 나타냅니다.
colorDepth	화면상에서 픽셀을 렌더링할 때 사용하는 색상 수를 나타냅니다.
height	UI 영역을 포함한 화면의 높이를 나타냅니다.

함수	설명
orientation	화면의 현재 방향을 나타냅니다. 기본은 가로 방향입니다.
pixelDepth	화면상에서 픽셀을 렌더링할 때 사용하는 비트 수를 나타냅니다.
width	UI 영역을 포함한 화면의 너비를 나타냅니다.

함수	설명
lockOrientation( )	화면 방향을 잠급니다.
unlockOrientation( )	화면 방향 잠금을 해제합니다.

Screen 객체에서 사용하는 함수는 화면 방향을 잠그거나 잠근 화면 방향을 해제합니다. 이 두 가지 함수는 풀스크린 상태일 때나 방향 전환이 가능한 앱에서 사용할 수 있습니다.

10 폴더의 screenObject.html 문서는 Screen 객체와 Window 객체를 통해 화면과 창의 너비/높이 관련 속성을 알아본 것입니다. 여기에서 주의할 것은 Window 객체의 innerWidth/innerHeight나 outerWidth/outerHeight 속성은 웹 브라우저 창의 너비나 높이를 측정하고, Screen 객체의 availWidth/availHeight나 width/height 속성은 화면 자체의 너비나 높이를 측정한다는 것입니다. 웹 브라우저 창의 크기를 늘리거나 줄인 후 [새로 고침]을 눌러 보세요. Window 객체의 속성 값은 바뀌지만, Screen 객체의 속성 값은 바뀌지 않습니다.

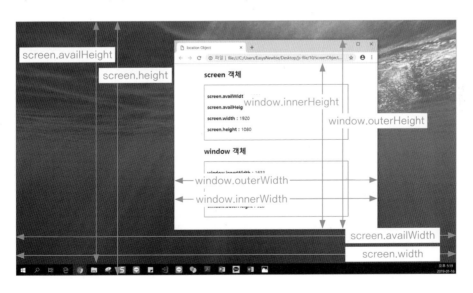

축하드립니다! 자바스크립트 기본 문법 공부가 끝났습니다. 이제 더 높은 단계로 올라가기 위해 실전 프로젝트에 도전해 보세요! 실전 프로젝트 문제와 실습 및 완성 파일은 이지스퍼블리싱 홈페이지 자료실에서 내려받을 수 있습니다.

01 자바스크립트 프로그램으로 웹 브라우저 창을 관리할 수 있도록 브라우저 요소를 객체화해 놓은 것을 _____ 이라고 합니다.

02 웹 브라우저의 상태를 제어하는 객체로, 자바스크립트 최상위이면서 기본이 되는 객체는 _____ 객체입니다.

03 Window 객체의 함수 중 새 탭에 지정한 문서를 열거나 알림 창을 표시하는 데 사용하는 함수는 o_____ 함수입니다.

04 사용자가 접속한 브라우저 정보를 확인할 때는 Navigator 객체의 속성 중 u_____ 속성 값을 살펴보면 됩니다.

05 브라우저 창의 크기를 현재보다 100픽셀씩 늘리려면 Window 객체의 r_____ 함수를 사용합니다.

06 _____ 은 웹 문서의 태그와 스타일을 해석해서 브라우저 화면에 표시하는 프로그램으로, 브라우저 안에 포함되어 있습니다.

07 사이트를 제작할 때 사용자의 웹 브라우저를 구별하려면 N_____ 객체의 u_____ 속성을 사용합니다.

08 사용자가 접속한 화면에 대한 정보를 담고 있는 객체는 S_____ 객체입니다.

09 브라우저 주소 표시줄과 관련된 정보를 담고 있는 객체는 L_____ 객체입니다.

10 '뒤로' 또는 '앞으로' 버튼을 누르거나 주소 표시줄에 입력해서 돌아다녔던 사이트에 대한 정보를 담고 있는 객체는 H_____ 객체입니다.

정답 **01** 브라우저 객체 모델 **02** Window **03** open( ) **04** userAgent **05** resizeBy **06** 렌더링 엔진 **07** Navigator, userAgent **08** Screen **09** Location **10** History

도전! 응용 문제

다음은 지금까지 배운 내용을 응용해 보는 문제입니다. 그동안 작성해 놓은 소스 코드를 활용해 프로그램을 만들어 보세요.

1. 10 폴더의 quiz-1.html 문서에 다음 결과 화면처럼 웹 브라우저에서 문서를 불러오면 자동으로 current.html 문서를 알림 창에 표시하는 소스를 작성하세요. 단 알림 창의 너비는 300픽셀, 높이는 50픽셀입니다.

2. 10 폴더의 sol-2.html 문서를 웹 브라우저에서 열어 보면 [새로고침] 버튼을 누를 때마다 웹 문서의 배경색이 달라집니다. quiz-2.html 문서를 가져와 [새로고침] 버튼을 누르면 현재 문서를 다시 불러오는 소스를 작성하세요.

정답 1. 10\sol-1.html, 10\js\sol-1.js 2. 10\sol-2.html, 10\js\sol-2.js

한글

영문

세상의 속도를
따라잡고 싶다면

Do it!

자바스크립트 입문

고경희 지음

실전
프로젝트

QR 코드를
열어 보세요!

PDF 내려받기

이지스 퍼블리싱

기초 프로그래밍 코스 | 파이썬, C 언어, 자바로 시작하는 프로그래밍! 기초 단계를 독파한 후 응용 단계로 넘어가세요!

기초
단계

박응용 | 360쪽

김성엽 | 576쪽

김동형 | 856쪽

시바타 보요, 강민 역 | 408쪽

시바타 보요, 강민 역 | 464쪽

시바타 보요, 강민 역 | 432쪽

응용
단계

김창현 | 296쪽

강성윤 | 712쪽

김종관 | 564쪽

나는 어떤
코스가
적합할까?

A 파이썬 개발자가 되고 싶은 사람

- Do it! 파이썬 생활 프로그래밍
- Do it! 점프 투 장고
- Do it! 점프 투 플라스크
- Do it! 장고+부트스트랩 파이썬 웹
  개발의 정석

B 자바·코틀린 개발자가 되고 싶은 사람

- Do it! 자바 완전 정복
- Do it! 자바 프로그래밍 입문
- Do it! 코틀린 프로그래밍
- Do it! 안드로이드 앱 프로그래밍
  — 개정 8판
- Do it! 깡샘의 안드로이드 앱 프로그래밍
  with 코틀린 — 개정판

Web Course
웹 코스

웹 기술의 기본은 HTML, CSS, 자바스크립트!
기초 단계를 독파한 후 응용 단계로 넘어가세요!

기초
단계

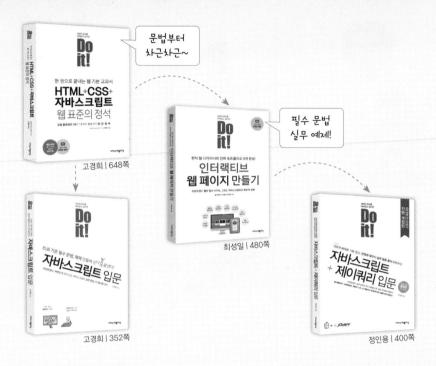

문법부터
차근차근~

HTML+CSS+
자바스크립트
웹 표준의 정석

고경희 | 648쪽

필수 문법
실무 예제!

인터랙티브
웹 페이지 만들기

최성일 | 480쪽

자바스크립트 입문

고경희 | 352쪽

자바스크립트
+ 제이쿼리 입문

정인용 | 400쪽

응용
단계

반응형 웹 페이지
만들기

김운아 | 344쪽

클론 코딩
영화 평점 웹서비스

니꼴라스, 김형태 | 248쪽

클론 코딩
트위터

니꼴라스, 김준혁 | 256쪽

나는 어떤
코스가
적합할까?

A 웹 퍼블리셔가 되고 싶은 사람

- Do it! HTML+CSS+자바스크립트
  웹 표준의 정석
- Do it! 인터랙티브 웹 만들기
- Do it! 자바스크립트+제이쿼리 입문
- Do it! 반응형 웹 페이지 만들기
- Do it! 웹 사이트 기획 입문

B 웹 개발자가 되고 싶은 사람

- Do it! HTML+CSS+자바스크립트
  웹 표준의 정석
- Do it! 자바스크립트 입문
- Do it! 클론 코딩 영화 평점 웹서비스
  만들기
- Do it! 클론 코딩 트위터
- Do it! 리액트 프로그래밍 정석

**기초
단계**

김동형 | 856쪽

황영덕 | 680쪽

송호정, 이범근 | 704쪽

정재곤 | 800쪽

강성윤 | 712쪽

**응용
단계**

조준수 | 500쪽

전예흥 | 856쪽

김응석 | 576쪽

나는 어떤
코스가
적합할까?

A 빠르게 앱을 만들고 싶은 사람

- Do it! 안드로이드 앱 프로그래밍
  — 개정 8판
- Do it! 깡샘의 안드로이드 앱
  프로그래밍 with 코틀린 — 개정판
- Do it! 스위프트로 아이폰 앱 만들기
  입문 — 개정 6판
- Do it! 플러터 앱 프로그래밍 — 개정판

B 앱 개발 실력을 더 키우고 싶은 사람

- Do it! 자바 완전 정복
- Do it! 코틀린 프로그래밍
- Do it! 리액트 네이티브 앱 프로그래밍
- Do it! 프로그레시브 웹앱 만들기

인공지능 & 데이터 분석 코스

인공지능, 데이터 분석도 Do it! 시리즈와 함께!
주어진 순서대로 차근차근 독파해 보세요!

인공
지능

박해선 | 328쪽

이론을
더 깊게~

윤성진 | 432쪽

딥러닝
실전!

조규남, 맹윤호, 임지순 | 360쪽

이기창 | 256쪽

데이터
분석

김영우 | 376쪽

김영우 | 344쪽

다니엘 첸 | 280쪽

나는 어떤
코스가
적합할까?

A 인공지능 개발자가 되고 싶은 사람

- Do it! 점프 투 파이썬
- Do it! 정직하게 코딩하며 배우는
  딥러닝 입문
- Do it! 딥러닝 교과서
- Do it! BERT와 GPT로 배우는
  자연어 처리

B 데이터 분석가가 되고 싶은 사람

- Do it! 쉽게 배우는 R 데이터 분석
- Do it! 쉽게 배우는 R 텍스트 마이닝
- Do it! 데이터 분석을 위한 판다스 입문
- Do it! 첫 통계 with 베이즈

문과생도 중학생도 쉽게 이해했다!
개발 실무 10년, 강의 10년!
20년 경력 명강사의 기초 튼튼 코딩 밥상!

박은종 지음 | 25,000원 | 596쪽

겪은 만큼 안다!

저자의 20년 경험을 살려 초보자들이
반드시 알아야 하는 핵심 문법 엄선!

공부할 맛 난다!

135개 그림으로 술술 읽고
240개 예제로 쉽게 이해하는 자바!

손이 기억한다!

면접·시험장에서도 1초 만에 코드가
튀어나오는 탄탄한 복습 설계!